이 책을 읽는 이에게 미리 경고한다. 당신이 촛불을 밝히든 태극기를 흔들든 그 사이에 끼여 있든, 하우어워스는 당신을 불태우고 당신의 세계를 뒤흔들 것이다. 우리가 행하고 외치고 주장해 온 모든 것이 성경과 십자가가 아니라 세상의 이데올로기에 근거한 것이라는 통렬한 비판을 새겨들을 때, 한국 교회는 언덕 위의 마을이 되어 세상을 밝히고, 깃발이 되어 나부낄 것이다.

김기현 로고스교회 담임목사, 로고스서원 대표

하우어워스는 그리스도인들에게 현실과 결탁하기보다 복음의 증인이 되어야 한다는 비전을 불어넣는다. 벽돌쌓기에 도제 훈련이 필요하듯, 그리스도의 제자를 훈련시키는 것이야말로 교회가 관심해야 할 정치라고 강조한다. 복음의 증인이 되기 원하는 모든 그리스도인에게 이 책을 추천한다.

문시영 남서울대학교 기독교윤리학 교수, 『교회됨』 역자

오늘날 기독교의 복음은 지나치게 개인적이고 극히 내면화되었다. 사회적 책임과 역사적 사명은 외면한 채, 각자 입맛에 따라 정치나 여론에 편승하는 모습이다. 하우어워스는 복음이 곧 인간과 인류 역사에 허락된 하나님의 은혜라고 말한다. 이것은 신자에게 진정한 자유이자 명예다. 바로 지금 한국 교회에 필요한 성찰은 책임 있는 신자가 되는 것이다.

박영선 남포교회 원로목사

하우어워스는 『교회의 정치학』이 그가 친구들과 반대자들에게서 비판받던 그의 사상을 체계적으로 조합한 것이라고 내게 말한 적이 있다. 상당한 부분에서 그는 원하던 바를 이루었다. 이 책의 각 장들은 며칠짜리 강연을 위해 쓰인 것이었고, 하우어워스의 책 중에는 흔치 않은 방식으로 한데 어우러진다. 다른 많은 이유들이 있지만, 이 이유 하나만으로도 이 책은 읽혀야 한다. 그러나 또한 이 작품의 각 장들은 개별적으로 이해될 수 있는 에세이들의 연속이기도 하다. 이전과 같이 이 책에서도, 거의 모든 미국 교회와 학계가 비난받아 마땅할 만큼 틀린 부분들에 대해 하우어워스는 옳다. 그는 다른 이들이 말하지 못할, 혹은 말하지 않을 것들을 말하는 자신의 능력으로부터 덕을 톡톡히 본다.
로버트 젠슨 프린스턴 신학교 신학연구센터 종교학 교수

처음부터 한 권으로 쓰인 듯 읽히기에 흠이 없는 에세이집이다. 하우어워스는 격론하듯이 몇 가지 핵심 사안들을 논의한다. 바로 이 책에서 그는 "그리스도인에게 정의는 나쁜 생각"이며 "종교의 자유는 교묘한 유혹"이라고 주장해 악명을 쌓았다. 그 서술들은 과도한 반응을 받았음에도, 여전히 하우어워스의 유명한 통찰에서 핵심을 이룬다. 『교회의 정치학』은 하우어워스의 정치 신학에 관심 있는 독자들이 읽기에 정말 좋은 책이다. 4장 "교회의 정치학"은 교회에 대한 그의 관점을 이해하는 데 중요하며, 5장 "성의 정치학"은 성과 결혼에 대한 훌륭한 논의들 중 하나다. 나는 이 유용한 책을 수업에서 사용해 왔으며, 학생들에게도 잘 맞는다고 생각한다.
파트릭 하그만 오보아카데미 대학교 윤리학, 종교철학 교수

교회의 정치학

IVP(InterVarsity Press)는
캠퍼스와 세상 속의 하나님 나라 운동을 지향하는
IVF(InterVarsity Christian Fellowship)의 출판부로
생각하는 그리스도인을 위한 문서 운동을 실천합니다.

After Christendom?
Copyright © 1991, 1999 by Stanley Hauerwas
Translated and printed by permission of Abingdon Press
2222 Rosa L. Parks Blvd., POB 280988 Nashville, TN 37228-0988, USA
All rights reserved.

This Korean Edition copyright © 2019 by Korea InterVarsity Press
156-10 Donggyo-Ro, Mapo-Gu, Seoul 04031, Republic of Korea.

AFTER CHRISTENDOM?
: HOW THE CHURCH IS TO BEHAVE IF FREEDOM, JUSTICE, AND A CHRISTIAN NATION ARE BAD IDEAS

스탠리 하우어워스
교회의 정치학

기독교 세계 이후 교회의 형성과 실천

백지윤 옮김

lvp

결코 내게 충고하는 법이 없지만
그러한 자제를 통해 어떻게 살아야 하는지 가르쳐 주는 친구,
스튜어트 헨리에게

차례

개정판 서문 · 9
서론 · 23

1장 구원의 정치학
교회 바깥에는 왜 구원이 없는가 · 35

2장 정의의 정치학
그리스도인에게 정의는 왜 나쁜 생각인가 · 65

3장 자유의 정치학
종교의 자유는 왜 교묘한 유혹인가 · 97

4장 교회의 정치학
어떻게 벽돌을 쌓고 제자를 키울 것인가 · 127

5장 성의 정치학
결혼은 어떻게 전복적 행위인가 · 151

6장 증언의 정치학
자유주의 사회에서 그리스도인을 어떻게 교육할 것인가 · 175
부록 · 201

주 · 213
감사의 말 · 251
찾아보기 · 257

일러두기

다음의 책들에서 발췌한 본문들은 감사하게도 모두 허락을 받고 사용하였음을 밝힌다.
The New Revised Standard Version of the Bible(1989), Division of Christian Education of the National Council of Churches of Christ in the USA의 허락을 받음. *A Theology of Liberation*(1988), Gustavo Gutiérrez, 15주년 기념판, Orbis Books and SCM Press의 허락을 받음(각주는 1972년 초판본을 따름). *Three Rival Versions of Moral Enquiry: encyclopedia, Genealogy, and Tradition*(1990), Alasdair MacIntyre, University of Notre Dame Press의 허락을 받음. *Whose Justice? Which Rationality?*(1988), Alasdair MacIntyre, University of Notre Dame Press의 허락을 받음. *The Politics of Representation*, Michael Shapiro, Board of Regents of the University of Wisconsin system의 허락을 받음. *Christian Spirituality*(1983), Wolfhart Pannenberg, Westminster/John Knox Press의 허락을 받음. "Scalia Missed Point but Made Right Argument on Separation of Religion"(1990), Washington Post Writers Group의 허락을 받음. 원래 West End Press에서 출간한 *Columbus Day*(1983)에 실린 "Columbus Day"는 Jimmy Durham의 허락을 받음. "Religious Belief and the Constitutional Order", William Bennett, *Religious Beliefs, Human Rights and the Moral Foundation of Western Democracy*(1986), Carl H. Esbeck 엮음에 실림, Curators of the University of Mossouri의 허락을 받음. "The Priority of Democray to Philosophy", Richard Rorty, *The Virginia Statute for Religious Freedom*(1988), Merrill Petersen, Robert C. Vaughan 엮음, Cambridge University Press의 허락을 받음. 3장 "자유의 정치학: 종교의 자유는 왜 미묘한 유혹인가"는 원래 학제 간 학술지인 *Soundings*에 실린 나의 기고문 "Freedom of Religion: A Subtle Temptation"을 수정한 것이다.

개정판 서문

엄밀히 말해 『교회의 정치학』(*After Christendom?*)이 언론으로부터 철저하게 외면당한 책은 아니지만, 나는 그럼에도 불구하고 이를 실패한 책이라고, 최소한 깊이 오해받은 책이라고 여겨 왔다. 더 나은 방법으로 표현하자면, 『교회의 정치학』은 내가 쓴 다른 책들 사이에서 길을 잃었다. 따라서 나는 애빙던 출판(Abingdon Press)이 이 책에 새로운 서문을 실을 수 있게 해 준 것에 대해 매우 감사한다. 물론, 저자에게 자신의 책이 왜 오해를 받았는지 설명하는 새로운 서문을 쓸 수 있게 해 주는 것은 실수다. 그것은 시인이 자신의 시를 설명하기 위한 산문을 쓰는 것과 같기 때문이다. 그런 설명은 틀림없이 그 시가 뭔가 잘못되었음을 알리는 신호다.

나는 『교회의 정치학』이 '완벽한' 책이라고 생각하지는 않지만 좋은 책이라고 생각하며, 그러므로 계속 읽힐 수 있기를 바란다. 『교회의 정치학』이 오해를 받은 것은 부분적으로 이 책의 출간 이력 때문이다.

『교회의 정치학』은 『하나님의 나그네 된 백성』(Resident Aliens, 복있는사람 역간)이 나오고서 2년 뒤에 출간되었다. 『교회의 정치학』을 『하나님의 나그네 된 백성』의 후속편으로 읽은 많은 사람들은 새 책의 논지가 너무 복잡한 것에 실망했다. 어떤 이들에게는 『교회의 정치학』이 『하나님의 나그네 된 백성』에서 보여 준 분석을 어떻게 확장하는지가 분명하지 않았다. 그러나 사실 『교회의 정치학』은 『하나님의 나그네 된 백성』의 후속편으로 의도되지 않았다. 오히려 (할리우드 용어를 빌리자면) 이 책은 '프리퀄'(prequel)이었다. 윌 윌리몬(Will Willimon)과 나는 『하나님의 나그네 된 백성』에서 교회를 향해 참된 교회가 되라고 요청했는데, 『교회의 정치학』은 그러한 주장을 뒷받침해 주는 신학적 정치학[이 용어가 나의 입장을 규정하며, 나는 이것을 아르네 라스무손(Arne Rasmusson)의 『폴리스로서의 교회』(The Church as Polis, University of Notre Dame Press, 1995)에서 배웠다]을 발전시키고자 한 시도였다.

그러나 『교회의 정치학』의 출간 이력만으로는 이 책을 둘러싼 오해를 설명하기에 충분하지 않다. 서론에서 말하듯, 『교회의 정치학』은 신학, 사회 및 정치 이론, 그리고 내가 고급문화 저널리즘이라 부르는 것을 섞어 놓은 이상한 혼합물이다. 따라서 어느 장르에 속하는지 분명치 않다. 물론 이것이 문제의 일부이기는 하나, 나는 이를 어쩔 수 없는 문제라고 생각한다. 『교회의 정치학』은 종교적 게토를 벗어나 신학을 하는 방법을 찾으려는 시도였다. 불행하게도, 신학교 문화를 통해 형성된 신학이라는 학문의 특징은 신학 연구가 일차적으로 다른 신학자들에게 읽히기 위한 것임을 의미한다. 짧게 말해, 신학은 또 다른 전문 학문 분과가 된 셈이다. 따라서 신학이 학문 분과로 발전할 때 그것은 교회 내부의 실천으로서, 그리고 교회를 위한 실천으로서 이해될 수 있는 가능성을 쉽게 잃어버린다.

『교회의 정치학』은 학문적 신학의 학과적 특징을 탈피하려는 시도였다. 물론 나에게 이것은 새로운 시도가 아니지만, 이 책에서 나는 그저 어떻게 정치로서 신학을 할 수 있는지에 대해 말할 뿐 아니라, 그것을 실행해 보고자 했다. 따라서 독자들뿐 아니라 나 자신으로 하여금 일반적으로 '신학'과 '정치'가 의미하는 바를 다시 생각해 보도록 만들고자 했고, 계속해서 그러고자 한다. 이 책은 독자들에게 훈련으로 들어가라고 요청한다. 그것은 내가 4장에서 예시하려 하는 벽돌쌓기나 하나님을 예배하는 것을 배우기 위해 요구되는 훈련과 다르지 않은 종류의 훈련이다. 벽돌 쌓는 법을 배우기 위해 새로운 언어를 배워야 하는 것처럼, 우리는 그리스도인으로서 말하는 법을 다시 배워야 한다. 물론 큰 문제 중 하나는, 그리스도인의 말하기에 사용되던 많은 어휘가 이미 일반화되어 버렸다는 것이다. 그 결과, 우리는 그리스도인의 말하기가 지녀야 할 낯섦을 너무나 자주 잃어버린다. 이는 우리가 자신의 언어에 너무 친근해져서 자신을 평범한 화자라고 가정하기 때문이다. 우리가 마주한 도전은, 그리스도인으로서 말하는 것이 어떻게 우리의 삶을 재구성하도록 만드는지, 그리하여 우리가 세상을 하나님의 선한 창조물로 볼 수 있게 하는지 재발견하는 것이다.

예를 들어, **교회**라는 단어를 생각해 보자. 보통 우리는 "교회"라고 말할 때 우리가 무엇에 대해 말하는지 안다고 생각한다. 1장에서 나는 교회 바깥에는 구원이 없다는 주장을 재고함으로써 이러한 가정을 흔들고자 한다. 그러한 주장을 조금 덜 거슬리게 표현할 수도 있다. 즉,

교회 **없이는** 구원도 없다. 그러나 거슬림은 종종 기독교가 말하는 세상에 대한 해석이 증인들에게 의존한다는 피할 수 없는 사실을 우리가 되찾도록 도와주는 유용한 방법이다. 따라서 교회는 단지 더 넓은 정치체제에 어떤 방식으로든 유용함을 끼칠 수 있는 '자발적 연합'이 아니라, 다른 모든 정치체제를 판단하는 기준이 되는 실천들로 구성된 공동체다.

물론 이러한 전략은 우리가 생각하는 정치의 의미에 대해서도 재고해 보도록 기획되었다. 우리 사회에서 정치란 종종 비교적 공평하게 자원이 분배되는 데 필수적인 이익 집단 간 협상과 관련이 있다. 정치에 대한 그런 식의 이해는 자유주의 이론과 실천을 통해 형성된 사회에서 기대할 수 있는 종류의 이해다. 이와 달리 나는, 정치란 우리 자신과 세상에 대해 말하는 법을 배우는 방식에 관한 것임을 우리가 볼 수 있게 돕고자 한다. 따라서 교회는 우리의 삶을 지배하는 정치의 대안적 정치로 이해되어야 한다.

이것은 나의 입장을 '종파주의'(sectarian)로 묘사하는 이들이 왜 부분적으로는 옳고 부분적으로는 틀린지 설명해 준다. 그들이 정확히 '종파주의'라는 묘사를 생산하는 정치를 받아들이는 만큼 그들은 틀렸다. 분명히 나는 그리스도인이 세상으로부터 '물러서야' 한다고 제안하고 있지 않다. 그러나 내가 세상을 위해 봉사하는 우리의 삶을 지탱해 주는 말하기 습관의 구심점으로서 교회를 회복하는 길을 찾고 있음을 지시한다는 점에서는 나를 '종파주의'로 묘사하는 이들이 옳다. 그런 일이 일어나기 위해서는, 교회를 '사적' 영역의 일부로 만드는 자유주의 정치로부터 교회를 되찾아야 한다. 짧게 말해, 그리스도인으로서 우리 앞에 놓인 도전은, 그대로 두면 우리의 삶을 지배하게 되는 교환의 정치에 대하여 대안 정치가 되는 것이다.

『교회의 정치학』에서 내가 발전시킨 입장은, 후퇴 전략을 권하는 것이라기보다는 그리스도인들로 하여금 세상을 '점령'하게 하려는 이들의 입장에 더 가깝다. 블러프턴 칼리지(Bluffton College)에서 가르치는 메노나이트 신학자이자 윤리학자인 제럴드 슐라바흐(Gerald W. Schlabach)는 최근 다른 메노나이트 학자가 이메일 포럼에 나에 대해 올린 비판을 보내 주었다. 그 비판자는 나의 연구가 가톨릭에 너무 가깝고, 따라서 아나뱁티스트의 관점과 양립할 수 없다고 주장했다. "하우어워스는 그리스도인의 자유에 대한 콘스탄티누스주의적 두려움을 가지고 있다. 그는 성직자가 우리에게 이야기를 들려주고 교회가 그 승인권을 갖기를 원한다." 슐라바흐는 논평에서 이것이 나의 관점에 대한 정확한(미묘한 어감은 충분히 살리지 못했지만) 요약이라고 동의하면서도, 그럼에도 불구하고 나의 입장을 변호했다. 슐라바흐는 이렇게 쓴다.

하우어워스는 불편한 진실을 눈치채 버렸다. 바로 역사적 기독교 세계(Christendom)를 거부한 아나뱁티스트들이 사실은 삶의 모든 것이 그리스도의 주권 아래 통합되는 사회를 지향하는 기독교 세계의 비전은 거부하지 않았을 수도 있다는 것이다. 이런 식으로 읽을 때, 기독교 세계는 사실 샬롬의 비전일 수 있으며, 우리가 콘스탄티누스주의자들과 벌이는 논쟁은 그러한 비전 자체에 대한 것이 아니라 종말의 때 이전에 폭력을 통해 그 비전을 완전히 성취하려는 죄악된 노력과 관련한 것이다. 일단 하우어워스가 기독교 사회[폴리스(polis), 소키에타스(societas)],

즉 온전히 기독교 신념에 의해 형성된 공동체와 삶의 방식을 만들고 싶어 한다는 것을 이해하고 나면, 그는 상당히 일관적이다. 그는 '세상'은 이 사회가 될 수 없기에, 그리고 우리가 포로 생활 중인 공동체로서 살기보다 우리의 국가를 그 사회로 만들기 위해 노력하는 것은 단지 진정한 기독교 사회 건설에 집중하지 못하게 만들 뿐이기에 콘스탄티누스주의를 거부한다. 따라서 하우어워스는 가톨릭이 보다 아나뱁티스트적이기를 바라고, 아나뱁티스트가 보다 가톨릭적이기를 바라며, 개신교가 양쪽 모두이기를 바란다. 그리고 그가 자신의 교회적 입장과 관련해 이것을 종합하는 유일한 방법은, 일부 성공회 교인들이 앵글로 가톨릭(Anglo-Catholic, 고교회파라고 부르기도 함—역주)인 것과 대략 비슷하게 '가톨릭적' 감리교도가 되는 것이다.

정확히 바로 그것이 내가 『교회의 정치학』에서 예시하고자 한 교회적 입장이다. 물론 나는 이것이 모든 감리교도가 견지해야 하는 입장이라고 생각하는데, 감리교는 오직 보편적 교회 안의 복음주의 운동으로서만 그 의미가 성립하기 때문이다. 따라서 아우구스티누스조차도, 1장에서 내가 보여 주고자 하는 것처럼, 기독교 공동체가 하나님의 백성으로 확신을 가지고 살아가고자 한다면 취해야 할 모습을 발견하도록 도와주는 기독교 세계의 이런 측면을 위해 자원이 될 수 있다. 우리 시대를 결정적으로 가르는 것은, 많은 사람들이 주장하듯 모더니티와 포스트모더니티 사이의 경계가 아니라, 교회가 그리스도인이라 주장하는 이들의 욕망과 습관을 더 이상 형성하지 못할 때다. 다른 말로 하면, 모더니티와 포스트모더니티는 둘 다 오직 하나님이 존재하지 않거나 설사 존재한다고 해도 우리는 하나님이 별로 중요하지 않은 것처럼 살아야 한다고 가정하는 사회질서의 발전을 이름한다.

우리 앞에 놓인 도전은 퍽 단순하게도 그리스도인으로서 우리가 어떻게 세상의 방식이 아닌 우리의 방식으로 그러한 세상을 서술할 수 있는가다. 바로 그것이 『교회의 정치학』의 마지막 장이 이 책을 이해하기 위해 아주 중요한 이유다. 현대성 안에서 기독교의 교육 관행은 '우리의 것인' 지식을 생산해 오지 못했다. 따라서 우리는 '서구'의 이야기를, 교회와 교회가 예배하는 하나님을 '자유'라는 더 큰 이야기 안에서 부수적이거나 심지어 부정적인 역할로 만드는 것이 목적인 이들이 이야기를 구성하는 방식으로 들려준다. 이것은 그리스도인이 '역사'를 기술하는 방식이 그리스도인이 아닌 사람이 '역사'를 기술하는 방식과 다를 수 있다고 내가 생각한다는 의미인가? 답은 단호하게 '그렇다'이다. 문제는 그러한 답이 아니라, 우리에겐 그러한 역사가 어떤 것인지 보여 주는 모범이 거의 없다는 데 있다.

그러나 이런 언급은, 나에게 내가 2장에서 개진하는 구스타보 구티에레스(Gustavo Gutiérrez)에 대한 비판이 주는 인상을 수정할 기회를 제공해 준다. 나는 구티에레스가, 적어도 『해방신학』(*A Theology of Liberation*, 분도출판사 역간)에서는 복음보다 계몽주의적 전제에 의해 결정된 자유에 대한 관점을 받아들인 것 같다고 생각했다. 이런 생각은 아직도 변하지 않았다. 그러나 나는 구티에레스가 이후의 작품, 특별히 참으로 감명 깊은 책인 『라스카사스: 예수 그리스도의 가난한 자를 찾아서』(*Las Casas: In Search of the Poor of Jesus Christ*, Maryknoll, N.Y.: Orbis Books, 1992)에서는 상당히 다른 이야기를 발전시켰음을 보다 분명히 밝혔어야 했다. 작고한 나의 동료인 프레드 허작(Fred Herzog)이 논평했던 것처럼, 『라스카사스』의 중심은 라스카사스(Las Casas)가 아니라 그가 섬겼던 사람들이다. 『라스카사스』에서 구티에레스가 이룬 위대한 업적은 그리스도 안에 있는 가난한 자의 승리에 관한 전기를 비영웅적 형태로 기록했다는 것이다.

구티에레스의 『라스카사스』야말로, 우리 그리스도인들이 우리 가운데서 행하시는 하나님의 역사에 대한 이야기를 진실하게 들려주고자 한다면 생산해야 할 종류의 역사다. 구티에레스는 『라스카사스』에서 이렇게 말한다.

> 현재의 권력은, 그들이 정복한 자들의 과거를 지배함으로써 미래도 역시 대비하는 경향이 있다. 망각에 시달리는 백성은 불안정한 백성이자, 현상 유지라는 우상에 굴복했고 자신을 위한 거짓된 말에 넘어가기 쉬운 백성이다. 정복자들은 언제나 그들이 고개를 숙이게 만든 이들의 기억을 지우거나 차단하려고 든다. (p. 413)

짧게 말해, '역사'는 종종 과거의 잘못을 잊어버리거나 줄거리의 일부를 '모든 것이 결국 최선이었음'을 암시하게 만드는 딱 그만큼의 망각 안에서 일어나는 활동이 된다. 일어난 일이 너무 잘못된 나머지 그것을 바로잡기 위해 할 수 있는 일이 아무것도 없을 때, 무엇을 더 할 수 있겠는가. 구티에레스가 옳게 주장하듯, 그리스도인이 가난한 자들의 고통에 대해 진실하게 쓸 수 있는 능력은, 일어난 잘못에 대해 스스로 정당화할 명분을 주장할 필요로부터 우리를 자유롭게 해 주는 속죄와 용서받음의 역사의 일부가 되는 데서 온다. 구티에레스는 이렇게 쓴다.

> 이 책임을 자신의 것으로 받아들이는 그리스도인의 태도는 과거와 현재의 명시적이거나 암묵적인 우리의 공모에 대해 개인으로서와 교회로서 하나님과 역사의 희생자들 앞에 겸손하게 용서를 구하는 것이다. 용서받기를 구하는 것은, 행동 가운데 변화하려는 의지를 표현하고, 사랑과 정의의 통치를 역사 안에서 드러내는 효과적인 표지가 될 의무를 재천명한다. (p. 457)

위의 구티에레스의 주장에 대해 내가 유일하게 유보적인 부분은, 내 생각에 교회가 "변화하려는 의지"를 가진 적이 거의 없으며, 오히려 은혜로우신 하나님이 우리 위에 의로움을 강제로 부여하신다는 것이다. 최선의 경우에 '의지'는 이미 주어진 것을 기꺼이 받아들이는 태도를 가리킨다. 바로 이것이 내가 미국의 교회에서 일어나고 있다고 생각하는 일이다. 우리는 미국에서 성공적인 교회가 되려는 순응주의적 전략으로 죽어 가고 있다. 그러나 그렇게 죽어 가는 과정에서 우리는 다른 방법으로는 상상하지 못했을 신실함의 가능성, 바로 그리스도인으로서 라스카사스와 그가 섬겼던 사람들이 우리 이야기의 일부임을 깨닫는 것만큼 단순한 가능성을 재발견하고 있다. 그들이 우리 이야기의 일부인 것은 우리가 자학적으로 우리 자신을 피해자로 만듦으로써 정체성을 찾아야 하기 때문이 아니다. 결국 그런 전략은 오직 더 깊은 한을 불러올 뿐이며, 더 나쁘게는 상정된 '피해자들'을 폄하하게 된다. 오히려, 라스카사스가 우리의 이야기를 서술하는 것은, 우리의 이야기가 세상 속에 있는 하나님의 교회에 대한 하나님의 이야기이기 때문이다.

    나는 하나님이 이제 곧 미국의 교회들로 하여금 우리가 하나님의 교회임을 재발견하도록 만드실 것이라고 믿는다. 『교회의 정치학』은 미국에서 교회가 자유롭다는 것이 무엇을 의미해야 하는지 일깨우기 위한 몇 가지 접근들을 조합하려는 시도다. 따라서 나는 2장과 3장에서, 내가 4장에서 발전시키는 종류의 기독교적 실천에 어울리지 않다고 믿는 정의와 자유 개념을 공격한다. 물론, 그것은 그리스도인이 정의와 자유에 관해 신경 쓰지 않아도 된다는 의미가 아니며, 우리가 외치는 정의와 바라건대 실천하는 정의가 혹시라도 하나님의 정의를 부정하는 관행에서 기인하지 않는지 늘 경계해야 한다는 의미다.

    성과 결혼에 관한 장은 '정치'에 관한 책에 적합하지 않은 것처럼 보일 수 있다. 정의와 자유 같은 사안을 다루는 책에서 성을 다룬다고? 그러나 나는 그 장이 성과 결혼보다 더 정치적인 사안은 거의 없음을 분명히 할 수 있기 바란다. 정말로 나는 우리의 삶에서 자녀들을 선물로서 낳고 기를 수 있는 삶을 사는 사람들이 되는 것보다 정치적으로 더 중요한 측면은 없다고 생각한다. 더욱이, 나는 이 장이 내 입장에 대해 이해할 만하기는 하지만 오도된 반응을 미연에 방지할 수 있기를 바란다. 어떤 사람들에게는 내가 하는 말이 원칙적으로 맞다 하더라도, 그리스도인으로서 우리가 살아야 한다고 내가 제안하는 급진적 삶을 산다는 것이 무엇을 의미하는지 상상하기 어려울 수도 있다. 결혼 생활에 충실하고 자녀를 환영할 수 있는 그리스도인으로서 헌신하는 일에 관심을 돌림으로써, 나는 어떻게 그리스도인들이 이미 특별한 삶을 살고 있는지 보여 줄 수 있기 바란다.

그레이디 스콧 데이비스(Grady Scott Davis)는 누구보다 나를 잘 이해했는데, 『전쟁술과 덕의 취약성: 아리스토텔레스 윤리학에 대한 소고』(Warcraft and the Fragility of Virtue: An Essay in Aristotelian Ethics, Moscow, Idaho: University of Idaho Press, 1992)에서 그는 이렇게 말한다.

> 계약주의 전통의 한계가 가장 분명하게 드러나는 것은, 공동체를 기본적으로 구성하는 제도—예를 들어 결혼, 가족, 종교, 정치 참여, 의료 서비스—를 이해하기 시작하는 지점이며, 이러한 주제들에 대한 하우어워스의 글은 보다 '철학적인' 최고의 롤스 비평가들보다 더 많은 결정적 함의를 말해 준다. (p. 25)

나는 롤스의 가장 훌륭한 철학적 비평가들보다 더 낫다는 소리를 듣는 데는 관심이 없지만, 그리스도인들이 평생 서로에게 충실함을 지키는 헌신이 왜 우리가 서로 그리고 세상에게 진실하게 말할 수 있는 사람들이 되는 것과 분리될 수 없는 정치인지 깨닫도록 돕고 싶다.

『교회의 정치학』이 내가 바랐던 영향력을 갖지 못한 이유 중 하나는 책의 제목 끝에 왜 물음표가 붙어 있는지 설명하지 못했기 때문이라는 생각이 든다. 물음표는 내가 이 책에서 제기하고 있는 문제에 대한 해결책을 나도 모름을 가리킨다. 저자인 내가 답을 모른다는 사실은 독자뿐 아니라 나 자신 역시도 당황스럽게 만든다. 예를 들면, 1장에서 올리버 오도노번(Oliver O'Donovan)을 인용한 부분은, 자유주의 정치 이론이 제공하는 민족국가의 정당성이, 통치 가능한 사회를 올바르게 구성하는 자연적 결정 요인을 설명하지 못했음을 보여 준다. 따라서 자유주의 실천 안에서 민족국가는, 보편적 이상을 대표한다는 미명으로 지역성을 부정하는 정확하게 바로 그 이유 때문에 필연적으로 제국주의적이게 되었다. 나는 현대 민족국가의 이러한 측면에 대한 오도노번의 분석이 옳다고 생각하지만, 그렇다고 내게 대안으로 제시할 사회 이론이나 국가 이론이 있는 것은 아니다. 나에게 중요한 문제는 대안의 부재보다, 그리스도인들이 현대 국가가 대표하는 거짓된 보편주의와 협상하는 법을 어떻게 배우는지 밝히는 것이다. 그러한 보편주의는 그리스도인에게 특별히 유혹적인데, 이는 그들의 '실향 상태'와 쉽게 헷갈리기 때문이다.

혹은 나처럼 미국에서 교회와 국가의 관계를 둘러싼 문제가 구조적으로나 정치적으로 해결 불가능하다고 주장하는 것은 많은 이들에게 좋은 소식처럼 들리지 않을 것이다. 그렇다면 어떻게 우리는 '다문화 사회'에서 계속 나아갈 수 있다는 말인가? 나의 답은 간단하다. 즉, 우리는 계속 나아감으로써 계속 나아간다. 더욱이, 그것은 한때 '자신들의 것'이라고 생각했던 세상에서 살아남기를 배워야 하는 그리스도인들에게 나쁜 길이 아니다. 참으로 나는 그리스도인들이 세상은 우리의 것이 아님을, 세상을 안전하게 만들 수 없음을, 그리고 해결책은 존재하지 않음을 인식함으로써 하나님이 우리를 부르신 대로 상상력이 풍부한 사람들이 될 수 있기를 바란다. 정답 없이 사는 것을 배우면서, 또한 기독교 세계 이후를 사는 것을 배우면서, 그리스도인들은 생존법을 발견하게 될 것이다. 그리고 바라건대 우리가 발견한 그 생존법은 우리 자신의 삶에 놀라움을 줄 뿐 아니라, 우리의 비그리스도인 형제

자매들에게도 도움이 될 것이다. 우리가 예배하는 하나님을 생각하면, 그렇게 기대하지 못할 이유가 없다.

서론

내용을 고려할 때, 과연 이것이 내가 쓸 수 있는 책인지 분명치 않다. 나는 매킨타이어(MacIntyre)의 기포드 강연(Giffrod Lectures), "도덕적 탐구의 세 가지 경쟁 이론: 백과사전, 계보, 전통"(*Three Rival Versions of Moral Inquiry: Encyclopedia, Genealogy, and Tradition*)에서 그가 묘사한 것과 별반 다르지 않은 상황에 놓여 있다. 그는 강연을 장르로 사용함으로써 계몽주의 전제들에 반대하는 논지를 펼치는 시도 자체가 "형식과 내용"의 부조화이자, "우리가 말하고자 하는 내용을 우리가 말하지 못하게 막거나 우리가 말하는 것을 누군가가 듣지 못하게 막기 위한 목적으로 훌륭하게 설계된 형식에 넘겨주는 것"이라고 말한다.[1] 강연은 우리가 말하고자 하는 내용을 합리적 양식으로 제시될 수 있는 것처럼 보이게 만들기 때문이며, 합리적 양식은 매킨타이어가 무너뜨리려고 하는 계몽주의의 합리적 전제들의 특징이다.

이 책에서 나는 매킨타이어와 동일한 문제에 직면해 있을 뿐 아니라, 어쩌면 그보다 훨씬 더 나쁜 상황에 놓여 있을 수 있다. 나는 기독교 담론이 일차적으로 그리스도인에 의해 그리스도인을 위해 쓰여야 한다고 주장하는 신학자로서 이 책을 써야 하기 때문이다. 더욱이 이 책은 내가 호주 뉴사우스웨일스 대학교(University of New South Wales) 뉴칼리지 강연(New College Lectures)의 연사로 초대된 것을 계기로 쓰게 되었다. 뉴칼리지는 성공회 소속기관이지만, 이 강연은 기독교적 전제 그리고/또는 실천과 어떤 식으로든 동일시될 수 없는 대학 전체를 대상으로 기획되었다. 다시 말해, 그리스도인으로서 나는 교회의 실천 내부의 관점에서, 그리스도인과 비그리스도인 모두를 포함하는 광범위한 청중을 대상으로 강연해야 하는 한편, 양쪽 모두가 이해할 수 있게 말하기 위해 노력해야 한다. 더군다나 내가 잘 알지 못하는 사회인 호주에서 말이다.

따라서 내가 호주에서 했던 강연뿐 아니라 이 책이 호주와 미국에서 동시에 출간된다는 사실은 이 책에서 내가 발전시키는 입장을 고려할 때, 나를 특히나 어색한 입장에 놓이게 만드는 것 같다. 만약 강연 그리고/또는 책이 성공적이라면, 결국 그것은 이 책이 도전하는 합리성과 세계주의적 전제의 이야기를 확증하는 것처럼 보이기 때문이다. 다른 말로, 내가 말하고자 하는 핵심을 전달하는 데 성공하는 조건들 자체가 내가 말하고 있는 내용과 상충하는 것처럼 보인다는 말이다.

이러한 어색한 입장을 피할 수 있는 길이 사실 없다고 인정할 수밖에 없다. 또한, 피하고 싶지도 않다. 이 책의 주요 특징인 교회의 중요성을 인식하라는 요청을 위해 지적으로나 사회적으로 뒤로 물러설 필요는 없다. 오히려 교회나 나 자신이 처해 있다고 내가 믿는 어색한 입장에서, 우리는 자유주의 사회가 추정하는 보편성(universalism)과 세계주의(cosmopolitanism)에 도전함으로써 그 사회에 공헌할 필요가 있다.

그런 면에서 호주와 미국의 차이점을 크게 강조하고 싶지는 않다. 분명 두 나라는 많은 면에서 상당히 다르고, 많은 면에서 유사하다. 내가 호주 사람들을 대신해 그들이 우리 미국 사람들과 어떻게 다르다고 느끼는지 설명하려 드는 것은 주제넘은 일일 것이다.[2] 그러나 양쪽 사회는 상당히 다른 방식이기는 해도, 근본적으로 계몽주의의 전제를 통해 형성되었다. 로크(Locke)가 미국의 철학자라면, 호주의 정치 담론은 벤담(Bentham)과 공리주의자들이 결정해 온 것으로 보인다.

나는 많은 면에서 미국보다는 호주의 세속주의를 더 좋아한다고 인정해야겠다. 호주의 사회적·정치적 삶에서 매우 신선한 점들 중 하나는 어떤 지속적 시민 종교도 존재하지 않는다는 사실이기 때문이다. 호주에서는 누구도 세계 전체를 위해 '희망의 등불' 역할을 하는 사회가 되는 것에 대해 말하지 않는다. 그러나 호주 역시 미국처럼 근본적으로 자유주의적이라고 말고는 부를 수 없는 전제를 통해 형성되었다. 결과적으로, 나는 이 책에서 제기하는 사안들이 양쪽의 문맥에 동일하게 적실하다고 생각한다. 호주가 미국에 비해 '더 젊은' 사회이기는 하지만, 많은 면에서 호주는 미국이 아직 도달하지 못한 현대성 기획의 보다 성숙한 버전이기 때문이다. 미국은 승인될 수 없는 공공의 에토스를 위해 여전히 종교적 전제에 의존한다. 따라서 호주의 기독교는 미국의 기독교가 누렸던 지위를 한 번도 가져 본 적이 없기 때문에, 호주의 그리스도인들은 미국의 그리스도인들보다 훨씬 덜 어색한 위치에 있다.

우리의 목적

―

이 책은 기독교 신념의 힘과 진리성에 대해 설명함으로써 자유주의의 지적·정치적 전제에 도전한다. 간단히 말해, 나는 기독교가 토대주의 인식론(foundationalist epistemology)―즉, 칸트(Kant) 같은 사상가에게서 전형적 예를 찾을 수 있는 종류의 입장―을 고수한 것이 기독교 세계의 사회적 전략에 상응하는 것이었다고 주장한다. 그 사회적 전략은, 일반 사람들도 따지고 보면 믿을 만한 것을 그리스도인들이 믿는다고 생각할 수 있는 사회를 만들려는 시도였다. 뜻밖에도 이러한 전략은 기독교를 자유주의의 그릇된 보편론을 정당화하는 일련의 믿음 체계로 바꾸어 버렸다. 이 책에서 나는 삼위일체 하나님에 대한 기독교의 확증을 지탱하는 데 필요한 실천의 구현으로서 교회가 중요함을 재확인함으로써 그 전략에 이의를 제기하고자 한다.

표면적으로는, 그런 주장에서 그렇게 급진적일 게 무엇이 있느냐고 의아해할 수 있다. 결국 하나님에 대한 지식과 교회 사이에 분명 어떤 연관이 있다는 것은 일반적으로 인정받는 사실 아닌가. 그러나 내가 주장하려는 것은, 이 연관이 단지 우연이 아니라 필연적 관계라는 것, 즉 교회 바깥에는 구원에 이르는 하나님을 아는 지식이 없다는 것이다. 이는 대부분의 그리스도인이, 자신들을 주변 사회와 긴장 관계에 빠지게 할 수 있음을 알기에 그다지 인정하고 싶지 않을 주장이다. 이 책이 그 유일한 목적을 잘 달성한다면, 기독교 신념이 진리냐 거짓이냐 하는 문제는 교회가 자신의 사회적·정치적 입장을 어떻게 이해하는가와 분리될 수 없음이 분명해질 것이다.

나는 내 입장을 신앙주의적(fidestic) 그리고/또는 종파주의적이라고 규정하는 것을 막기 위해 할 수 있는 일이 아무것도 없음을 알게 되었다. 그런 식의 규정이 내가 도전하는 인식론적·사회적 입장을 전제한다는 사실 역시 그러한 비판을 잠재우는 데 아무 도움도 되지 않는다.[3] 그러나 나는 이 책에서 내가 시도하는 바를 명확하게 하는 것을 도와줄 또 다른 기지를 사용하려고 한다.

미셸 드 세르토(Michel de Certeau)는 『일상생활의 실천』(*The Practice of Everyday Life*)에서 전략과 전술을 흥미롭게 구분한다. 그에게 전략이란,

> 힘을 부여할 주체(사업체, 군대, 도시, 과학 기관)를 구분해 낼 수 있게 되는 즉시 가능하게 되는, 권력 관계에 대한 [모든] 계산(혹은 조종)이다. 전략은 **자기 것**으로 획정할 수 있는 **장소**를 전제하며, 그 장소는 목표물 혹은 위협(소비자, 경쟁자, 적, 도시를 둘러싼 국가, 연구 목적과 대상 등)으로 구성되는 **외부성**(exteriority)과의 관계를 관리하는 본부 역할을 한다. 경영에서처럼, 모든 '전략적' 합리화는 우선적으로 '자기 장소', 곧 그 자체의 권력과 의지의 장소를 '주변 환경'과 구별하려 힘쓴다. 원한다면 이를 데카르트적(Cartesian) 태도라고 부를 수도 있다. 즉, 타자의 보이지 않는 힘에 홀려 있는 세상에서 자신만의 장소를 한정하려는 노력이다. 이는 현대의 과학, 정치, 군사 전략의 전형적 태도이기도 하다.[4]

드 세르토는 전략 확립이 특정한 효과를 수반하는 것에 주목한다. 예를 들어, 전략은 우리가 이익을 얻고 미래의 확장을 준비하며 일반적으로 우발성으로부터 자유롭도록 해 주는 한, 장소가 시간에 대해

우위에 설 수 있게 만든다. 둘째, 전략은 전방위 감시 실천을 가능하게 함으로써 장소들에 대한 장악력을 갖도록 만들고, 그리하여 외부 대상을 감시하고 평가하며 이를 통해 시야에 '포함'할 수 있게 한다.[5] 셋째, 전략이 특정 지식 권력에 의해 합법화됨으로써 특정한 역사의 불확실성들은 드 세르토가 '가독'(readable) 공간이라고 부르는 것으로 변형된다. "따라서 군사나 과학 전략은 언제나 그 '자체' 영역(자율적 도시, '중립적'이거나 '독립적'인 기관, '사심 없는' 연구를 추구하는 실험실)이 수립됨으로써 개시되었다. 다시 말해, **특정 권력은 이 지식의 선행조건**이며, 단지 그 효과나 속성이 아니다. 권력이 이 지식을 가능하게 하고, 동시에 그 결정적 특성들을 만든다. 권력은 이 지식 안에서, 그리고 이 지식을 통해 그 자신을 생산한다."[6]

드 세르토에 따르면, 전략과는 아주 다르게 전술은 "제대로 된 장소(locus)의 부재가 결정하는 계산된 행위다. 그렇다면 외부성에 대한 어떠한 설명도 자율성의 필수 조건을 제공해 주지 않는다. 전술의 공간은 타자의 공간이기에, 전술은 그것이 선택하지 않았을 뿐 아니라 이 방 권력의 법에 의해 조직된 영토에서 그리고 그 영토와 함께 사용되어야 한다."[7] 전술은 전반적 전략을 세우거나 적을 전체적으로 볼 수 있는 권력이 없다. 다음 전투를 위한 자원을 비축할 본부가 없기 때문에 기회가 있을 때마다 단발적으로 작전을 실행해야 한다. 전술에는 유동성이 있지만, 그 유동성은 오직 주어진 순간들의 가능성들을 기꺼이 활용하고자 함으로써 온다. 드 세르토가 지적하는 것처럼, 전술은 약자들의 기술이다.

드 세르토의 구분을 활용하여, 나는 교회를 전략이 아닌 전술로 생각한다. 나는 많은 사람들이 나의 전반적 입장에 그토록 부정적으로 반응하는 이유가 바로 이 점을 이해하지 못하기 때문이라고 본다. 예를 들면, "교회 바깥에는 구원이 없다"는 주장은 대개 배타적이라고 받아들여진다. 그러나 이 주장을 그런 식으로 듣는 것은 교회를 전략이라고 추정하는 것이다. 이 주장을 그런 식으로 듣는 것은 교회가 안전하게 존재할 수 있는 세상을 교회 스스로 결정해야 한다는 일련의 콘스탄티누스주의적 가정을 계속해서 전제한다. 그러나 나는 교회가 신실하다면 낯설거나 이질적인 땅에서도 언제나 존재할 수 있다고 생각하기 때문에 그러한 전제를 받아들일 수 없다.

바로 그것이 내가, 사회참여에서 교회가 '물러나는 것'에 대한 정당화를 이상하게 여기는 이유다. 교회가 어쩔 수 없이 언제나 포위당해 있어야 한다면, 어떻게 물러나는 것이 가능한가? 교회에겐 물러날 수 있는 곳이 없다. 나는 교회에게 뒤로 물러나라고 요청하는 것이 아니라, 콘스탄티누스주의적 권력에 대한 가정을, 특히 자유주의 보편론의 형태를 취하고 있는 가정을 포기하라고 요청하는 것이다.

콘스탄티누스주의는 버리기 힘든 습관이다. 계속 '권력을 쥐고' 있음으로써 아주 많은 선을 행할 수 있는 것처럼 보일 때에 특히 그렇다. 이 습관을 버리기 힘든 것은, 서구 문명의 필수 요소로 자리 잡은 교회의 위상에 의해 우리의 모든 범주가 결정되었기 때문이다.[8] 이 시대의 기독교 신학 좌우 진영 모두가 얼마나 자주 그러한 일련의 전제를 지속적으로 상정하는지 주목하라. 그리고 물론, 여기서 나는 정확하게 바로 그러한 전제들에 문제를 제기하고 있다.

그리스도인들로서 오늘날 우리의 상황을 더 제대로 이해하고, 그러한 상황을 긍정적이고 건설적인 방식으로 이끌도록 돕기를 바라면서 이 책을 쓴다. 과거 나의 많은 연구가 그런 것처럼, 이 책 역시 신학, 사회, 정치 이론과 고급문화 저널리즘이라 부를 수 있는 것의 이상한 혼합물이다. 바로 이 점이 많은 이들로 하여금 이 책을 읽기 어렵게 만들 수 있다는 것을 알지만, 우리의 사회적이며 정치적인 고찰을 부차적으로 여기면서 신학을 할 수 있다고는 믿을 수가 없다. 조직신학이라는 생각 자체가, 처음에 교회를 교회되게 했던 본질을 저버린 헤게모니 권력을 쥔 교회의 결과물이다.

이 책의 첫 장은 독자들의 관심을 끌 뿐 아니라, 더 중요하게는 그토록 많은 이들이 공유하는 구원에 대한 이해를 재형성하려는 의도로 쓰였다. 교회 바깥에 구원이 없다는 주장은 우리가 생각하는 구원의 의미에 대해 우리 모두가 진지하게 생각하도록 만들어야 한다. 나는 구원에 대한 우리의 이해가 어떻게 교회의 사회적 위치를 통해 형성되었는지 보여 주고, 또한 콘스탄티누스의 '타협'에서 그 결정적 전환이 일어났음을 보여 주려 노력할 것이다. 분명히 그러한 '타협'의 일부였던 아우구스티누스를 의도적으로 사용하여, 구원에 대한 그의 매우 정치적인 해석이 어떻게 세상에 대한 교회의 순응에 의문을 제기하도록 돕는 자료가 되는지 보여 주고자 한다.

다음 두 장은 내 학생들이 '늪지 청소' 논쟁이라고 부르기 좋아하는 것이다. 이 부분은 건설적이기 보다는 우리들의 삶에서 그 힘을 거의 알아채지 못할 만치 깊이 뿌리박혀 있는 전제들에 이의를 제기하려는 의도가 있다. 정의의 본질에 대해, 그리고 심지어 정의가 우리의 고찰에서 지닌 그런 우선권을 차지하는 것이 정말로 옳은지에 대해 의문을 제기함으로써 나는 우리의 상상력이 자유로워지기를, 그리하여 사회적 대안으로서 복음의 중요성을 되찾을 수 있기를 바란다. 종교의 자유에 대한 장은 이 책의 기획에 처음부터 포함되지 않았던 유일한 부분이다. 나는 호주 사람들도 여전히 이 주제에 흥미를 갖기를 바라지만, 그곳에서 강연할 주제로는 적합해 보이지 않았다. 그러나 이 책에는 미국의 독자들을 위해 이 장을 포함했는데, 소위 '교회와 국가의 분리'가 우리의 삶에 지대한 영향력을 끼치고 있기 때문이다.

4장은 이 책의 진짜 핵심이다. 거기서 나는 이 책의 근본 전제를 보여 줄 기독교 형성에 대해 건설적인 이야기를 해 보려고 한다. 흔히 우리의 통찰력에는 우리가 계속 나아갈 수단이 되는 개념 자원들이 결여되어 있다. 나는 벽돌쌓기를 배우고 퀼트를 배우고 정원 가꾸기를 배우는 일에, 그리고 어쩌면 심지어 글쓰기를 배우는 일에도 우리의 관심을 돌림으로써, 그리스도인이 된다는 것이 무엇을 의미하는지 생각하는 새로운 방식을 제공할 수 있기를 바란다. 내가 알래스데어 매킨타이어(Alasdair Macintyre)에게 빚을 지고 있음이 아마 이 부분에서 가장 분명하게 드러날 것이다.

이 책의 마지막 두 장은 4장에서 제시한 일종의 제안에 대해 구체적 설명을 제공하려는 의도로 쓰였다. 이 시대의 교회에서 성의 문제보다 더 지배적인 사안은 없다. 바라건대 나는 우리가 현재의 대안에 갇히지 않게 해 줄 방식으로 이 사안을 재개념화하려고 한다. 이상하게 들리기에 충분하지만, 나는 교회 앞에 놓인 가장 결정적인 정치적 과제 중 하나가 독신의 중요성을 회복하는 것이며, 이로써 결혼이 다시금 그리스도인에게 자유로운 부르심이 될 수 있게 하는 것이라고 믿는다. 그렇게 할 수 있으려면 오늘날 교회에겐 큰 용기가 필요할 것이다.

교육에 관한 마지막 장은 교회에서 가장 논쟁적인 사안들 일부를 다룬다. 지식은 그 자체로 권력일 뿐 아니라, 종종 인식되지 않는 권력을 반영한다. 이 장에서 그리스도인들이 그들 자신의 교육 사업을 지속해 가는 것이 얼마나 중요한지는 물론이고, 무엇을 지식으로 간주할 수 있는가를 재구성하는 것이 왜 중요한지 명확하게 보여 줄 수 있기를 바란다. '아메리카를 발견한 콜럼버스'라는 주제를 고른 것은 호주에서 강연을 한다는 점을 의식했기 때문임을 고백한다. 내가 호주 원주민의 문제를 직접적으로 언급하는 것이 적절하지 못하다고 생각하기도 했지만, 나는 호주 사람들이 나의 예를 그들 역사의 동일한 부분과 연결하여 재서술하는 데 아주 능숙하다는 것을 발견했다. 이 장은, 한 단계 더 나아가 이러한 문제들에 대한 나의 이해에 도전하는 데이비드 툴(David Toole)의 글을 부록으로 싣고 마친다.

이 책이 도전으로 끝난다는 사실은, 내가 답을 알지 못한 채 이 책을 쓰고 있음을 가리킨다. 나는 그것이 많은 이들을 당황하게 만든다는 것을 아는데, 사람들은 일반적으로 '훌륭한 저자'란 스스로 해결책을 알고 있다고 생각하는 문제를 다룬다고 생각하기 때문이다. 내가 가진 답이 적다는 사실에는 나 자신도 독자들만큼이나 자주 당황한다. 기독교를 전략으로 인식하는 사람들에게 분석적 측면에서 대안을 제안하는 것은 내게 도저히 불가능한 일이다.

그러나 하나님과 하나님 나라에 사로잡힌 자신을 발견하는 것이 얼마나 멋진 일인가에 대한 사그라들지 않는 나의 흥분만큼은 분명히 전해지기를 바란다. 존 밀뱅크(John Milbank)는 특별한 책 『신학과 사회이론』(Theology and Social theory: Beyond Secular Reason, 새물결플러스 역간)에서, 기독교가 로마에게 그들이 상상할 수 없는 신을 소개했다고 말한다.

그리스도인들은 끝나지 않는 전투의 수호자 유피테르 대신, 평화로운 기부의 행위 안에서 모든 유한한 실재를 발생시키시는 참되신 한 분 하나님을 그분이 창조하신 존재들 사이에서 예배하고, 그분과의 새로운 사귐을 기뻐한다. 변화의 가능성 너머에 있는 '천상의 도시'에서 천사들과 성도들은 그러한 사귐 안에 거한다. 즉, 그들의 덕은 저항과 지배의 덕이 아닌, 단순히 자기를 잊고 축제를 벌이는 상태에 머무는 일의 덕이다. 여기에는 '오직 평화의 규정'만이, 즉 자만과 지배의 죄로 물든 확신이 사회와 자연 모두를 죽음으로 이끄는 대립을 사방에 퍼뜨리기 전에 원래의 일시적 창조 세계에도 존재하던 그 상태만이 있다. 그러나 하나님과 우리의 '진정한 어머니'인 천상의 예루살렘이 세상의 구원을 위해 긍휼함 안에서 아래로 내려오셨다. 죄로부터의 구원은 정치, 경제, 정신의 지배(dominium)로부터의 해방을, 그런즉 타락과 그리스도의 다시 오심 사이의 일시적 간격인 세대(saeculum)에 속한 모든 구조로부터 '해방'을 의미해야 한다. 이 구원은 다른 종류의 공동체가 다르게 시작되는 형태로 드러난다. 지상의 도성(civitas terrena)은 형제 경쟁자를 이긴 정복자로부터 권력을 물려받는 반면, 이 세상을 순례하는 하나님의 도성은 권력의 승계가 아닌 살해된 형제, 즉 가인이 죽인 아벨에 대한 기억 위에 자신을 세운다. 사실 하나님의 도성은 역설, 즉 '유목 도시'다. 그 도성은 보기 좋은 모양새도, 성벽도, 문도 없기 때문이다. 그 도성은 로마처럼 외부의 적을 앞에 두고 피지배층에게 지배계급이 제공하는 '보호'로 이루어진 **도피처**가 아니다. 사실, 이전의 이 피난처는 교회가 제공하는 진짜 피난처, 죄 용서의 흐릿한 원형에 지나지 않는다. 패자는 버리고 잠재적 경쟁자를 종속시키고 적에 저항함으로써 '성취하는' 평화 대신, 교회는 모든 희생자에 대한 기억, 모든 시민에 대한 공평한 관심, 적에게 자신을 노출시키는 화해를 청하는 것을 통해 진정한 평화를 제공한다.[9]

바로 이것이 내가 이 책에서 살아 움직이게 만들고 싶은 비전이다. 이 비전을 살아 내는 우리가 되기를.

1장

구원의 정치학

교회 바깥에는 왜 구원이 없는가[1]

국교와 비국교화 사이에서

―

조지 린드벡(George Lindbeck)은 이 시대의 기독교가 "한때 문화적으로 국교의 지위를 가졌으나 아직 그 지위를 완전히 상실하지 않은 어색한 중간 단계"에 있다고 논평한다.[2] 어색하다는 표현이 딱 들어맞는 것 같다. 적어도 서구 산업사회에서 대부분의 그리스도인들은 그들 자신에 대해, 그리고/혹은 그리스도인으로서 그 동일한 사회에 참여하는 것에 대해 어떻게 생각해야 하는지 헷갈려한다. 그리스도인으로서 우리는 교회가 적어도 추정적으로는 권력을, 아니면 지위라도 가진 것처럼 보이던 때로 돌아가야만 하는지, 돌아갈 수 있을지, 아니면 불확정적이고 보다 겸손한 어떤 입장을 자유주의 사회에서 탐색해야 하는 것인지 확신이 없다.

이러한 질문들은 이 시대의 갑작스러운 변화가 가져온 의외성 때문에 더 헷갈리게 되었다. 우리는 종교의 자유가 있는 나라인데도 공적 영역에서 하나님을 진지하게 언급하기가 아주 어렵다는 사실에 당혹한다. 물론, 우리의 신앙이 그것을 공유하지 않는 동료 시민들에게 어떤 함의도 갖지 않음을 이해한다는 적절한 사회적 제스처를 취하는 한, 하나님을 믿는다는 우리의 신앙고백이 금지되지는 않는다. 그런데 금세기 대부분의 기간 동안 기독교 신앙을 억압하던 나라들에서는, 갑 자기 그리스도인들이 정확하게 그들이 그리스도인이라는 이유로 주요한 정치 활동가가 되고 있다.[3] 정말로 그러한 문맥에서 어떤 이들은 그리스도인들이 믿는 것이 진리인지 거짓인지가 변화를 가져오며, 그 변화는 정치적인 것이라고 생각하는 것처럼 보인다.

보다 '민주적인' 나라에 사는 많은 이들에게는 진리에 대한 이러한 관심이 거의 기묘하기까지 한 인상을 준다. 알래스데어 매킨타이어가 20여 년 전에 주시했듯, 유신론자와 무신론자 사이의 논쟁은 점점 문화적으로 부적절하고 주변적인 것이 되어 가고 있다. 그는 이것이 단지 세속 학문이 유신론과 직접적으로 충돌하지 않아도 되는 분야에서 발전하고 있기 때문만이 아니라고 주장했다. 문제는 세속 지식이 발전하는 방향이 아니라, "유신론이 후퇴하는 방향이다. 유신론자들은 무신론자들에게 그들이 믿지 않을 것을 점점 덜 제공하고 있다. 그렇게 해서 유신론은 적극적 무신론에게서 중요성과 힘을 빼앗고, 무관심한 이들에게는 보다 수동적인 유신론을 부추긴다."[4]

매킨타이어가 말하는 '후퇴'는, **믿음**이 그리스도인을 그리스도인으로 규정하는 요소로 쓰인다는 사실에서 잘 드러난다. 기독교 신념이 진리인가 거짓인가에 대한 질문이 기독교가 사회적·정치적 억압을 받은 사회에서 제기되고 있다는 것은 분명 우연이 아니다. 지속되는 기독교의 존재가 그러한 사회에서 정치적 도전이 되었기 때문이며, 이는 진리와 거짓의 모든 문제가 정치적임을 우리에게 일깨워 준다.[5] 이와 대조적으로, 자유주의 사회에서 문화적으로 국교의 지위를 갖게 된 기독교는 필연적으로 그리스도인에게 그들의 신념과 실천을 분리하도록 강요했고, 그리하여 우리는 그리스도인으로서 알려질 수 있는 가능성을 상실했다. 국교가 됨으로써, 적어도 자유주의 사회에서 문화적으로 국교의 지위를 누리게 됨으로써, **믿는 것이** 교회의 일부가 되는 것보다 더 중요하게 되었다.

물론 **국교가 된다**(established)는 표현 자체는 모호함으로 가득하고, 특히 자유주의 사회질서 안에서는 더욱 그렇다. 교회와 국가의 분리가 발생한 곳에서는 종종 기독교가 비국교화되었다고 추정된다. 그러나 역설적인 것은, 법률상의 비국교화에 대한 기독교의 자체적 이해는, 일반화된 기독교 전제들이 누려 온 사회적·문화적 헤게모니가 지속됨을 가정한다는 점이다. 당신이 믿는 것을 모든 사람이 대체로 믿는다고 생각할 때, 국교가 된 교회는 필요하지 않다. 우리의 상황에서 특히 '어색한' 점은, 자유주의 사회에서는 기독교를 믿음 체계로 규정하며 이 믿음 체계 자체가 바로 교회의 문화적 권력과 관련된다는 것이다. 이는 그리스도인이 되는 것이 해와 달을 움직이는 권세와 관련이 있다고 믿는 이유를 우리 스스로에게 재확인시켜 주기 위해 필요한 자원을 빼앗아 간다.

찰스 테일러(Charles Taylor)는 그의 권위 있는 책 『자아의 원천들: 현대적 정체성의 형성』(*Sources of the Self: The Making of the Modern Identity*, 새물결 역간)에서, 현대성의 결정적 변화가 "인구 다수가 신이나 신의 법칙을 믿는다고 고백하는 사회에서도 아무도 신의 존재를 **자명한** 것으로 여기지 않는 것"이라고 말한다.[6] 이러한 '자명함'의 상실은 사람들이 자주 추정하는 것처럼 과학과 교육에서 기인하지 않는다. 오히려 "신에 대한 확실성이나 문제성에 대한 우리의 인식은 도덕적 원천에 대한 감각과 관계있다. 우리의 선조들은, 그들이 떠올릴 수 있는 도덕적 원천이 불신앙을 이치에 맞지 않는 것으로 만들었기 때문에 일반적으로 자신의 믿음에 대해 흔들림이 없었다. 이후에 중대한 일이 일어났는데, 이는 가능한 다른 원천들이 열린 것이다. 세속화는 단지 사람들이 더 많은 교육을 받거나 과학이 진보하기 때문에 일어나는 게 아니다. 그런 것 역시 어떤 영향은 주겠지만, 결정적이지 않다. 문제는 많은 수의 사람들이 필연적으로 신을 가정하지 않아도 되는 아주 다른 종류의 도덕적 원천을 지각할 수 있게 되는 것이다."[7]

기독교 신념의 진리 혹은 허위 문제를 다루기 위해서는, 그리스도인들이 교회를 구원을 위해 필수적인 정치적 공동체로 회복해야 한다는 것이 나의 주장이다. 그리스도인들이 우주에 대해, 인간 실존의 본질에 대해, 혹은 심지어 하나님에 대해 **믿는** 바는 우리를 구원하지도 않으며, 구원할 수도 없으며, 구원해서도 안 된다. 우리의 믿음(beliefs), 더 바르게는 우리의 신념(convictions)은 오직 우리가 교회라 부르는 정치적 공동체 안에서 구현될 때만 그 의미가 성립한다. 하나님을 의식하는 우리의 감각, 즉 하나님에 대한 우리의 이해 자체는 도덕적 원천과 혹은 내가 선호하는 표현으로는 도덕적 실천과 상관있다고 테일러가 말한 것은 아주 옳다. 교회 없이 그리스도인들에게는 구원의 가능성도 없으며, 윤리나 정치의 가능성은 더욱 없다.

그 예로, 나는 뒤에 나올 장에서 '성 윤리'에 대한 기독교적 고찰이 형편없으며, 그것은 논의의 조건이 기독교적 실천과 상반되는 전제에 의해 결정되는 것을 허용했기 때문이라고 주장할 것이다. '혼전 또는 혼외 성관계는 타당한가'라고 묻는다면 이미 진 것이다. 그리스도인은 모든 성관계가 혼인을 전제한다고 믿기 때문에, 혼전 성관계라는 개념 자체는 그리스도인들이 용인할 수 있는 표현이 아니다. 그리스도인들이 공개적으로 인정된 혼인 관계 이외의 성적 행위에 대해 우려하는 바는, 결과적으로 따라오는 성의 개인화에는 성이 불러들이는 여러 형태의 지배에 저항하기 위한 자원이 불충분할 것이라는 두려움이었다. 나는 그러한 윤리 사안들의 중요성이 하나님은 예배받기에 합당하시다는 고백이 의미하는 핵심임을 보여 줄 수 있기를 바란다. 그리스도인은 하나님에 대한 어떤 것들을 믿은 뒤 그러한 믿음이 평생 일부일처의 정절을 요구한다고 생각하지 않기 때문이다. 도리어, 우리는 평생 일부일처의 정절을 실천할 수 있는 사람들이 되기를 배우는 일의 일부로서 하나님을 예배하는 법을 배운다.

나는, 그리스도인으로서 우리가 우리 자신과 우리의 비그리스도인 이웃을 위해 이 어색한 시간을 구원의 정치학을 재발견하는 데 이용할 책임이 있다고 제안하고 있다. 결국, 홀로 예배받으시기에 합당하신 분을 목적(telos)으로 삼지 않는 어떤 정치학이 참될 수 있겠는가? 자유주의 지배 체제의 하인이 되어 버린 우리는 이러한 질문을 던지는 것에 저항하면서, 그런 행위는 기독교 제국주의 그리고/혹은 신권정치의 복귀를 꾀하는 것이라고 말한다.[8] 그러나 만약 교회가 구원에 필수적이라면, 그러한 질문들은 이 어색한 상황에서조차, 혹은 이 어색한 상황에서는 특히 피할 수 없다고 나는 확신한다.

왜 윤리학은 나쁜 생각인가

—

어떤 면에서, 우리 시대에 그리스도인이 되는 것의 어색한 특징은 어색한 시대를 살아가는 결과다. 간단히 말해, 교회의 비국교화를 초래했으며 기독교를 일련의 믿음들로 둔갑시킨 인식론적·정치적 전제 자체에 점점 더 많은 의문이 제기되고 있다. 따라서 우리는, 그리스도인들이 사회적으로 책임 있는 태도를 갖는다는 미명하에 교회를 정치와 무관하게 만들었고 계속해서 그리하고 있는 사회적 합의들에 인식론적·도덕적 정당성을 공급해 줌으로써 체면을 차리려 애쓰는 시대에 살고 있다.

최근 윤리학이라고 불리는 것의 발전에 쏟아지는 열의보다 우리 시대의 어색함을 더 잘 예시해 주는 것도 없다. 찰스 테일러가 관찰한 것처럼, 만약 "객관적 이성의 충만함을 성취할 수 있고, 우리 자신을 미신으로부터와 교구제에 대한 집착으로부터 분리시킬 수 있다면, 우리가 마땅히 인류를 이롭게 하려는 마음을 갖게 될 것"이라는 믿음이 계몽주의 안에서 조성되었다.[9] 따라서 현대성 기획은 곧 윤리학의 기초를, 그리고 그것과 관련된 우리의 사회·정치 제도의 기초를 합리성으로서의 합리성(rationality qua rationality)에 두는 것이다.

물론 '도덕성'이라 불리는 독립 영역을 수용하기 위한 계몽주의 기획은 아주 분명한 일련의 상황들에 대한 반응이었다.

이전 문화의 전통적 에토스 안에 있던 광범위한 가정과 범주에 호소하는 것이 합의보다는 충돌을 일으키기 쉬워졌을 때, 권리와 존중과 효율성이 도덕적 사고에서 사실상 독점적 우선권을 갖게 되었다. 종교개혁의 격렬한 논쟁과 종교전쟁에 대한 반동으로, 현대의 이념과 윤리 이론은 갈수록 더 신의 본성과 신이 정해 놓은 우주와 사회의 구조에 관한 이전의 합의에 의존하지 않아도 되는 언어를 선호할 좋은 구실을 얻게 되었다. 선호된 개념들이 동일한 에토스에서 추출한 것이라는 사실에 놀라서는 안 된다. 결과적으로 따라온 추상개념들이 여전히 살아남은 그 에토스의 잔재들에 의해 지속되던 도덕적 혐오를 해석하거나 설명하는 데 부적합하다는 사실 역시 놀랍지 않다. 초기의 현대 윤리 이론가들은 식인 행위나 수간과 같은 것들에 대해서는 오히려 의견 충돌이 별로 없었다. 그러나 종교적 불일치가 점차 증가하면서, 그들은 지나치게 논쟁적인 사회적·우주론적 범주들과 가정들을 더 이상 전제하지 않는 언어를 고안할 필요를 깨달았다. 윤리 이론은 이러한 보다 엄격한 언어를 고수함으로써, 도덕성을 중심으로 상대적으로 좁은 영역을 확보했다.[10]

물론 그리스도인이 성 윤리, 경영 윤리, 직업윤리 등을 발전시키고자 할 때 구현하도록 요청받는 것 역시 바로 이러한 의미의 윤리학이다. 우리는 가능한 한 우리의 신학적 신념은 버려둔 채 자유주의 사회질서를 옹호하는 결의론자(casuist, 주로 양심에 관계된 도덕 문제의 개별 사례들을 분석하여 그 옳고 그름을 규정하는 법조문식 도덕법을 발전시키는 사람들을 지칭한다—역주)가 되도록 요청받는다. 우리는 자율성, 정의, 직업 딜레마에 대한 자비심 등의 기본 원칙이 작동하도록 만드는 기술자가 된다. 스타우트(Stout)가 지적하듯, 이런 고도로 형식적인 '윤리학' 해석의 발전은 그리스도인들이 서로 죽이는 것을 멈추게 하기 위해 필요한 것이라고 간주되었다. 종교는 사적(private)이라고 불리는 새롭게 창조된 공간으로 사회적·정치적으로 추방되어야 했다. 이제 윤리학은 종교 및

예의범절과 구별되는 인간 행동의 자율적 영역이 된다. 우리의 앎을 모든 구체적 전통과 분리시킬 수 있을 때에만 X 혹은 Y가 참인 것을 알 수 있는 것처럼, 이제 도덕성 역시 오직 합리성으로서의 합리성이라는 이야기와 관련된 것으로만 존재하게 되었다. 이제 이와 같은 도덕성은 자율적이어야 한다고 가정된다. 그러한 도덕성의 목적은, 우리가 '개인'이라고 부르도록 교육받은 새로운 존재의 자율성이 존중되도록 만드는 것이다. '의료윤리' '사업 윤리' 그리고 다른 '윤리'들은 그러한 도덕성이 필연적으로 만들어 내는 딜레마를 연구하는 방법들이 된다.

이런 식의 진리와 도덕성에 대한 이해와 상관관계에 있는 정치도 있다. 정치는 더 이상 공공의 선을 발견하는 데 필요한 진행 중인 대화가 아니다. 그러한 선은 분명 존재하지 않는다. 오히려 이제 정치는, 생존의 욕망 외에는 어떤 것도 공유하지 않는 사람들 간의 협력을 보장하기 위해 필요한 수단으로 이해된다. 그러한 정치를 지탱하는 데 필수적인 것이 바로 공과 사의 구분이다. 사적 삶에 공적 권위가 개입하는 것이 정당화되는 유일한 영역은 타인의 행동이 나에게 지나친 해를 초래하는지 아닌지 여부다. 정말로, 누군가 공적 권위를 갖는다는 것이 무엇을 의미하는지, 혹은 우리 중 누구든 시민이 된다는 것이 무엇을 의미하는지 과연 우리가 이해할 수 있는지조차 분명치 않다.

사회 및 정치 질서에 대한 이러한 관점은 기독교 신념을 가진 사람들에게 중차대한 함의가 있다. 예를 들면, 미국에서 가장 보수적인 정치 분석가 중 한 명인 조지 윌(George Will)은 얼마 전 한 칼럼에서 미국 정치에서 종교가 지닌 역할에 대해 고찰했다. 그가 그런 글을 쓰게 된 계기는 "아메리카 원주민 교회"가 페요테 선인장을 사용하는 것을 금지하는 법안을 인정한 미연방 대법원의 결정, 보다 구체적으로는 보수 성향의 대법관 스캘리아(Scalia)가 내놓은 의견이었다. 윌은 법안을 인정한 스캘리아의 결정을 칭찬하면서도, 그의 의견이 충분하지 않았다고 주장했다. 윌에 따르면, 스캘리아는 1972년 구 아미쉬 판결 역시 잘못이었다고 말했어야 했다. 우리는 냉정한 현실주의와 철학의 세속주의를 천명해 건국자들에게 영향을 준 "자유주의자의 수호성인" 토머스 제퍼슨(Thomas Jefferson)에게로 돌아가야 한다.

미국의 정치적 구성의 중심 목적은 종교가 정치 질서에 종속되는 것이며, 이는 민주주의가 가장 우선이라는 의미다. 앞서 로크가 그랬던 것처럼, 건국자들은 유럽을 뒤흔든 종류의 종교적 열정을 길들이고 순화하길 바랐다. 이를 위해 그들은 종교가 아닌 상업적 자본주의 공화제의 공적 권위를 확립하는 방법을 택했다. 그들의 목표는 사람들의 격렬한 에너지를 이기적으로 물질적 안락함을 추구하는 일에 잠기게 하는 것이었다.

따라서 종교는 완벽하게 사적인 한—다시 말해, 단순한 믿음인 한—완벽하게 자유여야 하지만, 행동과 관련해서는 정치적 의지(법)에 따라야 한다. 따라서 제퍼슨은 "정신의 작동"은 법적 구속력에 종속되지 않지만, "몸의 행위"는 종속된다는 입장을 취했다. 유일신을 믿든 스무 신을 믿든 단순한 믿음은 누군가의 주머니에 손을 대거나 다리를 부러뜨리지 않기 때문이다.

제퍼슨의 탁월함은, 종교가 유용할 수도 있고 문제를 일으킬 수도 있지만 그 진리는 이성에 의해 확립되는 것이 아니라는 로크의 원칙에 근거한다(제퍼슨은 로크를 역사적으로 가장 위대한 세 인물 중 하나로 보았다). 그런 까닭에 미국인들은 종교를 '확립'(establish, 국교화를 의미한다—역주)하려 들지 않는다. 오히려 자유로운 종교 활동을 보장함으로써 종교를 사적이고 종속적인 것으로 만든다.

건국자들은 종교 다원주의가 시민의 평화, 즉 질서를 의미했기 때문에 종교적 관용을 선호했다. 따라서 1879년 판결에서 천명된 원칙, 즉 "법은 행동의 통제를 위해 만들어진다"라는 원칙을 사회가 저버릴 때 그 사회는 '무질서를 자초'하는 것이라는 관념 가운데서, 스캘리아가 헌법이 보장하는 '자유로운 활동'에 대한 관용을 제한할 수 있다고 본 것은 건국자들을 따른 것이다. 믿음으로부터 나온, 그러나 단지 믿음 자체로부터만 나오진 않은 행동이 규제에서 면제된다면, 이는 "모든 시민이 그들 스스로 법이 되는 것"을 허용하는 셈이 된다.

스캘리아의 입장은 보수주의처럼 들릴 뿐 아니라, 헌법상 옳다. 곧 그것이 건국자들의 의도다.[11]

내가 생각하기에 자유주의라고 부를 수 있는 이 세상은, 기독교 신학자들 대부분뿐만 아니라 그리스도인들 대부분이 따르는 전제가 되었다. 우리는 우리의 임무가 그런 세상이 작동하도록 만드는 것이라고 믿었다. 기독교적 실천이 사적 영역으로 추방된 것은 평화로운 사회에 살기 위해 치러야 할 작은 대가였다. 따라서 기독교 신학자들은 점점 그리스도인의 윤리적 삶을 사랑과 정의의 언어로 설명하기 시작했는데, 일반적으로 그것은 '자유'와 '평등' 사이의 균형을 어떻게 잡아야 하는지 바르게 아는 사회를 건설하기 위해 그리스도인이 힘써야 한다는 의미였다.[12] 간단히 말해, 기독교 사회윤리는 기능적으로 무신론적이게 되었고, 따라서 매킨타이어가 보여 준 것처럼 유신론자-무신론자 논쟁이 주변적이게 되도록 보장했다. '세상'에 대한 기독교의 책임이라는 이름 아래, 신학자들은 '윤리학자'가 되었고 그럼으로써 자유주의의 정치적 지배를 도울 수 있었다.

자유주의 사회를 위한 자유주의적 정당성 상실

그러나 가장 불편한 방식으로 이러한 세상, 즉 자유주의 세상은 무너지기 시작하고 있다. 개인의 권리에 대한 자유주의의 약속─공과 사의 구분, 피해 원칙─을 뒷받침했던 인식론적 가정이 문제시되고 있기 때문이다. 따라서 리처드 로티(Richard Rorty)는 "'진리의 본질'은 무익한 주제이며, 이런 면에서 '인간의 본질'이나 '신의 본질'과 비슷하고, '양전자의 본질'이나 '오이디푸스적 집착의 본질' 같은 주제와는 다르다"고 간단히 선언한다.[13] 그러나 로티는 자유주의 사회에서 윤리적 책무의 근거를 이성으로서의 이성에 두고자 하는 시도를 포기하는 것이 자유주의 사회 자체를 포기해야 한다는 의미라고 믿지 않는다. 로티에 따르면 그 이유는 다음과 같다.

행위가 아닌 말, 강요가 아닌 설득과 관련해서는 무엇이든 가능하다는 것이 자유주의 사회의 사상에 핵심이다. 이러한 열린 사고방식은, 성경이 가르치는 것처럼 진리가 위대하며 승리할 것이라는 이유나 밀턴(Milton)이 주장하는 것처럼 자유롭고 열린 대면에서는 진리가 항상 우세할 것이라는 이유로 장려되어서는 안 된다. 열린 사고방식은 그 자체를 위해 장려되어야 한다. 자유주의 사회는 그러한 대면의 결말을 그게 어떤 것으로 드러나든 기꺼이 '참'이라고 부르는 사회다. 바로 그것이 자유주의 사회에 철학적 토대를 공급하려는 시도가 도움이 되지 않는 이유다. 그러한 토대를 공급하려는 시도는, 옛 어휘와 새 어휘의 대면에 선행하고 그 결과에 우선하는 주제와 논지의 자연적 질서를 전제하기 때문이다. (자유주의 문화가) 토대를 가져야 한다는 생각은 계몽주의적 과학주의의 결과였고, 이는 결국 인간의 기획이 인간의 것이 아닌 권위에 의해 수용되게 해야 하는 종교적 필요가 살아남은 것이었다. 18세기에 자유주의 정치적 사고가 그 시대의 가장 유망한 문화적 개발품이었던 자연과학과 연합하려고 한 것은 자연스러운 일이었다. 그러나 불행히도 계몽주의는 과학자를 일종의 제사장으로, 즉 '논리적'이고 '방법론적'이며 '객관적'이게 됨으로써 인간의 것이 아닌 진리와 접촉에 성공한 사람으로 그리면서, 이를 중심으로 너무 많은 정치적 수사를 짜냈다. 그 당시에는 이것이 유용한 전술이었지만, 이제는 그다지 유용하지 않다.[14]

물론 로티를 인용하는 것은 자유주의 세계가 무너지고 있다는 주장의 근거 자료로 충분하지 않다. 그러나 적어도 자유주의적 정치 관행을 뒷받침하던 철학적 전제가 근본적으로 수정되고 있음을 보여 준다. 실제로 로티나 스타우트 같은 자유주의자들은 더 이상 계몽주의의 철학적 전략에 기초한 자유민주주의의 정당성을 믿지 않지만, 여전히 자유주의적 결과를 원한다. 그들은 그 외의 어떤 대안이라도, 종교적 신념들이 공적이고 심지어는 정치적인 표현을 가져야 한다는 확신이 발생시키는 대립을 향하여 회귀를 일으킬 거라고 두려워한다. 결국, 계몽주의 이래 발생한 철학적·정치적 발전의 전체 핵심은 하나님의 이름으로 다른 사람을 죽일 수 없는 사람들을 만드는 것이다.

역설적이게도, 계몽주의의 승리 이후로 사람들은 더 이상 하나님의 이름으로 서로를 죽이지 않지만, 민족국가의 이름으로 서로를 죽인다. 정말로 나는 계몽주의의 정치적 성취가, 개인으로서 그들의 자유를 보호하고 보장해 준다고 알려진 '국가'라 불리는 무언가의 이익을 위해서는 다른 사람들을 죽이는 것이 필요하다고 믿는 사람들을 창조한 것이라고 충분히 주장할 수 있다고 생각한다. 로티와 스타우트는 인간의 야망에 대해 보다 겸손한 설명을 제안하는 것처럼 보이고 그러한 설명은 아주 매력적이지만, 과연 그러한 도덕적 겸손이 현재 우리의 민족국가 체제 및 그것과 연관된 추정, 즉 그러한 국가들의 이름으로는 전쟁이 정당화된다는 추정에 도전할 능력이 있는지, 사실은 오히려 그런 체제와 추정을 전제하는 것은 아닌지 묻고 싶다.

정말로 스타우트와 로티 같은 자유주의자들이 국가의 지위를 어떻게 이해하는지 알고 싶다. 앤서니 기든스(Anthony Giddens)가 『민족국가와 폭력』(The Nation-State and Violence, 삼지원 역간)에서 주장하듯, 우리가 아는 민족국가는 그것에 선행하는 절대주의 국가와는 현저하게 다른 개체이기 때문이다.[15] 절대주의 국가는 조세 징수를 목적으로 영토 통제권을 유지하는 데 일차적 관심을 두는 반면, 유사한 다른 민족국가들의 복합체 안에 존재하는 민족국가는 "획정된 경계(국경) 내의 영토에 대한 행정적 독점권을 유지하는 일련의 제도적 통치 형태이며, 그 지배는 법을 통해, 그리고 내외부의 폭력 수단에 대한 직접 통제를 통해 승인된다."[16]

행정 권한에 기초한 국가권력이라는 이러한 현대적 국가 개념은, 정치적 경험과 지리적 지역성 사이의 불가분성을 설명하지 못한다.

서유럽의 정치는 자기 국가를 스스로 엄격하게 영토적 개념으로 규정하는 민족국가들의 전통에서 나왔다. 그러나 우리의 정치적 경험의 이러한 요소를 이해하기 위한 개념 구조를 제공해야 할 정치철학은, 정치 개체들의 영토적 성격에 대해 거의 아무것도 말하지 않는다. 반대로, 홉스 이래 유럽의 정치철학은 자유주의와 집산주의 전통 양쪽 모두에서 사회를 자연적 결정 요소가 아닌, 개인의 것이든 공공의 것이든 의지와 관련해 해석하는 데 집착해 왔다. 이것은 전반성적(pre-reflective) 정치 행위가 지닌 강력한 영토적 본성과는 반대로 흐르는 지적인 정치적 사고의 기이한 추상성을 낳았다.…인권, 민주적 대의(代議), 이념적 다원주의 등 순수하게 비장소적인 개념 안에서 우리의 형식적 정치 논의를 구성하는 일, 그리고 땅에 대해 말하고 싶어 하는 사람들을 마치 책임 있는 대화를 나누기에는 수준 미달인 것처럼 대하는 일의 요점을 이해하기는 힘들다.[17]

기독교에서의 구원을 위한 필수 요소로서 교회의 중요성을 다시금 확증함으로써, 나는 정치를 규정하는 요소로 땅을 거론하는 사람들처럼 위험스러운 수구 세력으로 보여서는 안 된다는 것을 잘 알고 있다. 예를 들면, 자유주의 민족국가의 지위에 의문을 제기하는 것은, 하나의 종족이 국가처럼 자립 가능한 정치 개체가 될 수 있다고 암시하는 것처럼 보인다. 그 대신, 그리스도인으로서 우리는 자유주의 기획을 구원할 인식론적·윤리적 자원을 개발해야 하지 않는가? 만약 우리가 그렇게 한다면, 여전히 교회가 세상에게 줄 뭔가가 있음을 보여 줌으로써 우리의 상황을 보다 덜 어색하게 만들 수 있지 않을까? 진리와 도덕성에 관한 비배타주의적 해석이 나오지 않는다면, '지역적' 정치 집단 간의 전쟁을 겪게 될 수밖에 없지 않은가?

그러나 내가 주장하는 것은, 인식론적 형태로든 정치적 형태로든 그리스도인이 자유주의 기획을 구출하려 하는 것은 경솔한 일이라는 것이다. 자유주의 기획에 필요한 조건 자체는 거짓된 보편주의에 대한 기독교의 도전을 불러올 수밖에 없다.[18] 오히려 이 어색한 시대는 우리에게 교회라 불리는 기독교에서의 구원의 지역성을 회복할 수 있는 기회를 준다. 그러한 지역성, 그러한 특수성을 회복하지 않고서는, 우리는 그리스도인으로서 우리가 보편주의 이상의 이름으로 전쟁을 일으키는 이들에게 도전할 수단을 결핍하고 있음을 발견할 것이다.

하나님의 구원으로서의 교회

교회가 하나님의 구원이라는 나의 견해는, 구원에 대한 기독교의 해석을 규정해 온 수많은 근본 이미지들에 도전한다. 예를 들면, 교회의 불가피성에 주목하는 것은 인류의 내재적 사회성에 대한 그리스도인의 믿음을 말하는 또 다른 방식일 뿐이지 않다. 자아의 본질적 사회성, 그리고/혹은 우리가 본성적으로 정치적이라는 사실을 발견하는 데 예수님은 필요하지 않다.¹⁹ 오히려 교회가 하나님의 구원이라는 나의 주장은, 구원이 하나의 정치적 대안이며, 교회라고 불리는 구체적인 사람들의 존재와 동떨어져서는 세상이 이 대안을 결코 알 수 없다고 말하는 것이다. 보다 극적으로 표현하자면, 정치적 대안으로 존재하는 교회가 없다면 당신은 당신에게 구원이 필요하다는 사실조차 알 수 없다.

역설적이게도 교회가 가능케 만든 구원의 정치적 특성은 교회가 정치권력이 되었을 때 억압되었으나, 결코 상실된 것은 아니다. 데니 위버(Denny Weaver)가 지적하듯, 콘스탄티누스 이전에 그리스도인들은 자신들이 교회를 핍박하는 이들로 체현된 원수의 세력과 대면하고 있다고 보았다. 그들에게 구원이란 그러한 세력으로부터 구조되는 것, 그뿐만 아니라 그러한 세력을 무너뜨리는 데 관한 것이었다. 정말로 콘스탄티누스 이전의 이 그리스도인들은 그 세력이 이미 패배했음을 알았고, 바로 그 때문에 허세에 찬 로마 권력에 맞서 당당하고 즐겁게 도전할 수 있었다.²⁰

이 그리스도인들은 하나님이 행하시는 전체 창조 세계의 구원이라는 장엄한 드라마에 자신들이 참여하고 있다고 확신했다. 그리스도의 부활에서 우주의 이야기가 하나님의 목적에 따라 펼쳐진 것처럼, 구원은 우주적이었다. 교회는 하나님의 이야기에서 우연한 부분을 차지하는 것이 아니라, 그리스도 안에서 일어난 구원의 필수 요소였다. 교회는 인상적이지만 이미 죽은 한 창시자를 기념하기 위해 모인 사람들이 아니었고, 아니다. 오히려 교회는 부활하신 주님의 증인이 되기 위해 각 민족들로부터 모인 사람들이다. 자신이 교회 없이는 알 수 없는 이 야기의 일부임을 세상이 알 수 있으려면 교회가 꼭 필요하기 때문에,

교회가 없다면 세상에겐 말 그대로 구원의 소망도 없다. 위버의 말을 인용하면, "콘스탄티누스 이전, 하나님이 역사 속에서 일하고 계심을 눈으로 볼 수 있게 만든 것은 교회, 즉 하나님의 사람들이었다. 상대적으로 호의적이지 않은 세상에서 소수였던 교회는 스스로 불안정한 위치에 있고 소멸 직전에 있음을 늘 느낄 수 있었기에, 하나님이 역사를 다스리고 계신다고 말하는 일에는 믿음이 필요했다." 세심한 재구성에 따르면, "그러나 바로 그 교회가 세상에 맞서서, 혹은 세상과 대립하는 상태로 존재했음"을 보여 준다.[21]

예수님 안에서 하나님은 권세를 무너뜨리셨다. 그렇기에 우리는, 제자들이 그랬던 것처럼, 그러한 사랑의 통치를 거부한 세상 안에서 십자가를 따라 형성된 공동체로서 담대하게 살아갈 수 있다. 따라서 존 하워드 요더(John Howard Yoder)가 말한 것처럼, "교회는 인식론적으로 세상에 선행(先行)한다. 우리는 다른 방식으로 알 때보다, 예수 그리스도에게서 그리고 신앙고백의 문맥 안에서 더 온전히 알 수 있다. '자연'이나 '과학' 같은 개념의 의미와 타당성과 한계는, 그 자체로 볼 때보다 그리스도의 주권에 대한 고백에 비추어 볼 때 가장 잘 볼 수 있다. 그리스도의 주되심이 결정적 가치 선택을 이끄는 중심이 되어야 한다는 점에서 교회는 가치론적으로도 세상에 선행하며, 따라서 우리는 예수님과 모순되는 가치들을 무시하거나 심지어 거부하도록 부름받을 수 있게 된다."[22]

교회 바깥에는 구원이 없다고 말할 때, 우리는 구원의 본질 자체에 대한 주장을 하는 것이다. 다시 말해, 구원은 모든 창조 세계가 그리스도의 주권 아래 놓이도록 회복하시는 하나님의 역사다.[23] 그러한 구원은 하나님의 섭리의 돌보심 밖에서 통치한다고 추정하는 권세를 무너뜨리는 데 관한 것이다. 그러한 구원은 우리가 이미 알고 있고/있거나 경험한 것을 확인하는 것이 아니다. 구원이란 구체적인 공동체 안에 있는 사람들이 삶으로 보여 주는 예증이 아니고서는 알 수 없는 이야기의 일부가 되는 것이다.

구원은 하나님이 이방인을 약속된 백성 안으로 불러들이심으로써 이스라엘을 계속 돌보신다는, 시연된 서사다. 리처드 헤이스(Richard Hays)는 바울을 추동했던 질문을 상기시킨다. 그것은 종교개혁 이래 우리가 배워 온 것처럼 "은혜로우신 하나님을 어떻게 찾을 수 있는가?'가 아니라, '추정적으로 은혜로우신 이 하나님이 만약 이스라엘에 대한 약속을 저버리신다면, 우리는 어떻게 그분을 신뢰할 수 있는가?…'였다. 바울의 선포는 하나님의 의를, 한 번도 들어 보지 못한 구원론적 참신함으로서가 아니라, 성경이 처음부터 증언해 온 진리의 발현으로서 제시한다. 바울이 자신의 메시지가 율법을 확증한다고 말할 때, 그가 가리키는 것은 오경의 특정한 계명이 아닌, 하나님이 한 백성을 은혜롭게 선택하신 이야기로 읽히는 성경의 증언이다."[24]

이렇듯 구원을 시연된 서사로 이해하는 것을 순교보다 더 강력하게 증언하는 것은 없다.[25] 교회가 로마를 이기고 승리한 것은 바로 순교를 통해서였기 때문이다. 로마는 그리스도인들을 죽일 수 있었지만, 그들을 희생자로 만들지는 못했다. 순교자들은 그들을 죽이려는 자들이 그들을 귀속시키기 위해 애쓰던 이야기─바로, 희생자의 이야기─는 그들의 죽음에 대한 진짜 이야기가 아님을 확신하면서 죽음을 향해 갈 수 있었다. 신앙 때문에, 카이사르에 대한 복종을 거부하는 것 때문에 그리스도인들이 죽는 것은 로마가 보기에 비이성적 행동이었다. 순교자들에게, 자신들의 죽음은 로마가 인정할 수 없는 이야기, 즉 로마가 그 권력을 계속 유지할 수 없다는 이야기의 일부였다.

따라서 로마에 맞서 교회가 할 수 있는 가장 결정적인 정치적 증언이 바로 순교였다. 교회는 순교자들을 기억함으로써 사실상 "당신들은 우리를 죽일 수 있지만, 우리 죽음의 의미를 결정할 수는 없다"고 말하고 있었다. 로마는 우리의 삶을 이야기하는 주체가 될 수 없으며, 오히려 교회는 우리의 실존에 관한 진리를 로마보다 더 잘 아는, 승리한 정치 공동체임을 주장해야 한다. 교회는—필연적으로 하나님의 통치를 드러내면서도 폭력을 통해 다스리고자 하지 않는다는, 정확히 바로 그 이유 때문에—순교자의 증언을 통해 어린양의 승리를 기억함으로써 승리한다.

그러나 데니 위버는 로마가 교회에게, 로마가 이해하는 통치 방식에 따라—즉, 폭력을 통해—통치할 수 있는 기회를 제공함으로써 승리한 것을 기억한다. 교회가 그러한 통치 기회를 받아들였다는 것에 놀라거나, 심지어 그 자체로 신실하지 못한 것으로 생각해서는 안 된다. 그리스도인이 그리스도 안에서 우리의 것이라고 믿는 구원은 결국, 필연적으로 다른 모든 서사와 거기에 상응하는 정치조직을 종속시키는 하나님의 통치에 관한 서사다. 그리스도인은 하나님이 이스라엘과 예수님 안에서 행하신 것만이 유일하게 참된 정치라고 믿기 때문에, 언제나 신정정치의 유혹을 받는다. 그러한 증언이 억눌릴 때 구원은 어쩔 수 없이 개인 구원에 관한, '이것저것 믿는 것'에 관한 무기력한 이야기가 될 수밖에 없으며, 교회는 단지 함께하는 게 목적인 공동체들

중 하나가 되고 만다. 따라서 로마의 기획을 받아들임으로써, 그리스도인들은 이 세상의 권력을 통해 하나님 나라를 확장하려고 노력한 것이다. 그것은 구원의 정치학을 하나님의 이름으로 그리스도인들이 통치해야 한다는 생각과 오해한, 이해할 만은 하지만 재앙과도 같은 전략이었다.

어떻게 계속 나아갈 것인가: 아우구스티누스를 다시 생각하다
—

마지막에 말한 순교에 대한 이러한 주장들은 인식론적 사안에 관한 현재의 논쟁과 어떤 관계가 있는가? 자유주의 정치 기획에서, 믿음의 상실이라 부를 수 있는 '어색한 상태'가 어째서 그리스도인으로서 우리가 구원을 회복할 필요가 있고 그 구원은 오직 교회 안에서만 발견된다는 것을 의미하는가? 우리의 사회적 세계의 문제를 지나치게 극적이고 부정적인 방식으로 묘사함으로써 교회를 중요하게 만들려고 하는 것은 분명 실수다. 자유주의 사회에서 그리스도인이 그들의 생명을 희생하지 않아도 되는 것, 순교가 반드시 필요치 않다는 것은 좋은 일 아닌가? 그 대신 우리는 우리의 신념이 마침내 의견의 문제가 되었음을 이해하면 되는 것이다.

그런 문제들에 쉽고 간단한 해답은 없다. 그러나 나는 아우구스티누스의 '두 도성' 이야기에 주의를 돌림으로써—혹은 오히려 우리가 아우구스티누스를 어떻게 해석할 것인가에 주의를 돌림으로써—이 사안의 초점을 맞추고자 한다. 그렇게 해서, 이 어색한 시대를 어떻게 살아야 하는지에 대한 어떤 힌트를 그가 제공한다는 것을 보여 주고자 한다. 결국, 아우구스티누스는 우리처럼 정치적·사회적 세상이 무너져 내리는 것처럼 보이는 시대에 살았다. 더 나아가, 그러한 세상에서 교회가 승리까지는 아니더라도 살아남을 수 있는 기준을 정한 것이 바로 아우구스티누스였다.

바로 그것이 문제인데, 아우구스티누스는 어떤 이들이 그에 대해 중세에 교회가 지배권을 차지하게 되는 것의 전조라고 주장하고, 다른 이들은 그 동일한 교회에 대한 개신교의 거부의 시조라고 주장하는 기이한 위치에 있기 때문이다. 우리 시대에 후자의 설명을 가장 확정적으로 진술한 것은 아마도 라인홀드 니버(Reinhold Niebuhr)일 텐데, 그는 아우구스티누스가 교회와 사회의 '현실주의' 해석을 정당화한다고 본다.[26] 모든 것이 죄다. 성취된 정의는 오직 미래의 불의를 위한 토대가 될 뿐임을 알기에, 그리스도인이 할 수 있는 최선은 더 적은 악을 성취하는 것이다. 교회는 모든 정치의 한계를 인식할 수 있는 자유민주주의 지배 창출에 필요한 인간 존재에 대한 해석을 제공할 때에만 정치적으로 적실하다. 니버에게 우리의 어색한 상황은 놀라운 것이 아닌데, 정확하게 바로 그것이 우리가 바라야 할 정치이기 때문이다.

세상의 도성에 대한 아우구스티누스의 설명이 니버 같은 해석을 불러올 수 있다는 것은 의심할 여지가 없다. 그러나 니버의 이야기에서 빠져 있는 것은, 아우구스티누스는 교회만이 진정한 정치적 사회라는 점 역시 동일한 강도로 주장한다는 것인데, 우리는 오직 교회에서만 참되신 한 분 하나님을 예배하는 것을 배우기 때문이다. 오직 교회를 통해서만 우리는 우리의 욕망에 바른 질서를 부여하고 올바른 덕을 형성하기 위해 반드시 필요한 원천을 갖게 된다.[27]

아우구스티누스의 교회 해석을 강조하는 이들에게 주어지는 일반적 반응은, 교회에 대한 그러한 강조가 교회를 하나님의 도성과 혼동한다는 것이다. 하나님의 도성은 사회나 교회에서 예시되지 않고, 될 수도 없다. 그러나 아우구스티누스를 그런 식으로 읽는 것, 자유주의 사회질서에 대한 헌신이 거의 요구하다시피 하는 그런 독해는 그가 두 도성을 구별되는 두 인간들의 조합으로 생각하지 않는다는 점을 보지 못한다. 로완 윌리엄스(Rowan Williams)는 아우구스티누스가 관심을 가진 것이 "참되게 공적이지 못하고 진정으로 정치적일 수 없는 것은 기독교 공동체 밖의 삶이라는 것을 보여 주도록 기획된, 공적인 것(the public) 자체에 대한 **재정의**였다고 주장한다. 대립하는 것은 공과 사, 교회와 세상이 아니라, 정치적 덕과 정치적 악덕이다."[28]

아우구스티누스는 『하나님의 도성』(*The City of God*) 19권에서, 국가 공동체(commonwealth)를 결정하는 것은 정의―즉, 각 사람이 마땅히 받아야 할 것을 받는 것―이기 때문에 로마는 국가 공동체가 아니고, 또한 하나님께 그분이 마땅히 받으셔야 하는 것을 드리지 않기 때문에 로마는 사회일 수 없다고 주장한다. 오직 기독교 공동체만 참되신 하나님께 제사를 드리며, 그것은 오직 그리스도만 가능케 하실 수 있었던 제사다. "따라서 만약 이방의 레스푸블리카(*res publica*)가 국가 공동체로서 부족하다면, 그것은 아우구스티누스가 논쟁적으로 올바른 종교적 성실성의 기준을 도달 불가능한 수준으로 높게 세우기 때문이 아니라, 하나님이 마땅히 받으셔야 하는 바를 그분께 드리지 못하는 사회는 하나님을 찾고 즐거워하도록 만들어진 인간인 그 시민들에게 그들이 마땅히 받아야 하는 바를 줄 수 없기 때문이다."[29]

아우구스티누스에게, 교회를 결여한 사회는 덕에 관한 어떠한 진정한 개념도 갖지 못한다. 그러나 그러한 사회에도 존재하는 종류의 덕이 있는데, 바로 기존의 질서에 일종의 연합과 안정성을 부여하는 대중의 찬사, 영광과 명성에 대한 갈망이다. 아우구스티누스는 초기 로마 공화제의 성공을 냉소적인 동시에 신학적으로 보았다. 다시 말해, "영광에 대한 욕망은 국가 안에 분열을 야기하는 보다 명백한 요인들을 억제한다. 그리고 하나님은 동방의 옛 포악한 권력에 맞설 새로운 제국, 적어도 그러한 더 오래된 체제의 제어되지 않는 지배욕(*libido dominandi*)에 대한 일종의 심판을 표상하는 제국을 세우기로 선택하신다."[30] 그러나 로마는 여전히 공허한데, 우월감에 기초한 그러한 공화제는 욕망을 욕망으로 억제하는 무질서 위에 세워지기 때문이다.

아우구스티누스가, 현실에서 경험되는 국가와 하나님의 도성은, 전자가 언제나 강압적 권력을 그 특징으로 삼는 한 구별될 것이라고 생각한 것은 사실이다.[31] 하나님의 도성에는 강압이 없지만 그 도성의 시민 혹은 순례자는 위력을 행사하기도 할 텐데, 그들이 그렇게 하는 것은 세상의 도성과 타협하는 것이 아니다.

하나님의 도성은, '국가'와, 혹은 세속 군대와는 다른 방식으로 변함없이 그 힘을 행사하는 조직과 적대적 상황에 있지 않다. 차이는 힘을 행사하는 목적과 그 정신에 있다. 가정과 사회에서, 강압은 죄인의 교화(*paci unde desilverat*)를 적절하게 지향한다. 그리고 아우구스티누스가 19권 13장에서 "평화는 나눌 수 없다고", 말하자면 개인의 영혼의 평화(*pax*)와 우주의 평화는 단일한 연속체의 일부라고 말하면서, 따라서 더 높은 수준의 평화에 대한 고려 없이 보다 낮은 수준에서 평화를 위해 노력하는 것은 재앙으로 끝날 수밖에 없다고 말한 것처럼, (필요한 곳에서는 폭력의 사용도 포함하여) 의로운 통치는 잠깐의 편의를 위한 일시적 조정에만 국한되지 않는 평화를 지향해야 한다.[32]

아우구스티누스는 가정처럼 도성(civitas) 역시 이상적으로는 그 구성원의 교육에 관한 것이라고 생각한 것 같다. 가족은 정치 공동체의 표준인데, 이는 폴리스(polis)가 조직적이고 '전체주의적인' 방식으로 구상된다는 의미에서가 아니라, 오히려 크고 작은 규모의 공동체들은 모두 본질적으로 목적 지향적이며 특정한 종류의 삶을 육성하기 위해 존재한다는 의미에서 그렇다. 따라서 기독교 제국의 승리주의적 이념에 대한 그의 혐오감에도 불구하고, 아우구스티누스는 여전히 그리스도인 황제에 대하여 "권위를 나누거나 위임하는 것을 두려워하지 않으며, 자신의 권력을 하나님의 위엄을 가리키는 데 사용하고, 자신의 영혼을 오르도(ordo, 질서) 안에서 소유하고 다스리는 것을 주된 갈망으로 삼으며, 그가 행하는 모든 것의 동기는 명예욕이 아닌 사랑"이라고 열정적으로 말할 수 있다.[33]

그러나 그리스도인 통치자, 심지어 테오도시우스 1세(Theodosius I) 같은 인물조차도 해결 불가능한 딜레마에 빠진다. 아우구스티누스에 따르면, 일반적으로 말하는 하나님의 도성은 자기방어를 위해서도 전쟁을 할 수 없기 때문이다. 도성의 죽음이 개인의 죽음과는 다른 체계일지라도 이는 사실이다. 개인은 죽음을 행복한 해방으로 볼 수 있지만, 국가의 죽음은 우리를 이성적이고 인간답게 만드는 발화와 의미

간의 결합이 와해됨을 의미한다. 그러나 교회는 인간 발화의 진정한 결합이 하나님의 영원한 뜻과 우주 총체의 오르도 안에 보존되어 있음을 알기 때문에, 자체 보존을 위해 전쟁을 사용할 수 없다. 교회는 생존을 위해 어떠한 인간 체제에도 의존하지 않는다.

따라서 우리는 유일하게 신뢰할 수 있는 정치적 지도자, 참된 정치적 가치의 보호를 보장할 수 있는 유일한 통치자는, 결국 가장 중요하게는 기존 질서의 상대적 형태로 살아남는 것에 대해서는 무관심한 사람이라는 역설에 도달한다. 그는 그러한 가치들이 하나님의 영원하고 변하지 않는 섭리의 차원에서 보호받고 있으며 영원한 '하나님의 도성'(civitas dei)에서 회복될 것을 알기 때문이다. 정치, 그리고 통치의 기술은 소크라테스의 죽는 훈련으로 채색된다. 그리고 오직 그렇게 함으로써 그들은 '지상의 도성'(civitas terrena)의 타락을 피한다.[34]

물론 이는 우리를 다시 순교로 돌아가게 한다. 나는 우리가 아우구스티누스의 사상으로 떠났던 이 짧은 여행에서, 진정한 정치는 죽는 기술에 관한 것임을 배웠길 바란다. 바로 그것이 교회를, 죽음과 희생의 부정(否定) 위에 세워진 자유주의 정치와 반대되는 지점에 서게 한다. 그리스도인으로서 우리는 그런 식으로 세워진 정치가 이제 와해되기 시작했으며, 그것이 의존하던 그러나 동일하게 그 자체의 방식으로 설명하지 못한 도덕적 자산을 마침내 약화시켰다는 사실에 놀라서는 안 된다.

만약 교회를 세상의 구원에 단지 부수적인 것처럼 여긴다면, 그리스도인으로서 우리는 그런 세상을 잘 섬기지 못할 것이다. 문제는, 통치하지 않으면서도 교회를 통해 하나님의 통치를 어떻게 증언할 수 있는가이다. 하나님을 예배하도록 부름을 받은 이들로서 교회는 그런 방식으로 형성되지 않은 모든 정치가, 심지어 진리나 덕에 기초하지 않아야 한다고 주장하는 자유주의 정치가 참될 수 없다고 말해야 한다는 점에서 아우구스티누스는 분명 옳다. 그러나 아우구스티누스는 그러한 주장이 그리스도인에게 '최선의 통치 형식'을 결정할 수 있게 해 줄 토대로서 모든 사람을 위한 윤리를 발전시키라고 요구한다고 추정하지 않는다.

교회의 주된 임무는 그러한 거대한 기획에 관여하기보다 그저 우리가 누구인지로, 곧 하나님의 구원으로 존재하는 것이다. 나는 우리가 살아남는 유일한 방법은 세상이 그 자체의 규정대로 통치하는 방식을 받아들이고자 노력하는 것이라는 가정에서 자유로워질 때 그것을 잘 할 수 있을 것이라고 생각한다. 우리는 그러한 노력을 포기함으로써, 아우구스티누스가 그의 시대에 그랬던 것처럼, 하나님을 부정하는 것 위에 세워진 세상과 사회는 우리의 포스트모던 사회의 특징이기도 한 명랑함과 폭력의 이상한 조합으로 귀결될 수밖에 없다는 것에 어째서 놀라서는 안 되는지 이해할 수 있을 것이다. 우리 시대의 궁극적 비애는, 죽을 만한 가치가 있는 것은 말 그대로 아무것도 없다는 가정에 의해 형성된 사회와 정치조직 안에서 우리가 살고 있다는 것이기 때문이다. 역설적인 것은, 그러한 사회는 전쟁 없이 살 수 없다는 것이다. 그들은 자신들의 헌신이 본질적으로 공허하다는 것을 전쟁으로 감추려 들기 때문이다. 만약 그리스도인들로서 교회가 우리를 이러한 공허함에서 구해 준다면, 세상은 분명 그것이야말로 정말 하나님의 구원임을 볼 수 있을 것이다.

2장

정의의 정치학

그리스도인에게 정의는 왜 나쁜 생각인가

정의에 대한 그리스도인의 열정과 그 문제점

오늘날 모든 그리스도인이 동의하는 것이 있다면, 우리의 믿음이 정의를 행하는 믿음이라는 생각일 것이다. 그리스도인이라면 당연히 가난한 사람, 억압받는 사람, 학대당하는 사람, 즉 일반적으로 사회 내부와 사회 경계 영역 모두에서 지독한 불평등으로 고통받는 사람들에게 관심을 갖는다. 더욱이, 가난하고 억압받는 사람들의 필요를 만족시키기 위해 노력하는 것으로는 충분하지 않다. 우리는 정의가 우리에게 사회를 재형성하고 재구성하여 구조적 불의를 영원히 제거하라고 요구한다고 듣는다.

그리고 그렇게 해야 하는 것은, 우리가 가난하고 억압받는 이들에 대한 어떤 특별한 긍휼함을 가지고 있기 때문이 아니라 그들에게는 우리에게 요구할 수 있는 것, 바로 권리가 있기 때문이다. 이것은 자선이 아닌 정의에 대한 호소다. 자선은 우리가 가난한 사람을 돕는 것이 자비로움에서 행한 무언가일 수 있음을 전제하기 때문이다. 자선이, 가난한 사람들이 그들을 돕는 이들에게 감사해야 함을 암시하는 바로 그 지점에서, 정의는 그러한 도움이 우리가 당연히 해야 할 일이라는 것을 상기시킨다. 가난한 사람들로 하여금 자선의 수혜자라고 느끼게 해서는 안 되며, 오히려 그들은 단지 받아야 할 것을 받고 있을 뿐이라고 생각하게 해야 한다.

아주 많은 그리스도인에게 일반적인 이러한 입장에 어떤 의문이라도 제기하는 일은 피지배층에 맞서 지배층에 동조하는 행동으로 보일 것이며, 많은 이들은 이를 인색함의 유력한 증거로 인식할 것이다. 결국, 불의의 편이 아니고서야 어떻게 정의에 반대할 수 있다는 말인가? 오늘날 우리 모두가 동의하는 어떤 것이 있다면, 우리에겐 권리가 있고, 정의는 바로 이러한 권리의 성취라는 것이다. 이 시대의 그리스도인들 가운데 만연한 이러한 정의와 권리에 대한 열정에 의문을 제기하는 일은, 이란의 이슬람 개혁에 은밀하게 감탄하고 있음을 인정하는 일과 대략 비슷한 반응을 얻을 것이다. 그러나 그리스도인의 사회적 증언을 이끌어가는 일차적 규범으로서 지금처럼 정의와 권리를 강조하는 것은 사실 잘못이라는 것이 나의 주장이다.

대중적 수준에서, 정의에 호소하는 것은 그야말로 어찌할 수 없는 일이 되었다. **정의**는 이런저런 일련의 상황이 옳지 않으며 교정이 필요하다는 확고한 주장에 힘을 실어 주기 위해 사용하는 단어가 되었다. 그러나 그 상황에서 무엇이 나쁜 것인지, 혹은 그에 관해 우리가 무엇을 해야 하는지 알 수 있는 근거는 듣지 못한다. 물론 아프리카에서 사람들이 기아에 시달리는 것은 끔찍한 일이지만, 그들이 불의를 겪고 있다고 말할 때 과연 우리가 기아에 관해 무엇이 잘못되었는지 혹은 그것에 관해 무엇을 해야 하는지 더 잘 알고 있는지는 확실하지 않다. 그들이 분명 불의로 인해 고통당하는 것인지도 모르지만, 그저 운이 나쁜 것일 수도 있다. 굶주림의 피해자가 불의의 피해자라고 말하는 것이 일리가 있으려면, 우리는 정의가 무엇을 의미하는지 더 잘 알 필요가 있다. (물론 운이 나쁜 경우라 해도, 그것이 그리스도인으로서 그들에 대한 우리의 의무가 줄어든다는 의미는 아니다.[1] 그러나 나는 그러한 대화에서 나를 불편하게 만드는 한 가지가, 그리스도인을 '우리'로 가난한 이들을 '그들'로 부른다는 점임을 인정해야겠다. 그런 언어는 내재적으로, 그리스도인의 신념이 가난한 이들을 가난하지 않게 만들 수 없다고 전제한다. 그 결과, 우리는 단지 정의에 관심이 있다는 이유로 우리 자신이 부자라는 사실을 정당화할 수 있는, 부유한 그리스도인으로서의 우리의 위치를 특권화한다.)

정의에 대한 일반적 호소는 너무 자주, 그러한 문제에 대한 기독교 증언의 진실성을 드러내는 증거를 거의 제시하지 못하는 모순적 사회 전략으로 끝난다. 예를 들면, 가난한 사람과 여성은 억압받고 있으며, 정의의 이름으로 그들에게 더 많은 힘이 주어져야 한다는 주장이 종종 제기된다. 그러나 그러한 호소들은 정의에 대해 각기 상당히 다른 해석을 포함한다. 자유주의 사회에서 가난한 사람들이 당하는 불의를 말하는 데 영향을 주는 것은 평등주의의 전제다. 대조적으로, 여성들이 이 사회에서 자신들이 대우받는 방식에 대해 제기하는 종류의 탄원을 결정하는 것은 보다 자유주의적인 가정이다. 만약 만인을 위한 자유와 양립 가능하다는 조건하에 최대한 많은 자유가 모든 사람에게 주어지는 사회질서를 창출하기 원한다면, 동시에 평등주의적 사회정책을 지속하기는 아주 어려울 것이다.[2]

예를 들면, 존 롤스(John Rawls)는 『정의론』(A Theory of Justice, 이학사 역간)에서, 정의에 대한 그의 해석의 핵심으로서 그가 '차등 원칙'이라 부르는 것에 대해 상세한 주장을 발전시킨다. 따라서 그는 자신이 규정하는 정의의 두 번째 원칙을 이렇게 진술한다. "사회적이고 경제적인 불평등을 체계화하여 ⓐ 가장 혜택을 받지 못한 사람들에게 가장 큰 이익을 주고, 동시에 ⓑ 일자리와 지위가 기회 평등의 조건 아래 모든 이들에게 열려 있게 해야 한다."[3] 이러한 원칙은 명백하게 어떤 사회질서에 대해서도 광범위한 제도적 개혁을 요구할 가능성이 있다.

그러나 롤스는 이 원칙이 "다른 이들도 비슷한 자유를 누리는 것과 양립 가능할 때, 각 사람이 최대한 기본적 자유에 대한 동등한 권리를 가질 것을" 요구하는 정의의 첫 번째 원칙에 순차적으로 배열되어야 함을 분명히 한다.[4] 롤스는 그러한 기본적 자유를 대략적으로 집회와 발언의 자유, 사고와 양심의 자유, 소유할 권리와 더불어 개인의 자유(사유재산), 그리고 법 원칙에 규정된 대로 자의적 체포 및 구속을 당하지 않을 자유와 같은 '정치적' 자유로 파악하는데, 이러한 기본적 자유는 차등 원칙의 제도화를 위해 제한되어서는 안 된다. 롤스의 표현대로, "첫 번째 원칙에 의해 요구되는 평등한 자유 체제에서 [벗어나는 것은] 더 큰 사회적·경제적 이익에 의해 정당화되거나 그러한 이익으로 보상될 수 없다."[5]

바로 그것이 최근 롤스가 실용적 방향으로 그의 이론을 수정한 것이 많은 면에서 아주 훌륭했음에도 불구하고, 처음에 롤스의 입장에 상당히 수긍하던 이들에게 실망을 안겨 준 이유다.[6] 그들은 너무도 명백해 보이는 불평등의 형태에 대해 실질적 비판을 시작하기 위해 필요한 그 정의 이론을 롤스가 제공해 준다고 생각했다. 그 대신, 로티의 주장대로 『정의론』은 근본적 정치의 자유를 보호한다는 미명 아래 엄청난 경제적 불평등을 기꺼이 창출하고 지속하는 자유주의 사회를 위한 변증이다.[7]

정말로 롤스에게 영향을 받은 많은 사람들은 그의 관점에 내재한 정치와 경제 영역 간의 구분 자체에 문제가 있음을 전혀 인식하지 못하는 것 같다. 예를 들면, 앤서니 기든스는 정치 영역과 구별되는 경제 영역이 존재한다는 생각 자체가 현대성의 창조물이며, 그러한 생각은 현대 국가의 아주 본질적인 특성인 주권 개념과 동일한 원천에서 기인한다고 지적한다.[8] 그런 까닭에 평등과—롤스같이 평등을 복합적으로 설명하는 경우조차—자유의 균형을 맞춤으로써 경제적 정의를 주장하는 것은, 서로를 어떻게 대하고 보살펴야 하는지에 대해 그리스도인들이 배운 내용과 양립할 수 없는 방식의 사회생활에 대한 전제를 수용하는 데 지나지 않을 수 있다. 더욱이 우리가 지키려고 애쓰는 자유와 평등은 역설적으로—기든스의 표현대로 하면 "그 행정적 권한이 정확하게 그 영토적 분계선과 상응하는 권력의 그릇"이 되는—민족국가를 정당화한다.[9]

따라서 가난하고 도움이 필요한 사람들을 위해 그리스도인이 정의에 호소하는 것은 오직 우리 사회에서 가난이 생산되는 데 일조하는 관습을 강화하는 것일 수 있다. 지금 나는, 결정적 질문은 정의에 호소하는 게 적절한지 여부가 아니며, 오히려 알래스데어 매킨타이어가 주장한 대로 보다 기본적인 문제는 '누구의 정의인가'라는 사실을 상기시키고 있다.[10] 정말로 문제는, 계몽주의가 '합리성으로서의 합리성'의 이야기와 상응하는 '정의로서의 정의'의 개념이 존재한다고 믿도록 우리를 가르쳤고, 이는 우리로 하여금 모든 정의의 해석에 내재된 전통 의존적 특성을 보지 못하게 만든다는 것이다. 정의에 대한 모든 해석에는 선행하는 사회적 관습이 있으며, 바로 그 관습이 정의에 대한 호소를 이해하기 쉽게 만든다.

예를 들어, 매킨타이어는 정의에 대한 아리스토텔레스의 해석을 이해하려는 어떤 시도에나―비판은 말할 것도 없이―현대성의 관점을 가능한 버리려는 노력이 필요하다고 말한다. 아리스토텔레스가 정의와 그것에 대응하는 악덕을 규정할 때 사용하는 용어들은, 현대성의 믿음을 특징적으로 반영하는 어법으로는 바르게 표현될 수 없기 때문이다. 예를 들어, 아리스토텔레스가 정의와 대비시키는 악덕은 디카이오시에네(*dikaeosiene*), 곧 마땅한 자격이 있든 없든 상관없이 자신을 강화하는 식으로 행동하는 것, 그리고 홉스(Hobbes)가 "자신의 몫보다 더 많은 것을 원하는 것"을 의미한다고 설명한 플레오넥시아(*pleonexia*)다.

그러나 매킨타이어가 지적하듯, 홉스가 플레오넥시아를 이해한 방식, 그뿐만 아니라 이후에 이를 **탐욕**(greed)으로 번역한 것은 오해의 소지가 있는데, 플레오넥시아는 특정한 유형의 욕망을 부르는 명칭이 아니라, 오히려 특정한 유형의 활동에 관여하는 성향을 지칭하기 때문이다. 영어에서 **탐욕**은 그들 자신을 위한 취득 활동에 관여하는 경향이 아니라, 그러한 활동의 동기를 지칭하는 단어로 이해된다. 플레오넥시아를 탐욕으로 번역하는 것은

> 덕과 악덕에 대한 아리스토텔레스의 관점들 [사이], 더 특별하게는 정의에 대한 그의 관점과 특히 근대사회에서 지배적인 관점 [사이 차이의 정도를 은폐한다.] 후자의 관점을 고수하는 사람들은 끝없이 지속되는 경제성장에 물욕이 꼭 필요한 성격 특성이라고 인식하며, 그러한 끝없이 지속되는 경제성장에 대한 그들의 중심 믿음 중 하나가 그것

이 근본적 선이라는 것이기 때문이다. 구조적으로 더 낮은 생활 기준이 구조적으로 더 높은 생활 기준보다 선호되어야 한다는 생각은 현대 사회 특유의 경제나 정치와 양립할 수 없다. 그래서 가격과 임금은 노동과 관련해 마땅히 받아야 하는 것과 무관한 것으로—정말로 현대 경제에서는 연관 지을 수 없는 것으로—이해하게 되었고, 따라서 현대의 조건에서 정당한 가격 혹은 정당한 임금이라는 개념은 의미가 성립하지 않는다. 그러나 아리스토텔레스의 규범에 따르는 공동체라면 물욕을 악덕으로 보아야 할 뿐 아니라, 마땅히 받아야 하는 것에 따른 재화 분배를 보전하거나 촉진하기 위해 필요하다면 성장에 엄격한 제한을 두어야 할 것이다.[11]

아리스토텔레스의 정의에 대한 해석을 무비판적으로 훌륭하다고 승인하고 싶지는 않다. 그러나 매킨타이어가 이것을 우리의 현대적 개념과 병치시킨 것은, 기독교 사회윤리를 위한 중심적 규범으로서 정의에 호소하는 것이 최선의 경우에도 불충분함을 보여 주기에 충분하다. 그러나 상황이 이렇다면, 대안은 있는가?

해방으로서의 정의

―

해방신학은 이런 보다 일반적인 정의에의 호소에 대안을 제공하는 것처럼 보일 수 있다. 그러나 나는 해방신학의 고전적 진술인 구스타보 구티에레스의 『해방신학』을 자세히 들여다보면, 동일한 문제가 많이 드러난다고 생각한다.[12] 이 책에 초점을 맞춘다고 해서, 구티에레스가 여전히 동일한 입장을 견지한다는 의미는 아니며, 해방신학의 모든 형태를 그런 식으로 규정할 수 있다는 것은 더더욱 아니다.[13] 오히려 나는 오직 계몽주의가 뒷받침하는 윤리적 전제가 얼마나 만연한지 분명히 보여 주기 위해 이 책을 사용하는 것뿐이다.

"그리스도와 완전한 해방"(Christ and Complete Liberation)이라는 제목의 글에서, 구티에레스는 세 가지 다른 수준의 해방을 구분한다.

> 정치적 해방, 역사를 통해 이루어진 인간의 해방, 죄로부터의 해방과 하나님과의 교제로 들어감. 이 세 가지 수준은 서로 영향을 주지만 동일하지는 않다. 하나는 다른 두 가지 없이는 존재할 수 없지만, 각각 서로 구별된다. 다시 말해, 이 세 가지 모두는 모든 것을 아우르는 구원의 과정 하나를 이루는 일부이지만, 각기 다른 수준에서 발견되어야 한다. 하나님 나라의 성장은 시간에 따른 진보로 환원될 수 없는 것뿐이 아니다. 우리는 믿음 안에서 받은 말씀 때문에, 하나님 나라를 가로막는 근본적 장애물, 즉 죄가 모든 불행과 불의의 근원임을 안다. 따라서 우리는 하나님 나라의 성장이 의로운 사회와 새로운 인간을 위한 궁극 선행 조건의 의미를 또한 갖는다는 것을 안다. 우리는 모든 기대를 초월하는, 해방을 이루시는 그리스도의 선물을 받아들임으로써만 이 근원과 이 궁극적 선행 조건에 이를 수 있다. 그러나 반대로, 근본적으로 하나인 역사 안에서 착취와 소외에 대항하는 모든 싸움은 이기심(利己心), 즉 생명에 대한 부정을 소멸하려는 노력이다. 이것이 의로운 사회를 세우려는 모든 노력이 해방을 가져오는 이유다. 그리고 그것은 근본적 소외에 대해 비간접적이되 효과적인 영향을 끼친다. 그것이 구원의 전부

는 아닐지라도, 분명 구원을 이루는 일이다. 엄격하게 '종교적인' 것으로 간주되는 일만큼이나, 인간적인 일로서 그러한 노력은 애매함에서 면제되지 않는다. 그러나 이것이 그 기본 방향성이나 객관적 결과를 약화시키지는 않는다.[14]

구티에레스는 죄에서의 해방이 가장 근본적인 형태의 해방이자 다른 모든 형태의 해방이 의존하는 '완전한' 해방이라고 말하는 것처럼 보인다. 따라서 그는 이렇게 말한다.

해방은 새로운 사회를 위한 선제 조건이지만, 그것이 전부는 아니다. 해방은 해방을 이루는 역사적 사건들 안에서 실행되는 반면, 또한 그러한 역사적 사건들의 한계와 모호성을 고발하고 그 성취를 선포하며, 그 사건들이 완전한 교제(total communion)를 향해 나아가도록 효과적으로 추동한다. 이것은 동일화가 아니다. 해방을 이루는 역사적 사건들 없이는, 하나님 나라의 성장도 없을 것이다. 그러나 무엇보다 선물로 주어지는 하나님 나라의 도래 없이는, 해방의 과정이 압제의 뿌리 자체를 정복하지는 못할 것이다. 더불어 우리는 역사적이고 정치적인 해방을 가져오는 사건을 **하나님 나라의 성장이라고, 구원을 이루는 사건이라고** 말할 수 있다. 그러나 하나님 나라의 **도래 자체**는 아니며, 구원의 **전부도** 아니다. 그것은 하나님 나라의 역사적 실현이며, 그러므로 또한 그 충만함을 선포한다.[15]

따라서, 구원은 사람들이 노예 생활과 억압에서 자신들을 해방시키기 위해 몸부림치는 역사의 한가운데서 그것을 들어 올리고자 함으로써 보호되는 것이 아니라고 구티에레스는 주장한다. 그러한 해방은 그리스도의 해방에 "참예하며" 그 해방의 "일부"이지만, 그럼에도 불구하고 그리스도의 해방은 보다 완전하다. 그리스도의 구원은 "모든 불행, 모든 약탈, 모든 소외로부터 근본적인 해방"이기 때문이다.[16] 그렇기에 그것은 "총체적"이어야 한다.

해방에 대한 구티에레스의 주장에 대한 비판적 질문을 적어도 한 가지 제기해 본다면, 그가 그리스도가 주시는 구원의 이름으로 기이하게 개인주의적 해방의 이야기를 받아들이지 않았나 하는 것이다. 때때로 해방에 대한 그의 해석은 그리스도가 세우시는 하나님 나라의 해방보다는 칸트와 계몽주의의 해방에 훨씬 가깝게 들리기 때문이다. 따라서 그는 불행, 불의, 착취에 대항하는 싸움의 목표가 "새로운 인간의 창조"임을 계속 염두에 두는 것이 중요하다고 말한다.[17] 라틴 아메리카 대륙의 해방은 "경제적·사회적·정치적 의존을 극복하는 것 이상을 의미한다. 보다 심오한 의미에서, 그것은 인류의 되어 감(becoming of mankind)을 역사 안에서 인간 해방의 과정으로 본다는 뜻이다. 그것은 질적으로 다른 사회, 즉 모든 노예 상태에서 자유로우며 자기가 자신의 운명을 만들어 가는 장인이 될 수 있는 사회를 찾는 인간을 보는 것이다. 그것은 새로운 인간이 세워짐을 추구하는 것이다."[18]

아마도 의도한 것은 아니겠지만, "모든 노예 상태에서 자유[롭다]"거나 "자신의 운명을 만들어가는 장인"이라는 표현은 계몽주의의 인상을 강하게 풍긴다. 그리하여 칸트는 계몽주의를 정의하기를, "인간이 스스로 자초한 후견(tutelage)에서 풀려나는 것이다. 후견이라 함은 다른 사람의 지도 없이는 자신의 이해력을 사용하지 못하는 인간의 무능력이다. 자초했다 함은 이 후견의 원인이 이성의 결핍에 있는 것이 아니라, 다른 사람의 지도 없이 그것을 사용할 수 있는 결의와 용기의 결핍에 있다는 것을 말한다. '사페레 아우데!'(*Sapere aude!*) 너 자신의 이성을 사용할 용기를 가져라! 그것이 바로 계몽주의의 모토다."[19] 물론, 구티에레스는 자신이 말한 것이 '자초한 후견'으로부터 해방됨이 아니라, 자아 밖의 힘과 사람들에 의해 행해지는 불의한 사회적·정치적·경제적 억압으로부터 해방됨이라고 합당하게 이의를 제기할 수 있다. 그러나 그의 이상적 사회, '새로운 인간'의 사회, 자율적 개인의 사회는, 우리가 자발적으로 받아들이는 것을 제외한 모든 노역에서 자유롭고자 하는 한 최소한 이러한 칸트의 이상에서 영감을 얻은 것처럼 보인다.

구티에레스는 어쩌면 자신도 모르게 복음과 부합하지 않는 해방의 개념을 받아들인 것인가? 복음이 약속하는 구원은 고통과 노역에서 자유로운 삶이 아니라, 자유롭게 고통당하고 자유롭게 섬기는 삶이기 때문이다. 그러한 고통과 섬김은 예수님이 세우신 하나님 나라의 특징이기에 그렇다.[20] 그리스도인으로서 우리는 자유롭기를 구하는 것이 아니라 쓰임받기를 구하는데, 하나님이 주시는 자유는 오직 섬김을 통해서만 발견할 수 있기 때문이다. 자유는 '자율적'이게 됨으로써, 즉 우리가 자발적으로 받아들인 것을 제외한 어떤 주장으로부터도 자유로운 상태가 됨으로써 얻게 되는 것이 아니라, 오히려 우리의 자기 집착이 다른 이들의 필요에 도전받을 때에야 오는 것임을 우리는 배웠다.

그러나 계몽주의 이래로 자유에 대한 지배적 설명은 자유에 대한 그런 식의 이해를 부정해 왔다. 우리가 사는 시대는,

칸트의 인간 혹은 칸트의 인간-신의 시대다. 이성적 인간의 존엄성에 대한 웅변적 묘사와 더불어, 소위 신의 존재에 대한 증거들의 결정적 노출과 사변적 이성의 한계에 대한 그의 분석은 그 자신도 충분히 경악했을 만한 결과를 가져왔다. 『윤리형이상학 정초』(Grundlegung, 아카넷 역간)에서 그토록 아름답게 묘사했던, 심지어 그리스도를 만나기도 한 인간이, 그 자신의 양심의 판단을 고려하고 자신의 이성의 목소리를 듣기 위해 돌아서는 것은 우리에게 얼마나 쉽게 눈에 띄며, 얼마나 친숙한 일인가. 칸트가 기꺼이 그에게 허락하려 했던 빈약한 형이상학적 배경을 빼앗긴 채, 그는 여전히 자유롭고 독립적이고 외롭고 강력하고 이성적이고 책임감 있고 용감하게, 수많은 소설과 윤리철학 텍스트의 주인공으로 우리와 함께한다. 이 매력적이지만 오도된 생명체의 존재의 이유(raison d'etre)를 찾는 것은 어렵지 않다. 그는 과학 시대의 후손으로, 당당하게 이성적이지만 자신의 발견이 드러내는 물질세계로부터 자신이 소외되었음을 점점 인식한다. 그리고 헤겔주의자가 아닌 이상, 그에게는 자신의 소외를 극복할 치유법이 없다. 그는 자유주의 국가의 이상적 시민이며, 폭군 앞에 내세워진 경고다. 그에게는 시대가 요구하고 찬양하는 덕, 용기가 있다. 칸트에서 니체(Nietzsche)로, 니체에서 실존주의로 그리고 몇 가지 면에서 실존주의를 아주 닮은 앵글로색슨의 윤리적 교리로 이행하는 걸음의 폭은 그다지 넓지 않다. 사실 칸트의 인간은 이미 거의 한 세기 앞선 밀턴의 작품에서 영광스럽게 육화된 바 있다. 그의 고유명사는 바로 루시퍼다.[21]

구티에레스의 '새로운 사람'이 칸트의 인간과 동일시될 수 있다는 것은 분명 아니다. 그러나 나는 구티에레스의 수사가 바로 그런 식의 해석을 불러일으킨다고 생각한다. 정말로, 나는 해방신학에서 많이 그랬던 것처럼 그리스도인의 실존의 본질을 묘사할 때 해방의 은유를 중심적이거나 우선적으로 사용하는 것이, 최근 지성사와 정치사의 배경을 고려할 때 실수라고 말하고 싶다. 해방의 은유가 그리스도인의 삶을 이해하는 다른 모든 방식을 결정하거나 통제할 때, 교회는 깨닫지 못하는 사이 고유한 증언을 잃어버릴 수 있다. 칸트의 용기에 의지할 수 있을 때 왜 교회에 의존하겠는가?

판넨베르크(Pannenberg)는 해방 신학자들이 자신들의 주장을 입증하려면 정의에 대한 해석을 발전시켜야 한다고 주장했다. 따라서 그는 구티에레스가 세 가지 수준의 해방을 구분한 것에 대해 이렇게 주장한다.

> [그것은] 해방의 이러한 모든 개념이 서로를 보완함을 [가정하며, 구티에레스는] 대놓고 이 개념들이 상호 포괄적이며 해방이라는 단일한 과정의 오직 서로 다른 '수준'을 나타낸다고 말한다. 그러나 이러한 다른 현상들이 '해방'이라는 단어 이외에 공유하는 것이 거의 없다면? 만약 인간의 역사를 인간의 자기해방 과정으로서 인식하는 개념이, 인간은 그들 자신에 의해서가 아니라 오직 그리스도의 성령에 의해서만 자유롭게 될 수 있다는 기독교의 확증과 대척되는 지점에서 나타났다면? 동일한 과정 하나의 '수준'을 말함으로써 그러한 대립을 조화시키는 것이 어떻게 가능한가? 그러나 구티에레스는 조화시키려고 하는 것이 아니라, 그러한 문제 자체를 간과해 버린다. 그리고 그리스도에

의해 죄의 권세에서 해방된다는 기독교 메시지와 "사회 계급들과 억압받는 민족들의 열망" 사이에는 단순한 언어적 관계를 뛰어넘는 연관성이 존재한다고 단언하면서도, 그러한 자신의 주장을 변호하기 위해 거의 아무것도 하지 않는다. 문제는 억압받고 있다고 생각하는 사회 계급이나 민족의 열망이 반드시 정당한 것은 아니라는 사실이다. 그들 혹은 그들의 주장이 지나치지는 않은지 여부는 오직 정의의 기준에 의해서만 결정될 수 있다. 오직 정의의 이론만이 개인 간의 불평등이 불가피함을 확고히 할 수 있으며, 사회체제를 위한 개별적 공헌의 차이에 기초하여 이러한 불평등 가운데 어떤 것이 정당화되는지 결정할 수 있다.[22]

판넨베르크는, 구티에레스와 그 밖의 다른 해방 신학자들이 정의에 대한 어떤 논의도 하지 않는 게 단지 우연이 아니라고 말한다. 이는 간단히, 일반적으로 수용되는 기독교 정의 이론이 없기 때문이다. 더욱이, 정의 대신 사랑에 호소하는 것은 별 도움이 되지 않는다. 사랑은 동일하게 모호하며, 특별히 구체적인 사회적 함의의 측면에서는 더욱 그렇다. 판넨베르크에 따르면 그 이유는 다음과 같다. "사랑은 오직 정의 개념과 연결될 때만 사회적 상황에 대해 구체적일 수 있다. 정의에 대한 생각 없이, 신앙의 기준으로 교리 대신 '올바른 실천'(orthopraxis)에 대해 말하는 것은 그다지 설득력이 없다. '올바른 실천'을 부르짖는 것은 일차적으로, 오늘날 정의의 기준 결핍이 얼마나 눈에 쉽게 띄는지 드러내는 지표일 수 있다."[23] 따라서 판넨베르크는 성화와 정치학 사이에 충실한 관계를 성립시키고자 한다면, 사실 기독교 사회정의 이론을 발전시켜야 한다고 주장한다.

그는 그러한 이론이 특정 사회체제에 대한 설명, 그리고 그 사회체제 내 가치들의 위계질서를 다룰 때 가장 잘 발전될 수 있다고 말한다. "그러한 이론은 사회체제와 그 종교적 전제들에 대한 비판적 해석을 내놓아야 하며, 기독교 전통에서 그 전제들은 언제나 역사에 뿌리를 두고 있다."[24] 그러나 판넨베르크는 그러한 기독교 정의 이론의 정치적 파급력은, 이제야 "교조적 통일성이라는 오래된 문제를 벗어나 다원주의적이고 '초교파적인' 영성의 기초로" 회복된 신정론 개념에 달려 있을 것이라고 주장한다.[25]

판넨베르크가 원하는 것은 정확하게 무엇인가? 세속적 다원주의 사회의 실행 가능성을 받아들이는 것처럼 보이면서 동시에 정의에 대한 신정론적 이론을 요청하는 것이 어떻게 가능한가?[26] 판넨베르크는 이렇게 논평한다.

> 개인의 해방을 촉진한다는 이유로 가족과 결혼을 포함한 사회생활의 전통적 제도들을 와해시킬 때, 결국 개인들에게 남겨지는 것은 시끄러운 기계적 '소통' 속에서 외로움만 증가하는 운명밖에 없다. 세속 사회는 그것이 그토록 주장한 개인의 해방에 따른 결과를 그리 오래 버틸 수 있을 것 같지 않다. 세계 일부 지역에서 세속 문화가 지속되는 것은, 그 문화가 세속화 과정에서도 소모되지 않은 채 남아 있는 기독교 전통과 윤리의 실체에 의존하고 있기 때문이다.…신의 부재로 인해 우리 세상의 문화는 죽음의 긴박한 위험에 처해있는 것처럼 보인다. 문화적 전통은 개인의 수요에 따르는 공급의 법칙에 준하여 작동하는 반면,

사람들은 여전히 개인의 삶에서 의미를 찾으려는 부질없는 노력을 계속한다면, 점점 많은 구성원들이 개인의 정체성에 대한 감각을 발전시키지 못한다면, 노이로제의 홍수가 계속 몰려온다면, 점점 더 많은 사람들이 자살이나 폭력에서 피난처를 찾는다면, 그리고 시민들의 의식 속에서 국가의 정당성이 계속 사라진다면 말이다. 이 모든 것은 신의 부재가 가져온 결과다. 그러나 신의 죽음에 주목하게 하기는커녕, 오히려 그들은 신을 경홀히 여기면 심판을 피하지 못할 것이라고 말한다.[27]

그렇다면 왜 판넨베르크는 여전히 기독교 사회윤리를 정당화하기 위해 정의 이론을 발전시키는 일이 필요하다고 생각하는가? 특히, 그러한 정의에 대한 설명이 사실은 최선의 경우에도 무신론적인 사회제도를 전제한다면 말이다. 물론 우리가 이미 살펴본 것처럼, 그렇게 생각하는 것은 판넨베르크 혼자만이 아니다. 거의 모든 형태의 기독교 사회윤리는, 그리스도인이 책임감 있는 사회적 행위자가 되고자 한다면 정의에 대한 설명이 필요하다고 추정한다. 더욱이, 그러한 정의에 대한 설명은 국가권력을 강화하는, 보다 정확하게는 그리스도인이 합당하게 이의를 제기해야 할 특정 형태의 국가권력을 구체화하는 역설적 효과가 있다.

정의와 현대 국가
—

그리스도인에게 정의가 그토록 호소력이 있는 이유는 분명 아주 많다. 특히, 예수님 안에 있는 충만한 구원은 사회적이고 정치적인 형태를 띤다는 인식이 늘어 가고 있다는 것이 그중 하나다. 예수님의 구원은 단지 사회적이고 정치적인 함의를 지닐 뿐 아니라, 하나님의 영광을 반영하지 않는 모든 사회생활에 대한 대안이 되어야 할 정치다. 그러나 그러한 정치가 왜 정의의 언어로 표현되어야 하는가? 그 이유는 부분적으로, 우리의 통제에서 빠져나가고 있다고 느끼는 사회에서 교회가 계속해서 사회적 행위자로 남으려는 노력과 상관있다. 현재 그리스도인들 사이에서 정의에 대한 강조는, 더 넓은 사회에 공헌할 수 있는 영역을 찾으려는 노력보다, 자신의 행위를 기독교적 전제로 채색하지 않은 사회적 행위자가 되는 길을 모색하려는 노력에서 기인한다. 간단히 말해, 정의에 대한 강조는 이 시대의 자연법 윤리의 등가물로서 기능한다. 존 랭언(John Langan)은 이렇게 묻는다.

기독교 신앙은 정의에 대한 우리의 이해에 어떤 공헌을 하는가? 예루살렘이 아테네에게 인간 도시의 정의에 대해 무엇을 말해 줄 수 있는가? 단순함은 매력적이기는 하지만 다원주의 사회에서 정의를 위해 일하는 그리스도인이 받아들이기 힘든 두 가지 답변이 있다. 첫 번째는 '모든 것'이다. 이는 신정론적 답변이다. 짧게 설명하면 이렇다. 하나님은 최고로 정의로우시며 모든 사람이 정의와 조화 안에서 함께 살아가기를 바라신다. 이러한 원칙에 의해, 사람들을 복음의 정신 안에서 살도록 부르시는 그분의 부르심에 의해, 그분의 교회가 전하는 가르침에 의해, 그분은 자신의 정의가 인간 사회에 무엇을 요구하는지 드러내신다. 그리스도인들은 하나님의 계시를 이해함으로써 정의가 무엇인지를 알고, 은혜 안에서 이러한 계시에 반응함으로써 세상 안에서 정의를 실현한다. 이러한 답변은 두 가지 문제에 부딪힌다. 첫째, 종교적으로 분열된 세상에서 이렇게 순수하게 신학적인 정의 개념이 얼마나 받아들여질 수 있을지 의문이다. 둘째, 순수하게 신학적인 정의 개념은 너무 일반적이어서 사회정책을 안내하려면 독립적 원칙이 필요하든지, 아니면 아주 특정적이어서 사실상 원시 농경사회나 로마제국의 묵시적 반체제 소수자들의 기준과 사회구조를 모든 시대, 모든 사회의 규범으로 만들어야 하는 딜레마에 부딪힌다. 체이스 맨해튼 은행의 정당한 운영 기준을 십계명과 산상수훈 묵상에서, 혹은 희년 규정의 적용에서 끌어올 수 있다는 주장은 그다지 설득력이 없어 보인다. 또한, 담대함과 주를 신뢰하는 영 안에 거하면서 사회에서 순수하게 신학적인 정의 개념에 헌신할 수 있는 사람들이 사회 주변부로 밀려나고 사회정책 형성에 영향력을 발휘할 기회를 상실할 수 있는 위험이 있고, 이는 여전히 문제로 남는다.[28]

랭언에 따르면, 두 번째 답변은 '아무것도 없음'이다. 이러한 답변은 인간의 도시는 너무 타락한 나머지 도저히 정의롭게 만들 수 없다는, 혹은 인간의 도시가 지향하는 목적은 가치가 있지만 여전히 구원의 목적보다 열등하다는 가정에 기초할 수 있다. 랭언은 그러한 답변을 받아들일 수 없는데, 기독교 신앙은 정의를 위한 투쟁을 구원의 역사의 일부로 해석하기 때문이다. 따라서 그리스도인들은 더 나은 정치적 공동체를 위한 이상의 원천이 되는, 정의에 대한 보편적 갈망을 표현할 수 있는 방법을 찾아내고자 노력할 수밖에 없다. 기독교적 사랑은 그리스도인이 불완전한 세상에서 정의를 찾는 비그리스도인들과 협력하는 동기가 된다.

    그러나 그런 식의 사고가 갖는 문제는, 우리가 그들과 전제를 공유하며, 심지어 정의가 무엇을 의미하는지 알기 위한 가정조차 공유한다는 점이다. 선한 의도를 가진 많은 사람들이, 사실 우리는 정의에 대한 사회의 일반적 인식(개념이 아니라면)을 공유하며, 이것이 우리로 하여금 공동의 목표를 위해 일할 수 있게 해 준다는 가정하에 이 길을 선택했다. 따라서 기독교 윤리의 일차적 의제 중 하나는 롤스가 주장하는 것과 같은 체제가 어떻게 기독교적 신념의 표현이 될 수 있는지, 혹은 기독교적 신념에 의해 정당화될 수 있는지 보여 주고자 노력하는 것이었다.[29] 더욱이, 그러한 체제가 정당화되고 나면 더 이상 우리는 우리의 기독교적 신념을 돌아볼 필요 없이 롤스의 설명에 만족할 수 있다. 정의에 대한 그러한 이론이 그리스도인들에게 필요한 시각을 제공한다고 확신하기 때문이다. 그러나 랭언이 시사하는 것처럼, 정의에 대한 그러한 설명을 공유하지 못하는 그리스도인은 사회의 주변부로 밀려날 수도 있다는 사실에 주목해 보라. 즉, 우리는 권력을 갖지 못할 것이다. 우리는 정의를 원한다고 말하지만, 나는 우리가 사실은 권력을—분명 선을 행할 수 있는 권력이겠지만, 여전히 권력을—원하는 것은 아닌지 아주 의심스럽다.

    권력의 중요성을 전함으로써, 나는 그리스도인이 항상 권력을 피해야 한다고 암시하려는 것은 아니다. 사실은, 정확하게 그 반대다. 정의의 자유주의적 개념에 대해 내가 불편하게 생각하는 것 중 하나는 권력의 문제를 다루지 않는다는 점이다. R. H. 토니(Tawney)는 그의 책 『평등』(*Equality*)에서 이렇게 말한다. "자유는 언제나 권력과 관련되며,

가장 긴급하게 확정해야 하는 종류의 자유는 그때마다 만연하고 확립된 권력의 특성에 따른다. 정치 구조는 권력의 과잉을 저지하려는 것일 수 있는 반면, 경제조직은 그것을 허용하거나 부추길 수 있기 때문에, 사회 혹은 사회의 다수는 정치적으로 자유롭지만 경제적으로는 반대일 수 있다. 정부 요원들의 독단적 행위에 대해서는 보호받지만, 시민의 자유에 부합하는 경제적 억압에 대해서는 보호받지 못할 수 있는 것이다."[30] 토니가 이 책을 쓴 이후 우리가 알게 된 것처럼, 정말로 자유의 형식 자체는 오로지 지배의 형식을 은폐하는 것일 수 있다. 문제는 권력을 갖느냐 갖지 않느냐가 아니라, 어떤 목적으로 갖느냐는 것이다. 불행히도, 롤스가 제시하는 것과 같은 자유주의적 정의 개념은 우리로 하여금 바로 이런 종류의 숙고를 보지 못하게 하는 경향이 있다.

여기는 롤스에 대한 더 이상의 비판을 위해 적합하지 않은 자리이지만, 적어도 정의에 대한 그의 설명이 분명 세련되기는 했어도 그동안 그에 대한 강력한 철학적 문제 제기가 이루어져 왔다는 사실 만큼은 지적해야겠다. 특별히, 마이클 샌델(Michael Sandel)은 롤스의 입장에 내재된 윤리심리학이 본질적으로 그 자신과 공동체로부터 소외된 자아에 대한 시각을 수반한다고 주장한다. "흄(Hume)에게 우리가 서로를 충분히 제대로 **사랑**하지 않기 때문에 정의가 필요한 지점에서, 롤스에게는 사랑이 그 역할을 할 수 있을 만큼 우리가 서로를 충분히 제대로 알 수 없기 때문에 정의가 필요하다."[31] 나는 롤스에게 이러한 문제 제기에 대해 응답할 방법이 없다고 말하는 것이 아니다. 그러나 설령 그에게 그럴 방법이 있을지라도, (절박하게 정의 이론을 찾고자 하는) 그리스도인이 마치 그러한 사안들은 문제가 되지 않는 것처럼 롤스를 그냥 수용하는 것은 이상하게 보인다.

그리스도인이 정의를 논할 때에는, 마이클 이그나티에프(Michael Ignatieff)의 『이방인의 필요』(The Needs of Strangers)를 지나칠 수 없다. 이 책에서 이그나티에프는, 가장 최근의 정치철학의 문제는 개인주의적이라는 점이 아니라, 선에 대한 설명이 부재한 가운데 개인들이 그들의 모든 필요가 정당하다고 믿게 되는 것이라고 주장한다.[32] 그런 식으로 이해된 정의는 그 구성원의 필요에 어떠한 제한도 두지 않는 사회를 창출하려는 노력으로 이어진다. 그런 시각으로부터 자유주의-자본주의 사회와 마르크스주의 사회는 서로를 비추는 거울 이미지일 뿐이다. 필연적으로 그 사회들은 각각 제국주의적이게 될 수밖에 없다. 제국주의만이 이 사회들에게 그들이 정당화한 부당한 기대를 만족시킬 수 있는 유일한 수단을 제공한다.

그런 시각에서 볼 때, 롤스와 로버트 노직(Robert Nozick) 간에 이루어지는 현재의 논쟁은 기본적으로 친구끼리의 싸움이다. 노직은—적어도 『아나키에서 유토피아로』(Anarchy, State and Utopia, 문학과지성사 역간)에서는[33]—자유주의자이고 롤스는 정의에 대한 분배적 해석을 정당화하려고 노력한다고 해도 그들은 사회에 대한 일련의 동일한 전제를 공유하는데, 말하자면 사회란 어느 정도의 협력이 그들 자신에게도 이득이라는 사실에 수긍하는 개인들의 집합체라는 것이다. 롤스는 정의 이론의 목표가, 가능한 만큼 사회를 상호 유익을 위해 협력하는 모험으로 만드는 것이라고 반복해서 말한다.

매킨타이어가 『덕의 상실』(After Virtue, 문예출판사 역간)에서 말하듯,

그러한 시각은 분명한 현실주의의 어조를 띤다.

현대사회는 정말로 자주, 적어도 표면적으로는 최소한의 제약 아래 각각 자신의 이익을 추구하는 이방인의 집합체에 불과하다. 물론 현대사회에서도 여전히 이런 식으로 가정, 대학 및 다른 진정한 공동체들을 파악하기는 힘들다. 그러나 이제 이러한 공동체들에 대해 생각하는 방식에까지도 점점 개인주의적 개념이 침범하고 있으며, 특히 법정에서 더욱 그렇다. 따라서 롤스와 노직은 — 적어도 이상적으로는 — 사회생활 진입에 대해, 선행적 관심사를 가졌으며 적어도 잠재적으로는 이성적인 개인들이 "나는 다른 사람들과 어떤 종류의 사회적 계약을 맺는 것이 합리적인가?"라고 질문하는 가운데 행하는 자발적 행위라고 파악하는 그들의 공유된 관점을 아주 강력하게 천명한다. 놀랄 것 없이, 그 결과 그들의 관점은 공동의 선을 추구하는 공동체의 공동 임무에 끼친 기여도와 관련해 마땅히 받아야 하는 것이라는 개념이 덕과 불의를 판단하는 기초를 제공할 수 있다는 인간 공동체에 관한 해석은 무엇이든 배제한다.[34]

따라서 정의를 위해 일하는 것에 관심이 있는 이 시대의 그리스도인들은 그들의 상상력이 자유주의 사회의 전제에 의해 결정된 정의 개념에 사로잡히도록 허락한다. 예를 들면, 우리는 이러한 사회가 특권을 부여하는 사실과 가치, 공과 사의 구분을 당연하게 받아들인다.

레슬리 뉴비긴(Lesslie Newbigin)이 지적하듯, 우리의 문화의 핵심은 '사실'(the facts)이라 불리는 것들을 아는 지식에 대한 이상(理想)이다. 이

멋진 실체들은, 사회과학의 유사 방법론을 통해 특정한 권위를 부여받을 때 '데이터'라는 한층 인상적인 위치를 차지한다. '사실'은 그것을 아는 사람의 '주관적 편향성'으로부터 독립적이다. 따라서 그것은 '가치판단에서 자유롭다.'[35]

'사실'은 공적 세계를 창조하거나 적어도 그것을 정당화하는데, 모든 지성적인 사람들 간의 합의를 위한 기초를 제공하기 때문이다. 우리는 명백하게 '사실적인' 문제에 대해서만 믿음을 강제하거나 요구할 수 있다. 물론 뉴비긴이 지적하듯,

> 대다수 사람들은 대부분의 경우, 그들의 정보 대부분에 대해 다양한 영역의 전문가들에게 의존한다. 그러나 이러한 의존은 전문가들이 그들의 분석과 실험에서 양심적으로 정직하고 신중하다는 것에 대한 우리의 신뢰를 함의한다. 그들의 진술이, 우리에게도 시간과 훈련된 기술이 있다면 스스로 확인해 볼 수 있는 증거에 의지한다는 의미가 담겨 있다. 이에 반대되는 것은, 개인적 행동과 생활양식과 관련해 다른 사람들이 동일한 자유를 누리는 것을 방해하지 않는다는 조건하에 우리 자신의 선호를 자유롭게 따를 수 있는 사적 세계다. 삶의 방식에서는 '옳은' 것이나 '그른' 것이 없다. 아마도 유일하게 그른 것이 정말 있다면, 다른 이들의 생활방식이 옳지 않다고 비난하는 일일 것이다. 사적 가치들의 영역은 다원주의가 지배한다.[36]

사실 이제 우리가 객관적 지식에 대해 우리가 믿는 모든 것을 전문가의 의견에 맡긴다는 뉴비긴의 주장은 기본적으로 옳다. 그러나 과학

적 방법론이 전문가를 낳았다는 그의 생각은 실수다. 오히려 사회통제를 도와줄 사회의 작동 방식을 구하는 자유주의 사회의 필요가—이 필요의 중대한 원인은 관료주의다—전문가들이 권위를 가질 수 있는 사실들의 필요를 만들어 낸 것이다. 관료주의는 고도의 노동 분화와 전문화, 예측 가능성, 익명성을 통해 효율성이라는 기준을 보장하도록 의도된 기계적 모델로 건설되었기 때문이다. 뉴비긴이 말하는 것처럼, "각 개인을 익명의 대체 가능한 개체로 다룸으로써 일종의 정의를 성취하고자 하는 것이 관료주의의 본질이다. 관료주의는 계몽주의가 이해한 이성의 원칙을 공적 영역에서의 인간의 삶에 적용한다. 즉, 가능한 가장 작은 단위의 요소로 모든 상황을 분석한 뒤, 이상적으로는 수학적 방식으로 표현하고 컴퓨터로 처리할 수 있는 논리적 관계에 따라 이 요소들을 재조합한다. 궁극적으로 발전된 형태의 관료주의는 무인 통치이며, 따라서 사람들은 이를 폭정으로 경험한다."[37]

관료주의는 효율적이고 효과적일 것이라는 약속으로 정당화된다. 당연히 이 세상에서 최고 통치권을 행사하는 인물은 사회과학자들의 후원을 받는 관리자다. 한때 신학자들이 주교와 교황, 왕을 위해 봉사했던 것처럼, 이제 사회과학자들은 최고의 위기관리자가 될 것을 약속하는 우리의 지도자들을 정당화하는 데 이용된다. 그러한 전문가들의 권위를 받아들이고 그들의 예견 능력을 보장하기 위해, 사실과 가치의 구분을 만들어 내는 일이 필요한 것이다. 사실 점점 우리는 그렇게 하지 않을 경우 오게 될 무정부 상태가 두려워서 우리의 새 주인의 권위를 보장해 주는, 사익에 경도된 개인들이 되어 가고 있다. 간단히 말해, 그렇지 않을 경우 사람들을 일터에서 쫓아내야 할 것이고, 경제학의 예견 능력은 이미 받고 있는 것보다 훨씬 더 큰 의심을 받게 될 것이기에, 탐욕스러움이 도덕적 필수가 되고 있는 것이다.

인간의 행동에 어떠한 일반화가 가능한 규칙성이 있다는 사실에는 의심할 여지가 없을지라도, 예측 불가능성의 원천은 사회과학을 지탱하는 일반화를 최선의 경우에도 취약하게 만든다. 운이란 그저 예측할 수 없는 것일 뿐인데도, 전문가의 권위를 약화시키지 않기 위해서는 부정되거나 억제되어야 한다.[38] 물론 이것은 현대 국가를 정당화하는 사회과학의 역할을 위해 엄청난 중요성을 갖는다.

공식 통계는 사회 연구를 위한 데이터를 얻는 귀중한 출처다. 그러나 그 통계는 그저 독립적으로 주어진 사회적 대상과 사건의 세계에 '관한' 것이 아니라, 부분적으로 그 세계를 구성하는 요소다. 그것으로부터 다른 함의들도 파생된다. 사회과학은 가장 초기의 형태에서조차 경험적 데이터의 질서 정연한 배열에 완전히 새롭거나 순수하게 접근하지 않았다. 공식 통계를 수집하는 것은 통계학 종사자들의 관심 주제에 대한 체계적 이해를 얻는 데 관여한 이들 없이는 불가능하다. 그러한 체계적 이해는, 현대 국가에서 '독립적인' 사회과학자들이 독립적 방식으로 생산된 데이터를 분석하기 위해 사용하는 것과 아주 동일한 방법으로 꾸준히 관찰된다. 그에 따라 사회과학자들은 그들이 분석하고자 하는 현상 안에 지속적으로 연루되는 것이다.…다른 말로 하면, 사회과학은 근대 시기 그것이 발생한 초기 시절부터, 국가에 내재된 특징인 사회적 재생산에 대한 재귀적 모니터링의 방대한 확장을 구성하는 한 측면이었다.[39]

현대성의 기이한 점 중의 하나가, 어디에나 존재하는 공과 사의 구분과 더불어 개인의 자유에 대한 주장에 기초하여 세워진 사회가 어떻게 관료주의 국가의 성장으로 이어졌는가라는 말은 진부한 표현이 되었다. 물론 그러한 국가의 임무는 복종을 강요하는 것이 아니라 행정적 목표를 달성하는 것이기 때문에 강제성이 없는 것처럼 보인다. 추정되기로 국가는 개인의 권리를 보호하기 위해 존재하지만, 그러한 목표를 달성하기 위해서는 가장 절대적인 군주제보다도 더 간섭이 심한 관료제를 창출할 필요가 있다. 우리는 각 개인에게 생명과 자유와 행복 추구의 권리, 즉 청구권이 있다고 배웠다. 그러나 다음과 같은 질문이 제기되어야 한다.

"그 청구권을 이행할 책임은 누구에게 있는가?" 중세에는 상호 권리와 의무의 연결망 안에 그 답이 있었다. 땅을 경작하는 사람은 군주를 위해 전쟁에 나갈 군대에 식량을 제공할 의무가 있었고, 이에 상응하여 군주의 보호를 받을 권리를 누렸다. 의무와 권리는 상호적이었다. 하나는 다른 하나 없이 존재할 수 없었고, 모든 것은 유한했다. 그러나 행복 추구는 무한하다. 그렇다면 모든 사람의 행복 추구에 대한 무한한 청구를 이행할 무한한 의무는 누가 질 것인가? 18세기와 그 이후 사람들이 내놓은 답변은 친숙하다. 바로 민족국가다. 민족국가는 계몽주의 이후 사회질서의 중심으로서 신성한 교회와 신성한 제국을 대체한다. 거기에 기초해 생명, 자유, 행복 추구를 위한 수단을 제공할 의무를 발전시킨다. 그리고 행복 추구는 무한하기 때문에, 국가에 부여되는 요구 역시 무한하다. 현대 서구인들 가운데, 자연이 우리가 다루어야 할 궁극적 실재로서 하나님의 자리를 대체했다면, 민족국가는 우리의 행복, 건강, 복지를 구하는 원천으로서 하나님의 자리를 대체했다.[40]

그 동일한 국가가 우리에게 그것에 상응하는 시민권과 전쟁의 개념을 심어 준다. 전통적 국가의 인구 대다수는 그들 스스로가 이러한 국가의 시민임을 인식하지 못했고, 이는 그들 안에 있는 권력의 연속성에 특별히 문제가 되지 않았다. "그러나 국가의 행정적 범위가 피지배층의 일상 활동으로 파고들기 시작할수록, 이러한 명제는 설 자리를 잃는다. 국가 주권의 확장은 그것에 종속된 이들이, 자신들이 정치적 공동체의 일원이라는 점과 그것이 부여하는 권리와 의무를 어떤 식으로든—처음에는 모호하게 그러나 점점 더 분명하고 정확하게—인식하게 되는 것을 의미한다."[41] 따라서 현대의 다두정치 질서 안에서, 시민의 권리란 지배 계층이 그 권력을 행사할 수단을 위해 '미리 치른 값'이다. 그러나 시민권의 대가는 병역의 의무를 받아들이는 것이다. "징병은 군사적 편의만큼이나 사회정책에 대한 고려를 통해 촉발된다. '병역은 시민권의 주요 특징으로 나타나고, 시민권은 정치적 민주주의의 주요 특징으로 나타난다.'…군사력의 엄청난 손실을 치르고 비로소 징병제를 도입한 제1차 세계대전을 경험한 뒤에야 남성의 보통선거권이 제도화되었다. 거듭, 이것은 시민의 권리와 병역의 의무가 서로 묶여 있다는 분명한 인식 안에서 이루어졌다."[42]

현대 국가와 현대식 군대 중 무엇이 먼저였는지는 분명하지 않다. 군대에서 현대적 외형을 갖춘 행정 권력이 처음 시도되었다. 군대는 현대의 관료화된 조직에 필수적인 변화—"어떤 필수적인 행정 기술의 배타적 지식을 가진 전문가 집단의 형성, 이와 동시에 '비전문'(de-skilled) 일반 군인 집단의 형성"—를 주도했다.[43] 예를 들면, **유니폼**(uniform, 형태가 같은, 제복)과 **디서플린**(discipline, 절제, 규율)에 대한 우리의 이해가 이러한 변화의 결과를 어떻게 반영하는지 주목해 보라. **유니폼**은 원래 형용사였지만, 군인의 규준이 된 규격화된 의복을 부르는 명사가 되었다. 또한, 원래 일련의 가르침을 따르는 누군가의 특성이라는 의미를 함축하던 **디서플린**은 그러한 지침의 최종 결과를 의미하게 되었다. 그리하여 개인적으로 발휘되는 영웅주의의 중요성은 유능한 전투원들의 익명성을 위해 감소했다.[44] 현대의 군대는 국가 총체의 축소판이 되었다.[45]

정의를 위해 일하는 데 관심이 있는 그리스도인은 자유주의 사회의 전제를 통해 결정된 정의의 개념에 그들의 상상력이 사로잡히는 것을 허락하고, 결과적으로 정의에 대한 실체적 설명을 더욱 불가능하게 만드는 사회의 발전에 기여한다. 정치적으로나 사회적으로 적실성을 갖고자 하는 것은 이해할 수 있는 바람이지만, 그로 인해 우리는 우리의 사회질서가 갖는 한계에 저항할 수 있는 결정적 능력을 상실한다. 그리스도인으로서 우리가 모든 사회에 앞서 우선적으로 붙잡아야 하는 것은 정의가 아니라 하나님이라는 사실을 잊어버리는 것이다.

그러면 우리는 무엇을 할 수 있는가

—

그것은 현대성의 사회에서는, 특히 **국민들**과 **사회**가 **국가**의 **이익**과 동의 관계가 아님을 우리가 기억한다면, 정의를 위해 일하기를 포기해야 한다는 의미인가? 분명히 그것은 내 의도가 아니다. 오히려 그것은 '정의 이론'을 발전시키려는 우리의 노력을 보다 철저하게 점검해야 한다는 것이고, 그것은 어떤 식으로든 우리에게 정의로서의 정의가 수반하는 것이 무엇인지 원칙적으로 알 수 있는 수단을 제공해 줄 것이라는 의미다. 대체로 나는 현대 자유주의 사회가 정의에 대해 이해 가능한 설명을 내놓을 수단을 결핍해 있다고 생각한다. 정의의 근거를 추상적 권리, 그리고/혹은 계약상의 합의에 두려고 하는 노력은 오직 우리의 윤리적 잠재력을 한층 더 왜곡시키는 이상적 이론만 낳을 뿐이다. 그리스도인으로서 우리는, 더 넓은 사회질서가 정의를 요구할 때 그러한 요구가 무엇에 대해 말하고 있는지 알고 있다는 환상을 이어가기를 거부함으로써 우리 사회에게 보다 참된 목소리를 낼 것이며 훨씬 큰 도움이 될 것이다.[46]

3장

자유의 정치학

종교의 자유는 왜 교묘한 유혹인가

자유에 반대한다?

―

종교의 자유에 반대하기는 어렵다. 표면적으로 종교의 자유는 아주 훌륭한 생각처럼 보인다. 특히, 미국인들이 헌법과 권리장전(Bill of Rights, 미국 수정 헌법 1조에서 10조를 지칭한다―역주)을 기념할 앞으로 얼마 동안은 종교의 자유에 반대하기 어려울 것이다. 나는 수정 헌법 1조의 첫 번째 두 조항을―즉, 종교의 자유와 국교 금지를―조화시키려는 우리의 노력이 초래하는 모든 어려움에도 불구하고, 수정 헌법 1조가 국가와 종교 양쪽 모두에게 똑같이 유익한 기발한 창안이라는 판단을 재확인해 주는 글을 우리가 끊임없이 접할 것이라고 확신한다(미국 수정 헌법 제1조: 미국 의회는 국교를 인정하거나, 자유로운 종교 활동을 금지하거나, 발언이나 언론의 자유를 제한하거나, 시민이 평화롭게 집회할 수 있는 권리와 불만 사항 시정을 위해 정부에게 진정하는 권리를 제한하는 어떤 법률도 제정해서는 안 된다―역주). 종교 사상가들은 교회와 국가의 동일하게 합당한 요구들을 조화시킬 수 있는 가장 좋은 수단으로 종교의 자유를 정당화하는 학술적 신학 논문을 쓸 것이다.

그러나 나는 미국에서 종교의 자유가 교회나 사회를 위해 좋은 것이었는지 확신이 서지 않는다. 미국에서 민주주의는 근본적으로 중립적이며, 어쩌면 교회에 우호적이기까지 하다는 생각에 그리스도인들은 유혹되었다. 모든 개신교 교단과 이제는 가톨릭까지 포함하는 미국의 그리스도인들은 국가에 대한 그들의 첫 번째 종교적 의무가, 과거에도 지금도 종교의 자유를 보장하는 국가를 지지하고 그것에 정당성을 부여하는 것이라고 여긴다. 그러한 정당성은 미국이 제한된 국가라는, 즉 국가는 헌법상 종교적 양심에 부당한 강요를 할 수 없다는 전제에 기초하며, 따라서 교회로서 우리의 임무는 그러한 성취를 지지하는 것이다.[1] 그 결과, 미국의 그리스도인들은 이 사회의 에토스를 지배하지 못한다면 차라리 통제하기를 바라면서 복음을 길들였고, 그럼으로써 이 국가에 대한 우리의 책임을 다하지 못했다.

내가 주장하는 바의 미묘한 어감을 적시하자면, 수정 헌법 1조는 그 자체로 이 사회와 교회에 나쁜 것이었다는 말이 아니라, 정치적 자유주의를 배경으로 해석할 때 수정 헌법 1조가 교회와 사회에 재앙적인 결과를 가져왔다는 것이다. 따라올 나의 주장에서 가시를 빼려는 것은 아니지만, 나는 그 주장이 수정 헌법 1조를 폐지해야 한다고 제안하는 것이 아님을 분명히 할 수 있기를 바란다. 수정 헌법 1조는 그러한 공적 활동들이 정부의 간섭으로부터 보호되어야 할 만큼 공공복리에 매우 필수적임을 국가가 인정하는 정치적으로 중요한 방법일 수 있다. 그러나 여러 복잡한 일련의 이유로 수정 헌법 1조는 우리 사회에서 그러한 목표를 위해 사용되지 못하고 있다는 것이 나의 주장이 날카롭게 비판하는 지점이다. 더욱이 내가 관심을 갖는 것은 이런 면에 관한 미국 사회의 실패가 아니라, 이 사회로 하여금 그 자체의 최선의 책무에 계속 충실하도록 만들지 못한 교회의 실패다.

그리스도인들은 종교의 자유를 지탱하는 사회적·법적 제도를 지지하는 것에 모든 관심을 쏟은 나머지, 더 이상 우리가 사회가 우리의 자유를 인정하는 것을 흥미로운 일로 만드는 사람들이 되고 있지 못함을 인지하는 데 실패했다. 다르게 표현하자면, 그러한 문맥에서는 금세 신자와 비신자가 똑같이, 중요한 것은 우리의 신념이 진리인가 아닌가가 아니라 그 신념이 기능적인가 아닌가라고 생각하기 시작한다. 따라서 문제는 미국에서 교회가 복음을 선포할 자유가 있는가가 아니라, 미국의 교회가 복음을 진리로 선포하는가라는 것을 우리는 기억하지 못한다. 문제는 우리에게 종교의 자유가 있는가, 그리고 그에 상응하여 미국이 제한된 국가인가가 아니라, 우리의 교회 안에 국가에 대해 '아니오'라고 말할 수 있는 사람들이 있는가다. 어떤 국가도, 특히 어떤 민주주의 국가도 그것을 제한하는 것은 헌법이 아니다. 오히려 국가를 제한하는 것은, 하나님에 대한 충성심을 타협하도록 요구하는 국가의 고질적인 유혹에 도전할 수 있는 상상력과 용기를 가진 사람들이다.

종교의 자유는 미묘하기는 하지만 분명 유혹이다. 종교의 자유는 그리스도인인 우리로 하여금 법적 메커니즘이 우리를 안전하게 지켜준다고 믿도록 유혹한다. 그것이 미묘한 것은 우리가 그리스도인으로서 그 메커니즘을 유지하기 위해 필요한 에토스를 지지하는 것이 임무라고 믿기 때문이다. 그 결과, 우리는 언제 우리가 자발적으로 하나님께 대한 우리의 충성을 국가의 이름으로 제한했는지 인지할 수 있는, 복음을 통해 형성된 결정적인 기술을 상실한다. 우리는 교회의 자유란 종교의 자유의 특정한 예와 다름없다는 전제를 받아들여 그 둘을 혼동한다. 따라서 우리는 관용적이게 되고 우리의 신념이 사적 영역으로 후퇴하는 것을 허용한다.

미국 건국의 아버지들 중 일부가 공적 생활에서 교회의(특히 성공회의) 권위를 한정하기를 바란 것은 분명하지만, 자크 엘륄(Jacques Ellul)의 최근 책 제목을 빌려서 말하자면 기독교의 전복은 대체로 비의도적이었다.[2] 교회는 수정 헌법 1조 입법을 통해 거부를 경험하지 않았다. 오히려 그러는 편이 나았을 텐데, 그랬다면 적어도 우리는 우리가 대립하고 있음을 인식했을 것이기 때문이다. 오히려 교회의 전복은, 복음을 시민 종교로 만들어서 사회를 지원하라는 요청에 의해, 그리하여 교회가 시민 종교라는 틀 안에서 역설적이게도 정치와는 무관하게 존재하게 됨으로써 일어났다. "개별 교단들이 그들의 '교회'됨에 대한 주장을 포기하는 만큼, 국가가 점점 스스로 이 역할을 맡게 되는, 곧 순수하게 자발적인 교회 사회보다 훨씬 강력한 권위를 가지고 말하는 경향을 띠게 되었기 때문이다."[3]

이와 같은 경우는 부분적으로 윌리엄 리 밀러(William Lee Miller)가 미국의 실험에서 핵심을 이루는 새로운 생각이라고 묘사한 것에서 기인한다. 즉 "종교와 국가, 궁극적 신념과 법 권력 사이에 반드시 어떤 연관성이 존재할 필요는 없다는 것이다. 국가의 통일성은 종교의 통일성을 필요로 하지 않는다. 위대한 민족국가는 공인된 종교 기관이라는 척추 없이도 세계의 다른 국가 사이에서 존재할 수 있고 하나로 뭉칠 수 있고 꿋꿋하게 걸을 수 있었다. 종교적 신앙과 불신앙의 다양성은 모두 자발적일 수 있었다. 즉, 국가의 눈으로 볼 때 그들은 똑같이 자유였다. 국가에서 신앙은 사람들이 결정하는 어떤 방식으로든 혼합될 수 있었다."[4] 그러나 이러한 종교로부터 국가가 형식적으로 독립한 것이 종교에 대한 적대감을 수반하지는 않았다. 반대로, 밀러가 지적하듯,

사람들은 이 새로운 '것'의 특성이 바로 종교적 전통의 역동적 지속에 달려 있다고 생각했다.

법관 더글러스(Douglas)의 유명한 인용문, "우리는 종교적인 사람들이며, 우리의 제도는 절대자를 전제한다"는 이러한 태도를 잘 담고 있다. 법적으로는 국교화가 금지되었을지 모르지만, 문화적으로는 그렇지 않았던 것이다.

[19세기에] 공식 국교에 대한 생각은 사그라들었지만, 사회에 공통 종교가 있어야 한다는 가정은 쉽게 사라지지 않았다. 따라서 아메리카 식민지들은 국가가 될 때 공식적으로는 어떤 특정 종교 전통도 국교화하지 않았지만, 보다 보편적으로 표현된 기독교가 공통 사회질서로 받아들여질 수 있다는 가능성은 배제하지 않았다. 물론, 19세기 초반에 기독교란 당연히 개신교 교회의 여러 종파를 의미했다. 따라서 미국이라는 새로운 나라에서 나타난 교단 체제는, 각 교단을 보다 넓은 지배적 종교의 구체적 사례들로 여겼다. 이러한 종교는, 이전의 영토적 패턴에서 국교의 몫이었던 가치를 생산하고 질서를 안정시키는 역할을 담당했다.…찾으려고만 하면, 개신교 교회가 사회의 기능적 공통 종교가 되었다는 증거는 넘쳐난다. 여기서 더 흥미로운 것은 미국 사회를 염려하는 감시자들이 이러한 현상을 어떻게 그저 당연하게 받아들였는가 하는 점이다.[5]

그러나 때로 역사는 정신이 번쩍 들게 만드는 놀라움을 던져 준다. 두 세기가 지난 지금, 오래 지연된 결과가 나타나고 있다. '종교의 자유'의 복합성이 완전히 드러나고 있는 것이다. "오랫동안 사실상 국교였던 개신교의 지위가 명백하게 끝났고, 다른 어떤 후보도 그러한 문화를 실질적으로 지배하는 종교의 위치를 성공적으로 대체하지 못하고 있기 때문이다. 다른 어떤 종교적 신념도, 종교 단체들의 조합도, 그뿐 아니라 일부 보수적 종교 공동체들이 시끄럽게 떠들어 대는 불안감에도 불구하고 '세속 인문주의' 역시 그 자리를 대체하지 못했다. 법에 의한 국교는 19세기에 끝났다. 문화적 지배력에 의한 국교는 20세기에 끝났다."[6]

국교의 종말은, 종교의 자유 허용 뒤에 있는 더 큰 사안은 과거에도 현재에도 언제나 어떻게 문화를 형성할 것인가의 문제임을 우리에게 일깨워 준다. 만약 미국에서 종교의 자유가 종교 다원주의의 문제를 '해결'했다면, 그 해결은 오직 우리에게 그러한 '해결책'의 역사적 실행을 통해 더 심화되기만 하는 문화 형성의 문제를 남겨 주었다. 그러한 문화의 도덕적 토대는 어떻게 형성되어야 하는가? "시민의 '덕'을 배양할 책임은 누구에게 있는가? 그러한 배양은 어떻게 이루어지는가? 어떤 기관을 통해? 어떠한 궁극적 신념을 옹호하면서?"[7] 이토록 큰 문제에 부딪히게 된다는 것이, 그리스도인들이 그러한 사회에서 계속해서 종교의 자유에 대한 헌신을 뒷받침하는 '시민 혹은 공공' 종교를 공급해야 한다고 생각하는 이유임에 틀림없다. 그러나 그 과정에서 교회가 어떻게 민족국가의 이익에 볼모로 잡힌 왕실 종교 이상의 무언가가 될 수 있는지는 여전히 불분명하다.

주어진 대안들

내가 믿기에 우리가 대면하고 있는 상황을 분명히 하고자, 우리에게 주어진 서로 상당히 다른 두 종류의 대안에 주목하고자 한다. 하나는 철학자 리처드 로티의 입장이고, 다른 하나는 전 교육부 장관 윌리엄 베넷(William Bennett)의 입장이다. 그렇게 함으로써 나는 종교의 자유가 교회와 국가의 관계에 대한 문제를 기본적으로 해결했다는 믿음(그리고 실천)을 통해 형성된 사회에서 교회가 직면한 몇 가지 기본적인 철학과 신학의 문제들을 보여 줄 수 있길 바란다.

나는 종교의 자유가, 우리가 점점 윤리적으로나 영적으로나 중심이 비어 있는 사회가 되어 가는 경향을 낳은 한 요소라고 말했다. 그러나 모든 사람이 이를 두고 부정적 결과라고 생각하지는 않으며, 오히려 심오한 도덕적 성취라고 생각하기도 한다. 예를 들어, 리처드 로티는 그의 논문 "철학에 대한 민주주의의 우선권"(The Priority of Democracy to Philosophy)을 시작하면서, "내 이웃이 스무 신이 있다거나 심지어 신이 없다고 말하는 것은 내게 해를 입히지 않는다"는 토머스 제퍼슨의 말을 미국의 자유주의 정치를 지탱하기 위해 필요한 기본적 통찰로 인용한다.[8] 로티에 따르면, 제퍼슨은 유신론자와 무신론자가 똑같이 공유하는 일반적 도덕 능력만으로도 시민의 덕을 충분히 지탱할 수 있다고 생각했다. 그렇다고 그가 종교적 믿음을 완전히 제거해야 된다고 생각한 것은 아니며, 다만 종교를 사유화함으로써 사회질서와는 무관하되 다만 개인적 완성에 관련되도록, 어쩌면 심지어 필수적이도록 만드는 것으로 충분하다고 생각했다.

로티는 영적 완성과 공적 정책 간의 관계에 대한 제퍼슨의 타협에 두 가지 측면이 있다고 말한다. 모든 인간은 믿음을 지니며 그들에게 존엄과 권리를 부여하는 보편 인간의 능력에 기초한 시민적 덕목을 위해 이 믿음이 필수적이라고 말하는 절대론자의 측면과, 개인이 자신의 의식 안에서 공적 정책과 관련이 있지만 일반적 믿음에 기초하여 변호할 수 없는 믿음을 발견할 때 공공의 이익이라는 제단 위에서 그러한 믿음이 희생되어야 한다고 말하는 실용주의자의 측면이다(p. 2). 이 두 입장 간의 긴장은 오직 계몽주의 안에서만 제거될 수 있었는데, 이성에 대한 계몽주의의 생각은 "인간 영혼의 비역사적 본질과 도덕적 진리 사이에는 연관성이 존재하며, 이는 자유롭고 열린 논의는 과학적 질문뿐만 아니라 도덕적 질문에 대해서도 '한 가지 옳은 답'을 내놓을 것을 보장한다"는 주장에 기초하기 때문이다. 그러한 이론은, 인류 대다수에게 정당성을 얻지 못하는 도덕적 믿음이 '비이성적'이고 따라서 우리의 도덕적 능력의 산물이 아니라고 담보한다"(pp. 2-3).

그러나 로티는 이제 이 시대의 지적 발전에 의해 이러한 계몽주의적 타협의 합리적 정당성은 신빙성을 상실했다고 말한다. 인류학자와 과학사가는 내재적 합리성과 사회화의 산물 사이의 구분을 흐릿하게 만들었다. 철학자들은 인간으로서 우리들이 '일관되게 역사적인 존재'라고 갈수록 힘주어 주장했다. 그 결과, 호크하이머(Horkheimer)나 아도르노(Adorno) 같은 저자들은 자유주의 문화와 제도가 그동안 계몽주의가 제공하던 철학적 정당성의 붕괴에도 불구하고 살아남아서는 안 되고, 살아남을 수도 없다고 주장한다. 특별히, 자유주의 사회들이 철학적 근거를 결핍하고 있다는 것은, 그 사회들이 도덕적으로 일관된 자아들을 발전시키거나 지탱하는 데 필요한 이론이나 실천(습관)을 공급할 수 없다는 의미라고 주장한다.

로티는 후기 롤스—즉, 칸트의 방식으로 정의의 원칙들을 정당화하고자 했던 자신의 노력에서 점차 멀어진 롤스—를 끌어와, 민주주의는 계몽주의 사고처럼 정당성을 필요로 한다는 점을 간단히 부정한다. 오히려, 정의를 첫 번째 덕목으로 삼는 계몽주의의 후계자인 "우리들은 제퍼슨이 신의 본성에 관한 신학적 의견 차이에 대해 무관심했던 것처럼, 자아의 본성에 관한 철학적 불일치에 대해서도 무관심할 수 있다"고 말한다(p. 15). 로티는 롤스를 인용하여 이렇게 주장한다. "정의 개념을 정당화하는 것은, 우리에게 선행하여 주어진 질서에 대한 충실함이 아니라, 우리 자신과 우리의 열망에 관한 보다 심오한 이해와 이루는 조화다"(p. 21).[9] 따라서 초기에 롤스가 자신의 이론을 정당화하기 위해 호소했던 아르키메데스의 점(관찰자가 어떠한 편견도 갖지 않은 채 사물이나 이치를 객관적으로 볼 수 있는 지점—역주)이 의미한 것은 역사 외부의 어떤 지점이 아니라, "이후의 폭넓은 선택을 허락하는 일종의 안정된 사회적 습관이다"(p. 25).

로티에 따르면, 민주주의와 그것이 보장하는 자유에 대해 이런 식으로 생각하기 위해서는, 오직 지배적인 한 가지 목적에 우리의 모든 목적을 종속시키고 싶어 하는 로욜라(Loyola)나 니체 같은 인물을 광적이라고 간주하기만 하면 된다. 그들이 광적인 것은 "그들을 우리의 입헌 민주주의 체제의 동료 시민으로, 그들의 인생 계획이 창의성과 선한 의지 면에서 다른 시민들의 계획과 어우러질 수 있는 사람으로 볼 수 있는 길이 없기 [때문이다.] 그들이 광적인 것은 인간의 비역사적 본성을 그들이 오인했기 때문이 아니다. 그들이 광적인 것은, 온전한 정신이라는 경계선이 우리가 심각하게 받아들일 수 있는 것에 따라 결정되기 때문이다. 이는 결국 우리가 양육된 방식, 우리의 역사적 상황에 따라 결정된다"(p. 27).[10] 인간의 자아는 중심, 즉 진리를 좇아가는 '이성'이라 불리는 기능을 가지고 있다는 전제하에, 이성에 귀를 기울이고자 하는 사람이라면 누구나 진리로 이끌 수 있다는 관념에 익숙한 이들에게는 로욜라와 니체를 이런 식으로 다루는 것이 충격적일 만큼 민족 중심적으로 보일 수 있음을 로티는 안다. 그러한 이성이라는 기능이 존재한다는 확신은, 시간과 인내심만 있다면 논쟁을 통해 그러한 자아의 중심을 관통할 수 있으며 따라서 합의가 보장된다는 의미다. 그러나 로티는 자아에 대한 그러한 시각이 필요하지 않다고 주장한다 (그리고 그럼으로써 롤스가 그의 동료 여행자라고 주장한다). 오히려 "우리의 자아에는 중심이 있지 않다고, 언제나 역사적 우연의 결과라고 봐도 무방하다"(p. 28).

로티는 종교적 관용에 대한 계몽주의 해석이 범한 실수는, 그러한 관용을 정당화하기 위해 인간의 본성에 관한 이론, 즉 인간 본성에 관한 철학적 설명을 제공하려고 한 것이라고 옳게 본다. 대조적으로, 그는 모든 도전이 그것이 제시되는 조건을 만족시켜야 하는 것은 아니라고 본다.

대화 상대가 사용하기 원하는 어휘를 기꺼이 사용하고, 상대가 논의 주제로 꺼내 놓는 어떤 사안이든 진지하게 받아들이려는 의향이 없다면, 합의와 관용은 멈추어야 한다. 이러한 관점을 받아들이는 것은 단일한 도덕적 어휘와 단일한 묶음의 도덕적 믿음들이 모든 곳의 모든 인간 공동체에 적합하다는 생각을 버리는 것과 같이, 그러한 역사적 발전을 승인하는 것은 질문과 그 질문이 제기될 때 사용된 어휘를 **버리도록** 우리를 이끌 수 있다. 제퍼슨이 대안적 정치제도 논의의 조건을 기독교의 성경이 결정하는 것을 거부했듯이, 우리 역시 "어떤 종류의 인간을 만들기를 바라는가?"라고 묻는 것을 거부해야 하며, 적어도 이 질문에 대한 우리의 답이 "정의가 가장 우선인가?"라는 질문에 대한 우리의 답을 좌우하게 해서는 안 된다. 민주적 제도가 그것이 창조하는 인간의 종류로 평가되어야 한다는 것은, 그것을 신의 명령에 비추어 평가해야 한다는 것보다 더 자명하지 않다.…자유민주주의의 전형적 성격 유형이 지루하고 계산적이며 옹졸하고 소심함이라 해도, 그러한 사람들이 만연한 것은 정치적 자유를 위해 치러야 할 합당한 대가다. (pp. 32-33)

로티는 자신이 전통적 철학 질문들에 대해 "심각하지 않은 심미주의"(light-minded aestheticism)를 추천하는 것을 많은 사람들이 못마땅하게 여기리라는 것을 알면서도, 그러한 심각하지 않음 뒤에는 도덕적 목적이 있다고 주장한다. 철학적 주제에 대해 그러한 태도를 견지하는 것은, 전통적 신학 주제들에 동일한 태도를 갖는 것과 동일한 목적을 위해 사용되기 때문이다.

대규모 시장경제의 발흥, 식자율 증가, 예술 장르들의 확산, 이 시대 문화의 무심한 다원성처럼, 그러한 철학적 피상성과 가벼움은 세상의 각

성을 촉진한다. 이 세상에 살고 있는 사람들이 보다 실용적이고 보다 관용적이고 보다 자유주의적이고 도구적 합리성에 대한 호소에 보다 수용적이게 되도록 돕는다. 한 사람의 도덕적 정체성이 자유주의 정치체제의 한 시민이 되는 것으로 구성된다면, 심각하지 않음을 고무하는 것은 한 사람의 도덕적 목적을 위해 사용될 것이다. 도덕적 헌신은 결국, 동료 시민들이 윤리적 이유로 심각하게 받아들이는 모든 문제를 심각하게 받아들이기를 기대하지 않는다. 정반대일 수 있다. 즉, 그러한 주제를 너무 심각하게 받아들이는 습관에서 벗어나 그것에 대해 농담을 주고받는 것을 기대할 수 있다. (p. 39)

윌리엄 베넷이 두려워하는 것이 정확히 바로 그러한 심각하지 않음이다. 베넷에 따르면, 우리 헌법에 동의했던 도덕 원칙, 특별히 종교의 자유로 돌아갈 필요가 있다. 우리는 변호사들로부터 헌법을 되찾음으로써 미국인의 헌법을 뒷받침하는 "철학적 기반"을 회복할 수 있어야 한다. 베넷은 그러한 가치를 유대교-기독교 윤리와 민주주의 윤리와 일 윤리로 파악한다. 베넷은 자신이 자란 양육 방식이 자신을 종교적 신앙에 공감하도록 만들기는 했지만, 자신은 광신도가 아니라고 말한다. 종교적 실천이 평균 수준을 유지하기 때문이다. 그러나 종교의 벗으로서 유대교-기독교 전통을 언급하지 않고는 미국인의 경험을 이해할 수 없다고 말하는 그는 "아야톨라"(ayatollah, 정치적·사회적 권위를 지닌 이슬람 종교 지도자를 부르는 호칭—역주)라고 자주 공격받는다(pp. 1-2).[11]

베넷은 그러한 공격이 전혀 정당하지 않으며, 특히 그것은 종교적 비관용의 망령을 불러오는 일이고, 따라서 미국인의 근본적 강점—즉,

"매우 종교적인 동시에 매우 관용적인 사람들"이라는 점—을 부인하는 일이라고 주장한다(p. 2). 베넷에 따르면, 우리는 아주 다양한 종교에 속해 있던 건국의 조상들이 "헌법 질서의 조력자이자 친구인 종교의 중요성에 대한 공동의 믿음으로 연합되어" 있었음을 기억해야 한다(p. 2). "우리의 헌법은 윤리적이고 종교적인 사람들을 위해 만들어졌다. 이는 다른 어떤 정부에도 전혀 적합하지 않다"(p. 3). 베넷은 이와 같은 애덤스(Adams)의 친숙한 주장을 인용함으로써, 관용적 사회를 유지하기 위해 종교가 필요하다는 자신의 주장을 뒷받침한다.

베넷에 따르면, 건국자들이 종교와 자유 사이에 본질적 연관성이 있다고 생각한 것은 상식의 문제다. "양심의 자유에 대한 우리의 헌신—믿거나 믿지 않을 자유를 포함하여—은 상당 부분 미국인 다수가 느끼는 종교에 대한 존중심에 따라오는 결과다. 역설적으로, 오늘날 종교적 가치에 호소하는 이는 누구든 '분열을 조장하는' 사람으로 불리고 다원주의의 적이라고 공격받는다. 미국인 대부분이 언제라도 관용과 평등을 변호할 준비가 되어 있는 것은, 단순히 계몽주의 이상에 대한 추상적 헌신에만 기인하지 않기 때문이다. 그러한 태도는 또한 유대교-기독교 윤리에 대한 구체적 헌신으로부터 나온다"(p. 3).

베넷은 건국자들의 상식적 관점을 뛰어넘어, 종교를 민주주의에 필수 불가결한 것으로 생각할 두 가지 이유를 추가로 제공한다. 첫째, 종교는 정치를 심화한다. 종교는 성실함과 개인의 책임감을 촉진하고 공동체와 나라에 대한 관심을 고무함으로써 각 시민이 자기 자신 바깥으로 나오도록 고양하는 시민 덕목의 원천이기 때문이다. 둘째, 종교는 관용을 촉진한다. 이것은 역설적으로 보이는데, 종교란 절대 진리에 관한 것이며 따라서 비관용으로 이어질 수 있기 때문이다. 그러나 감사하게도 미국에서는 이런 일이 거의 일어나지 않는다. 정말로 미국에서는 종교가 정반대 효과를 갖는다. 따라서 베넷은 레이건(Reagan) 전 대통령이 교회연합조찬기도회에서 했던 말을 인용한다. "우리 정부에겐 교회가 필요합니다. 자신들이 죄인임을 겸손하게 인정하는 이런 사람들이야말로 민주주의가 살아남기 위해 꼭 필요한 관용을 가져오기 때문입니다"(p. 4). (나는 라인홀드 니버가 이제 자신의 입장이 로널드 레이건의 입에서 전해지는 아이러니를 본다면 과연 어떻게 받아들일까 궁금하다.)

베넷은 레이건 전 대통령의 통찰에 해설을 덧붙여, 종교가 "잠재적으로 분열을 조장하는 경향을" 완화하기만 하는 것은 아니라고 말한다. "공적 생활에서 배제될 때, 종교는 분노할 수 있으며 극단주의자나 분파주의자가 될 수도 있다. 그러나 공적 생활에 포함되고 공공의 감시를 받게 되면 종교는 모든 분파와 모든 시민들이 이해할 수 있는 언어로 이야기하는 법을 배운다. 제퍼슨이 매디슨(Madison)에게 쓴 것처럼, '분파를 하나로 모음으로써…우리는 그들의 까칠함을 부드럽게 하고 그들의 편견을 완화하고 중립적으로 만들어야 하며, 그 보편적 종교를 평화와 이성과 도덕성의 종교가 되게 해야 한다.'" 더 나아가, 베넷은 제퍼슨이 옳았다고 보는데, 폭넓은 공공 정서에 상당히 의존하는 민주주의에서 종교 그룹들은 "특정된 가치가 아닌 보편적 공감대에 호소함으로써 그들의 목적을" 추구해야 한다는 것을 발견하기 때문이다. "이런 일은 미국의 역사에 걸쳐 일어나 왔고, 오늘날도 일어나고 있다"(p. 4).

따라서 절대적 양심의 자유에 기초한 관용을 옹호하는 것을 일차적 가치로 삼는 종교의 자유가 우리의 자유 중 첫 번째다. 건국자들은 개인의 권리와 공동의 가치 사이에 어떠한 갈등도 존재하지 않는다고 보았다. "그들의 머릿속에서, 특정 종교 신앙들 사이의 완전한 중립성은 보편적 종교 가치들에 대한 공공의 승인과 공존할 수 있으며, 공존해야 한다"(p. 5). 더 나아가 베넷은 이것이 단순히 헌법 원칙의 문제만이 아니라, 사회의 건강에 대한 문제라고 주장한다. 우리는 우리 사회 문제들 다수가 인격 향상 없이는 해결될 수 없음을 인식하기 시작했다. "그리고 우리 중 많은 이들에게, 우리 중 대부분에게, 종교는 인격의 발전을 위해 중요한 부분이다"(p. 5).

따라서 베넷은 종교의 공적 역할을 편안하게 여겼던 건국자들의 공감대를 복원해야 한다고 요청한다. 예를 들면, 제퍼슨조차 도덕적 훈련을 제공하기 위해 종교가 교육에 필수적이라고 생각했다. 더욱이, 미국 의회는 미 육해군에 군목 배치를 승인하는 것을 전혀 문제시하지 않았다. 건국자들은 "자유를 위해 정부는 민주주의가 의존하는 종교 신앙들—한 가지 단일한 신앙이 아닌, 신앙 일반—을 인정해야 함"을 알았다(p. 6). 특히, 이는 우리가 우리 자녀들에게 우리의 역사에 대한 진실을 들려주어야 함을 의미한다. 미국의 이야기는 "인류의 가장 높은 차원의 염원과 가장 자랑스러운 성취의 이야기다. 그리고 그러한 염원과 성취가 기인한 종교적 뿌리에 대한 이해 없이 그것들을 이해하기란 불가능하다"(p. 7).[12]

베넷은 미국을 기독교 국가로 만드는 것에 대해서는 어떤 관심도 거부한다. 오히려 그는 우리가 종교적인 사람들이며, 또한 그런 만큼 지구상에서 가장 자유로운 사람들임을 스스로 알기를 바란다.

최근의 한 설문조사의 결과에 따르면, 영국의 76퍼센트, 프랑스의 62퍼센트, 일본의 79퍼센트가 신을 믿는다고 답한 반면 미국에서는 족히 95퍼센트가 그렇다고 답했다. 각 경우마다 비슷한 비율의 사람들이 자신의 나라를 위해 기꺼이 죽을 것이라고 답했다는 사실은 주목할 가치가 있다. 애국심을 고취하는 덕들―성실함, 자기 절제, 인내, 근면성, 가족과 배움과 나라에 대한 사랑―은 종교적 가치와 긴밀하게 연결되어 있고, 종교적 가치를 통해 강화된다. 짧게 말해, 민주주의 윤리와 노동 윤리는 그 첫 형태와 꾸준한 활력을 얻은 원천인 유대교-기독교 윤리의 문맥 안에서 번성한다. 자기 절제, 배움에 대한 사랑, 가족을 존중하는 덕은 결코 우리의 자유로운 정치제도를 낳은 유대교-기독교 전통에만 제한되지 않는다. 그리고 우리의 국가적 이상을 형성한 것이 바로 유대교-기독교 전통이다. (p. 10)[13]

대안들 평가하기

―

우리가 처한 상황의 이해를 돕고자 로티와 베넷을 대안으로 제시하고 그들에게 관심을 기울인 것은 정말로 아주 이상한 일일지 모른다. 전혀 다른 둘을 비교하다니. 결국, 로티는 미국의 가장 수준 높은 철학자 중 하나이자 고급 학술 문화의 대표자다. 베넷은 원래 철학자이면서도 이제는 무엇보다 이슈들을 대중적 수준에서 소통하는 일에 관심을 쏟는 정치 행위자다. 게다가, 누군가는 그들을 우리의 오직 둘뿐인 대안들로 제시하는 게 과연 공평한지 의문을 제기할 수도 있다. 물론 우리에게는 종교와 국가의 관계를 이해하기 위한 다른 선택지들도 있다.

다른 선택지가 있는 것은 사실이지만, 나는 로티와 베넷을 병치하여 보여 주는 것이 나의 논지를 분명하게 해 준다고 생각한다. 두 사람의 심오한 차이에도 불구하고, 그들은 몇 가지 근본 판단을 공유하기 때문이다. 그러나 먼저 그들의 차이를 강조하는 것이 도움이 될 것 같다. 가장 명백한 것은, 베넷의 관점에서는 로티가 분명 적이라는 사실이다. 로티는 베넷이 우리의 사회질서에 치명적 해를 입힌다고 생각하는 방식으로 종교를(그뿐 아니라 모든 궁극적 질문들을) 사적 영역으로 밀어내고 싶어 한다. 의심할 여지 없이, 베넷은 로티에게 문제를 제기하면서, 로티 자신이 그렇게도 선호하는 민주주의를 지탱하기 위해 필요한 덕목들을 시민들이 어떻게 함양하게 할지 설명해 보라고 요구할 것이다.

더욱이, 로티가 진리를 거부하고 철학에 대한 정치의 우위성을 단언하는 것은, 우리가 전체주의에 비해 민주주의를 선호하고, 그것과 상관관계에 있는 종교의 자유에 대한 헌신을 선호하는 것을 정당화해 줄 어떤 근거도 남겨 놓지 않는다. 로티의 세계에서 우리에게 남은 것은 오직 힘겨루기에서 이기는 사람들이 옳을 것이라는 가정뿐이다. 다행히도 우리는, 적어도 우리 중 미국의 경제 사다리에서 위쪽을 차지한 이들은 당분간 '자유 사회'의 발전을 가능하게 한 종교적이고 계몽주의적인 가치들에 대한 우리 선조들의 잘못된 헌신의 결과를 누릴 수 있기 때문이다.

그러나 로티가 이런 비판에 대응할 방법이 없는 것은 아니다. 특히, 그는 베넷을 향해, 더 이상 지탱될 수 없는 계몽주의 인식론적 전제라는 조건하에 종교적 자유를 계속 정당화하고 있다고 비난할 수 있다.

예를 들면, 베넷은 종교적 믿음과 그것이 공적으로 인정되는 것 사이에는 '완전한 중립성'이 존재해야 한다고 주장한다. 그러나 그러한 입장을 정당화할 수 있는 정치적 입장은 고사하고 철학적 입장도 존재하지 않는다. 베넷은 역사적으로 특정한 도덕성 즉, '유대교-기독교'의 도덕성과 계몽주의 둘 모두를 원한다.[14] 그러나 만약 로티가 옳다면, 두 방식을 모두 갖는 것은 간단히 말해 불가능하다.

더욱이 나는 이런 점에서 로티가 옳다는 강력한 표지들이 존재한다고 생각한다. 베넷이 가치 있게 여기는 종교는 그가 그 종교에 선행하는 근거에 의거해 선하다고 결정한 가치들을 강화해 주는 종교이기 때문이다. 참으로, 베넷이 사용하는 '종교'라는 언어 자체는, 역사적으로 존재한 다양한 신앙이 단지 '종교'라 불리는 일반 현상이 드러나는 데 지나지 않는다는 계몽주의적 사고방식을 함의한다. 교회에겐 자유가 있을 수 있으나, 그것은 오직 종교로서 검열을 통과하는 한 그렇다. 때로 개신교 자유주의 신학은 거의 특별히 미국의 헌법 및 사회의 문제들을 해결하기 위해 발전되었다고 믿을 수 있을 정도다.

수정 헌법 1조의 자유로운 활동에 관한 조항에는 점차 종교에 대한 광범위한 기능적 정의가 필요하게 되었는데, 그렇지 않으면 정부가 정통 신앙의 심판자가 되겠다고 위협하기 때문이다.[15] 따라서 법정은 오직 한 사람의 믿음의 성실성에 대해서만 물을 수 있으며, 그 믿음의 진리나 내용에 대해서는 묻지 않는다. 따라서 믿음과 우리 사회에 불편한 것으로 드러난 실천들―예를 들면, 일부다처제, 휴무를 요구하는 너무 많은 성일(聖日), 페요테 선인장 사용, 특정 종류의 의료 행위 금지―을 구별할 필요는 반드시 보호받지는 않는다. 이러한 종류의 사안들은 우리로 하여금 베넷 전 장관이 종교의 자유를 원하지만, 이때의 종교란 계몽주의적 관용 정신에 의해 이미 잘 길들여진 종교임을 볼 수 있게 도와준다.

종교에 대한 베넷의 태도―즉, 진지하게 받아들이되, 너무 진지해서는 안 되는 태도―를 가장 결정적으로 드러내는 것은, 그가 수정 헌법 1조를 양심의 자유, 즉 믿거나 믿지 않을 자유의 절대적 가치에 대한 헌신의 모범으로 해석한다는 점이다. 이 양심의 자유는 곧 그가 미국의 종교들이 그 근본 책무로서 옹호한다고 말하는 가치다. 불행하게도 나는 이러한 판단의 기술적(記述的) 정확성을 의심하지 않지만, 그것의 규범적 지위에 대해서는 강한 의구심이 든다. 베넷은 정말로 유대인들 수천 명이 다음 세대에게 믿거나 믿지 않을 자유를 주기 위해 그리스도인들과 이교도 박해자들의 손에 죽었다고 믿는 것인가? 마땅히 유대인들은 그들의 자녀들이 믿을지 믿지 않을지 그들 마음대로 결정하기를 바라지 않는다. 즉, 그들은 그들의 자녀들이 신실한 유대인이 되기를 기대한다.[16]

베넷은 종교가 진리의 문제와 관련 있음을 감지한다. 그가 진리를 "절대"라고 부름으로써 얻는다고 생각하는 바에 대해서는 조금 헷갈리지만 말이다. 그는 진리가 비(非)관용으로 이어질 수 있기 때문에, 공적 토론에 참여하기 위해서는 그 날개를 약간 잘라 내야 한다고 생각한다. '특정화된' 가치보다는 사회적 공감대를 갖는 가치가 기준이 되어야 한다. 베넷과 로티가 근본적으로 일치하는 지점이 바로 여기다. 즉, 두 사람은 모두 광신도들을 정치 참여에서 배제한다. 로욜라와 니체는 배제되어야 한다. 물론 그들이 훌륭한 자유주의자로서, 전심을 다하는 그들의 태도는 오직 '그들의 것'일 뿐이고 따라서 자의적이라고, 즉 다른 누구에게도 그것을 강요할 수 없다고 기꺼이 인정하지 않는다면 말이다.

그러나 어떤 면에서 로티는 '광인들'을 좀더 존중한다. 그는 그들을 비합리적이라고 말할 수 있는 근거가 없다고 말한다. 다만 그들을 "우리의 입헌 민주주의 체제의 동료 시민으로, 그들의 인생 계획이 창의성과 선한 의지 면에서 다른 시민들의 계획과 어우러질 수 있는 사람으로 볼 수 있는 길이 [없을 뿐이다.] 그들이 광적인 것은 인간의 비역사적 본성을 그들이 오인했기 때문이 아니다. 그들이 광적인 것은, 온전한 정신이라는 경계선이 **우리가** 심각하게 받아들일 수 있는 것에 따라 결정되기 때문이다. 이는 결국 우리가 양육된 방식, 우리의 역사적 상황에 따라 결정된다." 따라서 로티는 그런 사람들에게도 존재할 권리가 있음을 부정하지 않는다. 다만, 그들이 (적어도 우리의 경제에서 혜택을 받는 층에 속하기만 한다면) '심각하지 않은 심미주의자'가 되는 것이 그토록 유쾌하고 도덕적으로 만족스런 삶의 방식이 될 수 있는 사회질서 안에서 살고 있으면서도, 그러한 헌신으로 자신의 삶을 고문하겠다고 고집을 부리는 것이 안타까울 뿐이다.

그러나 해를 끼치지 않는 한 광신자들이 용납되는 것은 베넷에게 충분하지 않다. 즉, 그들은 길들여져야 한다. 전심을 다하는 태도를 멈추고, '종교적인' 사람이 되어야 한다. 예를 들어, 정당한 전쟁을 근거로 미국의 가톨릭 신자 대부분이 우리의 전쟁 전략을 지지할 수 없다고 확신하게 된다면 베넷은 기쁘겠는가? 그가 미국인의 95퍼센트가 신을 믿으며, 동일한 숫자가 나라를 위해 죽을 의향이 (추정하자면 사람을 죽일 의향도) 있다고 응답한 통계 결과를 아주 자랑스럽게 인용한 사실을 기억해 보라. 광신주의, 즉 종교적 신념을 종교의 자유를 보호하는 나라라는 신에 종속시키기를 거부하는 태도는, 자유 사회가 지속되려면 용납받을 수 없다. 확실히 우리에게 덕을 훈련하는 데서 종교는 중요한 역할을 하지만, 종교로서 자유를 인정받고자 한다면 그 덕은 폭력을 행사할 준비가 되어 있어야 한다.[17]

그러나 베넷과 로티만이 미국의 공적 생활에서 종교의 위치를 어떻게 이해해야 하는지 말해 주는 대변인은 분명 아니다. 보다 통찰력 있는 해석자들도 분명 존재한다. 두 사람을 이름만 언급하자면, 로버트 벨라(Robert Bellah)와 리처드 존 뉴하우스(Richard John Neuhaus)는 현재의 정치적 관점에서 정반대에 서 있기는 하지만, 둘 모두 종교의 중요성을 변호하면서 그 중요성은 단지 공적 에토스를 지탱하는 것뿐 아니라 우리의 정치체제에서 비판적 주체 역할을 감당하는 데 있다고 주장한다.[18] 예를 들어, 리처드 뉴하우스는 이렇게 쓴다.

> 종교적으로, 심지어 신학적으로 의미 있는 미국의 역사를 말하는 것은 이 시대의 많은 사람들을 극도로 예민하게 만든다. 특히, 우리 중 자유민주주의의 주장과 약속을 받아들이는 사람들 사이에서는 더욱 그렇다. 우리는 '명백한 사명'(manifest destiny, 미국이 북미 전체를 지배할 운명이라는 주장, 일반적으로 영토 확장론을 의미하기도 한다—역주), '산 위에 있는 동네', '구속자 나라'(redeemer nation)에 대한 이야기를 즉각 떠올린다. 우리가 잘못 생각하도록 교육받아 온 이 모든 것은 국가적 오만과 맹목적 애국심의 언어다. 이러한 언어에 너무 예민한 나머지, 우리는 미

국이 경험한 것의 다의성을 이해하지 못하는 사람들에게 미국이라는 나라의 종교적 의미를 분명하게 말해 주는 임무를 저버렸다. 도덕적 다수파(the moral majoritarians)는 하나님의 우주적 목적에서 미국의 위치를 망설임 없이 명시한다. 그러나 우리는 이런 주제에 겁을 내기 때문에, 우리의 주류 문화는 옹호와 심판, 의로움와 죄책감, 성취와 여전히 그 결과가 불확실한 실험에서 시작된 순례의 길 등 이러한 양쪽을 함께 이해하는 비판적 애국심을 잃어버렸다. 우리의 예민함 때문에, 우리는 우리가 어떤 종류의 사람들이며 어떤 종류의 사람들이 되도록 부름받았는지 숙고한 것들을 안내할 공적 철학을 갖지 못한 채로 지금까지 수십 년을 지내 왔다.[19]

뉴하우스가 생각하는 비판적 정신은 우리 사회의 평범한 사람들의 대중적 종교 감성에서 나올 가능성이 가장 큰데, 그들은 로티로 대표되는 고급문화에 물들지 않았기 때문이다.[20]

그러나 나는 확신이 서지 않는다. 우선, 나는 경험적으로 뉴하우스가 그의 주장을 계속 펼칠 수 있다고 믿지 않기 때문이다. 리처드 뉴하우스가 아니라, 윌리엄 베넷이 미국 종교의 위대한 신학자다. 더욱이, 윌리엄 베넷은 뉴하우스가 그토록 절실하게 바라는 종류의, 대중의 소생하는 종교적 양심을 대표한다. 그러나 과연 그러한 베넷의 입장 어디에서 확고한 신학적 확신에 근거한 '비판적 애국심'을 발견할 수 있는지 물어야 한다.

뉴하우스(그리고 벨라)에 반대하여 우리는 우리에게 있는 종교가, 오직 길들여질 때에만 미국에서 자유를 누리기에 안전하다는 전제하에 이미 길들여진 종교임을 깨닫는다. 미국의 기독교는 국가를 계속 한정할 수 있는 교회가 되기보다 국가를 위해 봉사하는, 그러면 그 국가로부터 '자유'를 약속받는 '종교'가 되었다. **자유롭다**는 것이 의미하는 바는, 국가와 오직 가장 간접적으로만 관계를 맺는, 개인적으로 의미 있는 믿음을 마음껏 즐길 권리이기 때문이다. 정의상, 국가는 종교의 자유를 제공하기 때문에 정의롭다. 미국의 개신교 교회가 그 구성원들의 삶에 더는 어떤 권위도 행사하지 못한다는 것은, 이제 종교의 자유가 그리스도인에게 종교적으로 '자기 뜻대로 결정할 수 있는' 권리가 있다고 믿게 함으로써 그들의 타락을 초래했다는 가장 강력한 표지 중 하나다.[21] 이제 로마가톨릭 신자들 사이에서도 이런 일이 일어나고 있다는 신호는 도처에 널려 있다. 결과적으로, 개신교 신자도 가톨릭 신자도, 국가에 도전할 수 있는 제자로 훈련된 사람들로 설 능력을 상실했다.

'자유'를 이기고 살아남을 수 있는 교회

미국의 종교적 유산을 회복하라는 뉴하우스의 요청에 대해 내가 확신이 서지 않는 또 다른 이유는 이러한 요청에 내재된 신학적 전제, 즉 교회와 세상이 강력하게 중첩해 있다는 생각에 동의할 수 없기 때문이다. 국가와 사회의 구분에 대해 배운 미국의 그리스도인들은 미국이 다른 국가들과 구별되는 독특한 사회 실험이라고 주장할 수 있다고 생각해 왔다. 그 결과, '사회'와 '국가' 둘 다 분명하게 '세상'으로 이해하는 경우 세상과 교회는 언제나 심오한 갈등 속에 있다고 규정되어야 함에도 불구하고, 우리는 한 번도 그러한 갈등을 대면해 본 적이 없다.

예를 들면, 베넷 전 장관과 동일한 연속 강연에서 맥스 스택하우스(Max Stackhouse)는 미국의 기독교가 자유를 사회생활의 지배적 가치로 무비판적으로 수용한 것에 대해 옳게 비판한다. 그것에 반대하여, 그는 자유의 모든 고귀함에도 불구하고 자유 자체를 보장함만으로는 충분하지 않다고 주장한다. 그는 모든 위대한 종교가 이를 인식한다고 역설한다. 그리스도인들은 예수님이 그들에게 죄와 절망과 죽음으로부터 자유를 주실 뿐 아니라 그들을 제자도로 부르신다고 주장한다.[22]

스택하우스는 종교가 자유의 기초를 제공하는 데 필요한 새로운 종류의 공적 신학을 반드시 제공한다고 생각하지 않지만, 신학은 그렇게 할 수도 있다고 생각한다. 그가 의미하는 **신학**이란, "온당하거나 온당하지 않은 종교 사이, 혼란이나 전체주의로 이끄는 종교와 인권 및 다원주의적 민주주의로 이끄는 종교 사이의 차이를 어떻게 말할 수 있는지에 대해 진행 중인 공적 논의다. 신학은 신앙뿐 아니라 민족, 인종, 성, 계급 간의 경계를 가로지르는 진리와 정의의 원칙에 의해 지배된다. 그것은 인식론적이고 윤리적인 차원을 지닌다. 공공 신학은 사상들이, 특히 사람들을 경건함으로 이끄는 안내자라고 여겨지는 사상의 경우에는, 실생활에서 엄청난 차이를 만들어 낸다고 주장한다. 절대적으로 참되고 의로운 것, 즉 신성한 것에 관해 검증되고 검토가 끝난 훌륭한 이론보다 더 강력한 것은 없다."[23]

나는 전통에 의해 결정되지 않은 신학, 특정 공동체를 초월할 수 있는 신학에 대한 스택하우스의 이해에 강한 의구심이 든다. 그러나 그의 입장에 대해 내가 일차적으로 우려하는 것은, 진리에 대한 그의 모든 이야기에도 불구하고 사실상 그가 종교적 신념에 대한 기능주의적 해석을 내놓는다는 점이다. 어째서 종교적 신앙이 "인간의 권리 확장과 민주주의 제도 보전에 결정적"인지 여부로 판단되어야 하는가?[24] 그리스도인이 하나님에 대해 믿는 것은, 설령 인간의 권리에 관한 이론이나 실천을 위해 그다지 잘 작동하지 않더라도 참되다. 결국, 우리가 권리에 대해 주장하는 모든 것을 전적으로 부정하거나, 적어도 상대화할 수 있는 강력한 기독교적 전제가 존재한다.

중요한 것은 결국 진리의 문제라는 점에서 스택하우스는 상당히 옳다. 교회와 국가의 관계에 관한 문제는 진리의 문제, 그리고 그것이 어떻게 그러한 상이한 두 형태의 사회제도에서 구현될 것인가라는 문제로 좌우된다. 그러나 미국의 문맥에서는 이런 문제들이 제기된 적이 없다. 그리스도인들이 국가와 어떤 관계를 맺어야 하는지에 대한 골치 아픈 사안을 종교의 자유라는 정치적 타협으로 대체함으로써 우리가 진리 문제를 회피할 수 있는 길을 찾았다고 생각했기 때문이다. 더욱이, 미국의 기독교가 종교의 자유를 위한 기초와 근거로 계몽주의적 정당화를 기꺼이 받아들이고자 함으로써 사안은 훨씬 더 혼란스럽게 되었다. 그리스도인들은 그 과정에서 자신들의 신념이 가진 특별함을 스스로 약화시켰음을 인식하지 못했다. 그리스도인들이 왜 교회의 존재를 만물의 이치에 관한 진리를 알기 위한 필수 조건이라고 믿는지 이해하는 데 꼭 필요한 바로 그 신념 말이다.

그런 면에서 로티가 제시하는 종류의 도전은 그리스도인으로 하여금, 왜 국가가 제공하는 '진리'와 우리를 나사렛 예수를 통한 하나님의 구속의 일부로 만드는 성례 안에서 발견되는 진리가 뚜렷한 대조를 이루는지 다시 기억하도록 도와준다. 그 모든 예바른 격식에도 불구하고, 로티의 '진리'는 우리가 충성을 바쳐야 하는 대의를 권력과 폭력이 최종적으로 결정하는 진리다. 로티에 대해 칭찬할 만한 점은 그의 솔직함이다. 즉, 그는 다른 대안이 있다고 생각하지 않으며, 따라서 공개적으로 그렇다고 밝힌다. 더 나아가, 세속 정치 질서의 전제들에 대해서도 그가 하는 말이 옳을지 모른다. 그러나 그리스도인들은 로티의 진리가 우리의 유일한 대안이라고 믿지 않는다. 우리에게 국가에 대한 다른 해석이 있기 때문이 아니라 우리에게 다른 정치 질서, 바로 하나님 나라가 있기 때문이다. 바로 그것이 하나님께 충성을 바치는 사람들과 그렇지 않은 사람들 사이의 긴장을 해결 불가능하게 만든다.

내가 설명하려고 하는 대립은 새로운 것이 아니다. 요한복음 18장 33-38절에 나오는 이 말씀을 들어 보라. "빌라도가 다시 관정에 들어가 예수를 불러 이르되, '네가 유대인의 왕이냐.' 예수께서 대답하시되, '이는 네가 스스로 하는 말이냐, 다른 사람들이 나에 대하여 네게 한 말이냐.' 빌라도가 대답하되 '내가 유대인이냐. 네 나라 사람과 대제사장들이 너를 내게 넘겼으니, 네가 무엇을 하였느냐.' 예수께서 대답하시되 '내 나라는 이 세상에 속한 것이 아니니라. 만일 내 나라가 이 세상에 속한 것이었더라면, 내 종들이 싸워 나로 유대인들에게 넘겨지지 않게 하였으리라. 이제 내 나라는 여기에 속한 것이 아니니라.' 빌라도가 이르되 '그러면 네가 왕이 아니냐.' 예수께서 대답하시되 '네 말과 같이 내가 왕이니라. 내가 이를 위하여 태어났으며 이를 위하여 세상에 왔나니, 곧 진리에 대하여 증언하려 함이로라. 무릇 진리에 속한 자는 내 음성을 듣느니라' 하신대. 빌라도가 이르되 '진리가 무엇이냐' 하더라. 이 말을 하고 다시 유대인들에게 나가서 이르되 '나는 그에게서 아무 죄도 찾지 못하였노라.'"

물론 이 본문은 교회의 비정치적 속성뿐 아니라 예수님의 사역에 대한 비정치적 해석을 정당화하기 위해 사용되어 왔다. 즉, 예수님과 교회는 정치에 직접적 영향을 주지 않는 영적 문제를 다룬다는 것이다. 그러나 오늘날 제대로 배운 신약성경 해석자 중 그런 주장을 할 사람은 아마 거의 없을 것이다. 예수님의 사역은 처음부터 끝까지 정치적이었다. 그분의 죽음 역시 정치적이었다. 예수님은 이스라엘을 대신하여 죽으심으로써, 우리로 하여금 하나님이 세상을 다루시는 방식에 충실하게 즉, 강압이 아닌 진리를 통해 살 수 있게 하셨기 때문이다.[25]

예수님이 이 세상의 왕권을 거부하신 것은 그분이 왕이 아니시라는 의미가 아니다. 오히려 그분이 빌라도와 나누신 대화는, 그분이 빌라도가 인식할 수 있는 종류의 왕이 아니심을 드러낸다. 빌라도는 진리를, 특히 고난받는 종의 형태로 오는 진리를 거부한 사람이기 때문이다. 더군다나 그러한 진리는 빌라도가 이해하는 방식의 정치와 관련이 있을 리 만무하다. 추정적으로는 종교의 자유를 존중하는 민주주의라는 사실도 그러한 기본 입장을 바꾸지 못했다. 오히려 우리가 살고 있는 사회는 '민중'이 다스리므로 비강제적인 사회라는 환상이 생겼다.[26] 만약 교회가 그러한 가정에 도전한다면, 나는 우리 사회가 그런 우리를 광적이라고 생각하도고 남는다는 것을 우리가 알게 되리라 생각한다. 특히, 교회의 자유는 하나님께 대한 그들의 신실함에서 오며 결과적으로 국가가 주거나 빼앗을 수 있는 것이 아님을 교회가 분명히 한다면, 그리스도인들은 더 이상 우리의 사회가 교회의 자유를 기꺼이 인정하려 들지 않는다는 것을 알게 될 것이다.[27]

4장

교회의 정치학

어떻게 벽돌을 쌓고 제자를 키울 것인가

문제를 진술하는 것이 문제다

—

오늘날 교회는 진퇴양난에 빠져 있는 것 같다. 우리는 현대사회 내에서 우리의 자리를 유지할 수만 있다면, 돌봄의 공동체가 됨으로써 그렇게 하려고 한다. 목사는 일차적으로 돌보는 사람이 된다. 그러한 문맥에서는 교회가 훈련받고 훈련하는 공동체가 되려는 모든 시도가 돌봄의 공동체가 되는 것과는 완전히 상반되는 일처럼 보인다. 그 결과, 교회가 제공하는 돌봄은 대개 아주 인상적이고 긍휼이 넘치는 반면, 교회가 대치한 권세에 맞설 수 있는 공동체로 세우기 위한 근거는 결여되어 있다.

교회가 훈련된 공동체로 존재하는 데 어려움을 겪는 것, 혹은 훈련된 공동체가 된다는 게 무엇을 의미하는지 생각조차 할 수 없는 것은, 발전된 경제 안에서 교회의 사회적 위치를 고려할 때 그다지 놀랍지 않다. 교회는 구매자 혹은 소비자 시장 안에서 존재하고, 따라서 만약 당신이 교회의 일원이 되고자 한다면 당신의 삶을 특정한 규율에 열어 놓음으로써 변화되어야 한다고 말하는 것은 이제 거의 불가능해졌다. 부름받은 교회는 이제 자발적인 교회가 되었고, 그런 교회의 일차적 특징은 회중이 친근하다는 것이다. 물론, 친근하지 않다면 교회에 소속될 수 없기 때문에 그것도 일종의 규율이기는 하지만, 그러한 친근한 태도가 하나님 나라의 증인이 되어야 할 하나님의 교회의 성장에 어떻게 기여하는지는 아주 불분명하다.

교회에 대한 이러한 태도는 「순회 목사」(The Circuit Rider)에 실린 연합감리교회에 관한 한 편지에 잘 묘사되었다.

연합감리교는 그것이 못하는 것에 대해―충분히 예전적이지 못함, 충분히 신학적이지 못함, 충분히 성경적이지 못함, 충분히 회중적이지 못함 등등―대대적이고 장황하게 비판받아 왔다.

나는 연합감리교가 못하는 것들 중 그동안 주목받지 못한 한 가지, 곧 종교적인 사람에게 해를 입히지 못한다는 것을 기리고 싶다. 교수이자 교구 목사로서 일하면서 나는 다른 교단에서 온 온갖 종류의 사람들을 만났는데, 그들은 많은 사람이 감당할 수 없을 정도의 과도한 엄격함으로 인해 그 정신과 영혼이 형편없이 어그러져 있었다. 어떤 사람들은 일부 기관의 체제가 발전시킨 기독교라는 종교에 대한 완벽한 면역력을 갖게 해 주는 주사를 집중적으로 맞았다.

대조적으로, 연합감리교가 못하는 것들 때문에 그곳을 떠난 많은 사람들의 경우는, 다른 교단의 목사와 교인이 되어 행복하고 생산적인 그리스도인의 삶을 계속 영위한다. 그들이 연합감리교에서 얻지 못한 것이 무엇이든, 적어도 그들은 기독교 교회 혹은 그 하나님에 대한 영구적 증오를 얻지는 않았다.

웨슬리(Wesley)가 이를 가장 잘 표현했다. 자신이 구원하는 모든 영혼에게 무엇을 해 주길 원하느냐는 질문을 받았을 때, 그는 이렇게 답했다. "저는 그들을 선량하고 행복하고 자신에게 너그럽고 다른 사람에게 유익한 사람들로 만들고자 합니다." 이만하면 괜찮은 목표네요, 웨슬리 선생! 그만하면 잘 했어요, 연합감리교!¹

이러한 편지는 분명 연합감리교뿐 아니라 다수 교회의 상황을 보여 준다. 그 결과, 교회는 점점 자신들을 세상에서 사명이 있는 구별되는 사람들로 알아볼 수 있게 만드는 어떤 종류의 규율도 유지하기 어려워한다. 교회는 사람들이 개인적인 인생의 위기를 잘 통과하기 위해 필요로 하는 섬김을 제공하는 일은 훌륭하게 해내지만, 이것은 단지 교회가 우리 문화에서 사적 영역이 되었음을 보여 준다. 물론, 이는 목사직에 대한 인식 자체에도 영향을 주었다. 이제 사역자의 권위란 예전적 리더십과 공동체의 윤리적 배양보다는 일차적으로 목양 사역을 수행하는 능력이 되었다.

교회가 처한 상황은 돌봄과 훈련을 양립 불가능하게 만드는 것처럼 보인다. 돌봄이란 개인에 대한 긍휼로 가득 찬 돌봄으로 인식되며, 이는 이제 교회의 일차 업무로 여겨진다. 돌봄에는 그 개인이 처한 상황이 고유함을 이해하는 것이 필요하고, 따라서 개인적 위기를 겪고 있는 누군가를 훈련한다는 것은 생각할 수조차 없다. 우리는 이해받고 이해하려고 애쓴다. 판단받는 것은 원하지 않는다.

이러한 일련의 환경에 대응하기 위해 노력하면서 최소한 주류 교회들이 택한 주된 전략은, 사람들이 그리스도인이 되는 것의 의미를 보다 잘 이해할 수 있도록 돕는 것이었다. 그러한 전략은, 그리스도인을 그리스도인이게 하는 것이 특정한 믿음이라고 가정한다. 즉 인간의 상태를 더 잘 이해하고, 따라서 우리의 경험을 납득할 수 있도록 도와

주는 어떤 믿음을 갖는 것이 우리를 그리스도인으로 만들어 준다는 것이다.[2] 물론, 누구도 그러한 믿음에 행동과 관련된 함의가 있을지도 모름을 부정하지는 않지만, 그 행동이 진짜이기 위해서는 믿음을 갖춰야 한다는 것이 전제다. 이런 면에서 현대성의 개인주의는 상당히 긍정적으로 보일 수 있다. 그리스도인으로서 믿음을 가져야만 한다는 당위에서 자유롭다는 사실 자체는, 그들이 기독교적 정체성을 갖겠다는 결정을 자발적으로 할 수 있다는 의미이기 때문이다.

나는 그리스도인이 되는 것을 자기 이해의 범주 및 그것과 상관있는 돌봄에 대한 인식으로 이해할 때, 교회를 훈련 공동체로 보는 인식을 회복할 길이 사라진다는 점이 두렵다. 그런 식으로 그리스도인이 됨을 이해하는 것은, 질병을 더 많은 질병으로 치료하려고 하는 것과 다름없다. 교회는 생활양식 소수집단, 그리고/또는 비슷한 관심사를 가진 다른 사람들과 어울릴 수 있는 기회를 제공하는 우산 기관이 되는 것을 피할 수 없다.[3] 기독교를 특정 믿음이나 신앙 패턴과 결부시키는 전략을 계속 따른다면, 우스나우(Wuthnow)가 『미국 종교의 재구성』 (The Restructuring of American Religion)에서 그토록 통렬하게 묘사한 추세, 곧 기독교적 신념에 의해 형성된 것이 전혀 아닌 비슷한 관심사를 공유한 사람들과 어울리기 위해 교회의 일원이 되는 추세를 어떻게 우리가 어떤 식으로든 피할 수 있을지 모르겠다.[4]

근본적으로 기독교가 사람들의 삶에 의미를 부여하는 데 필요한 믿음의 체계로 이해될 때, 우리는 구원이 단지 개인을 위한 것이라는 가정을 계속 강화할 수밖에 없다. 그리스도인들에게 기독교 신앙의 이름으로 정치에 참여해야 한다고 촉구하는 것으로 알려진 많은 이들이,

근본적으로 기독교의 구원에 대한 개인주의적 해석이라 할 수 있는 것을 내세우는 것은 이 시대의 아이러니 중 하나다. 그들은 기독교가 사회참여를 수반하지만, 여전히 구원은 기독교가 제공하는 세계관을 통해 개인이 더 나은 자기 이해에 이르게 되는 것으로 이해할 수 있다고 가정한다. 더 큰 역설은, 그리스도인이 추구해야 할 이상으로 상정되는 사회형태, 즉 자유민주주의 사회는 기독교의 구원의 사회적 특성에 관한 모든 진정한 개념을 약화시킬 수밖에 없는 전제를 수반하고 있다는 점이다.[5]

짧게 말하면, 교회에게 현대성의 가장 큰 문제는, 민주주의 사회에서 우리가 훈련된 공동체로 어떻게 살아남을 것인가다. 민주주의 사회 뒤에 깔려 있는 근본 전제는, **일반 시민**이라 불리는 무언가의 양심이 어떤 종류의 형성 과정을 거쳤든 혹은 거치지 않았든 상관없이 특권을 누리는 것이기 때문이다.[6] 윤리가 현대의 대학 커리큘럼 내 학문 과목으로 인식될 수 있다는 생각을 낳은 것도 바로 이러한 전제다. 칸트와 실용주의자들 모두 윤리학자의 임무는 모든 사람이 공유하는 전제를 분명히 밝히는 것이라고 생각했다. 윤리학은 우리 모두가 어쩌면 오직 초기 단계로만 알거나 충분히 명확하게 밝히지 못한 것을 체계화하려는 시도다.

윤리학에 대한 그러한 시각은 반인습적인 것으로 보일 수 있지만, 반인습적 입장 또한 누구나 숙고하면 생각할 수 있는 것이라는 호소를 통해 힘을 얻는다. 영화 〈죽은 시인의 사회〉(*The Dead Poet's Society*)가 적절한 예를 보여 준다. 우리의 윤리적 감수성에 호소한 재미있고 흥행도 거둔 영화였다. 영화는 한 젊고 창의적인 교사가 처음에는 자신의 수업 방식을 이해하지 못하고 반발하는 학생들과 씨름하는, 그뿐 아니라 자신이 가르치는 학교의 지각없는 권위주의로 보이는 것과 싸움을 벌이는 과정을 그린다. 중요할 수도 그렇지 않을 수도 있는 낭만주의 시를 가르치는 이 젊은 선생은 자신의 주요 교육적 임무가 학생들이 스스로 생각할 수 있도록 돕는 것이라고 생각한다. 우리는 그가 훌륭한 교육적 감수성을 통해 학생들 한 명 한 명에게 천천히 그들 자신의 재능과 잠재력을 일깨우는 것을 본다. 마지막에 그는 결국 학교에서 해고되지만, 우리는 학생들이 권위에 저항하고 스스로 생각할 수 있는 능력을 발견하게 된 것에 전율한다.

이 영화는 민주주의가 추정적으로 고무하고자 하는 독립 정신을 훌륭하게 증언하는 것처럼 보인다. 그러나 나는 자유주의 사회에서, 학생들이 스스로 사고하는 법을 배워야 한다는 것보다 더 순응주의적인 메시지는 생각할 수 없다. 그 대신 우리는 단호하게 말해야 한다. 우리 사회에서 학생들 대부분은 사고할 수 있을 만큼 충분히 훈련된 정신을 갖추지 못했다고 말이다. 교육적 중심 과제는, 학생들에게 그들이 아직 뭔가를 결정할 수 있을 만한 사고력을 갖추지 못했다고 말해 주는 것이다.[7] 그렇기 때문에 훈련이 중요하다. 훈련은 권위에 순종함으로써 자아를 형성하는 것을 포함하는데, 권위에 순종하는 것은 제대로만 이루어진다면 사람들에게 이성적 판단을 위해 필요한 덕을 가져오기 때문이다.

나는 우리가 학생들에게 그들 스스로 생각하고 결정하도록 격려해야 한다고 말하는 것보다 더 순응주의적이고 자멸적인 메시지를 생각할 수 없다. 그것은, 생각이란 그들의 자의적인 선호에 근거해 선택해야 할 또 다른 상품일 뿐이라고 지금 가정함으로써, 앞으로 그들이 자본주의 경제에서 훌륭한 순응주의적 소비자가 되는 것을 보장할 뿐이다. 따라서 학생들에게 스스로 생각하라고 격려하는 것은 의미 있는 이견 제기를 원천적으로 차단하는 확실한 길이 된다. 바로 그것이, 내가 나의 학생들에게 나의 첫 번째 목표가 그들이 나처럼 생각하도록 돕는 것이라고 말하는 이유다.[8]

내가 생각하기에 교회의 상황은, 〈죽은 시인의 사회〉 같은 영화를 만들어 내는 에토스에 의해 형성된 사회에서 선생이 된다는 것은 무엇을 의미하는가에 함축된 문제들과 다르지 않다. 그리스도인의 삶을 위한 헌신의 중요성에 관한 과거의 전제에 의해 결정된 채, 우리는 훈련 없이도 그리스도인이 될 수 있다고 전제하는 기독교 신앙의 의지주의적 관념을 받아들였다. 일단 그러한 입장을 세우고 나면, 다른 어떤 대안이든 권위주의적 강요로 보일 수밖에 없다는 것이 문제다.

이런 면에서 우리가, 말하자면 우리 중 주류 전통에 속한 이들이 주류 교회의 교인 감소와 소위 보수 교회의 성장에 대해 어떤 식으로 생각하는 경향이 있는지 보는 일은 흥미롭다. 긍휼과 돌봄을 특징으로 하는 교회는 더 이상 교인들을 유지하지 못하며, 특히 자녀 세대의 교인이 많이 빠져나간다. 반면, 도덕적 순응 그리고/또는 훈련에 주요 초점을 두는 보수 교회들은 계속 성장한다. 자유주의 교회에 속한 이들은 이런 식의 전개를 두고, 사람들은 자유를 견디지 못하며 따라서 공동체가 결여된 혼란스러운 세상에서 그들은 권위를 찾으려 한다는 식으로 설명하는 경향이 있다. 보수 교회가 성장하는 것은 사실이지만, 단지 병적 징후일 뿐이라는 것이다.

그러나 "보수 교회가 왜 성장하는가"에 대한 이러한 분석 자체는, 우리가 겪고 있는 어려움의 근원이라고 내가 제시하는 자유주의 사회 이론과 실천의 전제를 가정한다. 쟁점의 틀이 **개인**과 **공동체**, **자유**와 **권위**, **돌봄** 대 **훈련**으로 짜이는 것을 허락한다는 사실 자체는 우리가 일관성을 상실했음을, 그리하여 훈련을 돌봄의 한 방식으로 만들기 위해 그리스도인들에게 필요한 단편들만이 남아 있음을 보여 주는 지표다.

예를 들어, 자유주의 교회와 보수 교회가 똑같이 직면한 심각한 문제 중 하나는, 교인들이 공적 윤리와 사적 윤리를 구분하도록 교육받아 온 것이다. 따라서 자유주의자와 보수주의자는 똑같이, 다른 사람들에게 치명적 피해만 주지 않는다면 자신들이 원하는 것은 대체로 무엇이든 할 권리가 있다고 가정한다. 그런 식의 구분이 더 넓은 정치 사회에서조차 일관적일 수 없다는 사실마저도, 교회와 맺는 관계에서 더 크게 문제가 되는 그 특성에 이의를 제기하는 데는 별 도움이 되지 않는다. 그러나 만약 구원이 진정으로 사회적이라면, 예컨대 우리 자신의 몸과 재산에 대한 소유권은 교회 전체의 훈련 대상이 아니라고 가정하도록 부추기는 그러한 구분은 가능하지 않다. 예를 들면, 최근 나는 아주 보수적인 기독교 교회와 관련이 있는 한 대학에서 강연을 하고 있었다. 그들은 그 학교의 경영대학에서 경영 윤리에 대해 가르치는 데 깊은 관심이 있었고, 그러한 주제를 다루는 강좌를 시작했다. 나는 거기서 "경영 윤리는 왜 나쁜 생각인가"라는 제목으로 강연을 했다. 나는 경영 윤리는 대부분의 소위 실천윤리라 부르는 것의 특징인 고충 윤리(quandary ethics)의 한 형태에 지나지 않는다고 주장했다. 결과적으로, 경영 윤리는 왜 경영이 도덕적 분석의 특별 영역으로 상정되는지에 관한 근본 문제를 제기하는 데 실패할 수밖에 없음을 시사한 것이다.

강연이 끝난 뒤, 그 경영대학에서 가르치는 한 교수가 물었다. "그렇지만 상황이 이렇다면, 교회는 과연 무엇을 할 수 있습니까?" 나는 그녀에게 만약 교회가 이러한 문제에 대해 심각하게 성찰하기 원한다면, 현재 교회에 속한 모든 사람 및 교회의 일원이 되고자 하는 모든 사람에게 그들의 수입을 공개적으로 밝히게 하는 것으로부터 시작해야 할 것이라고 제안했다. 이러한 제안은 공감을 얻지 못했는데, 단순히 누구든 수입을 공개적으로 밝히도록 요구받아서는 안 된다는 가정 때문이었다. 결국, 얼마를 버는가보다 우리 삶에서 더 사적인 사안은 없다. 상황이 이렇다면, 우리는 교회가 훈련된 공동체가 될 수 있는 능력을 얼마나 결핍하고 있는지만 보게 될 뿐이다.

그러나 나는 질문자의 우려 뒤에 있는 고뇌를 느낄 수 있다. 이 사안에 대한 나의 분석이 옳은 것에 가깝다면, 우리는 돌봄과 훈련의 공동체가 되는 것이 무엇을 의미하는지 교회 스스로 회복할 방법을 이해할 수 있도록 도와줄 개념 자원을 결핍하고 있는 것처럼 보이기 때문이다. 물론 **개념 자원**이라는 말은 너무 약한 표현인데, 실제적인 돌봄과 훈련의 실천이 부재하다면 우리의 상상력도 그만큼 빈곤해질 것이기 때문이다. 따라서 나의 목적은, 기예를 배우는 것, 예를 들면 벽돌쌓기를 배우는 것이 무엇을 의미하는지 설명을 제공하는 것이다. 그럼으로써 나는 우리가 교회 안에 눈에 띄지 않는, 그러나 그럼에도 불구하고 존재하는 돌봄과 훈련의 형태를 되찾을 수 있기 바란다.

사람들에게 벽돌 쌓는 법을 가르치라

―

교회가 훈련된 공동체로 존재한다는 것이 무엇을 의미하는지 더 잘 이해하는 데 도움이 되도록, 우리는 벽돌 쌓는 법을 배워야 한다. 이러한 훈련은 우리가 구원받았다는 것이 무엇을 의미하는지, 그리스도인이 된다는 것이 무엇을 의미하는지에 대해 생각하는 것을 도와줄 것이다. 벽돌쌓기를 배우려면 그 일을 어떻게 하는지에 대해 듣기만 해서는 안 되고, 그 일을 구성하는 여러 기술을 배워야 한다. 바로 그것이 벽돌을 쌓기 전, 반죽을 혼합하고 비계를 세우고 연결하는 등의 기술을 배워야 하는 이유다. 더 나아가, 흙손을 어떻게 잡는지, 반죽을 어떻게 바르는지, 반죽 표면에 어떻게 홈을 내는지 듣는 것만으로는 충분하지 않다. 벽돌을 쌓는 법을 배우기 위해서는 끊임없이 벽돌을 쌓아 보아야 한다.

물론, 벽돌 쌓는 법을 배우는 것은 수많은 기술뿐 아니라 그러한 기술을 형성하고 그것에 의해 형성된 언어를 배우는 과정도 포함한다. 따라서 예를 들면, 조적공들이 보통 '머드'(mud)라고 부르는 반죽이나 흙손이 무엇인지, 어떻게 사용하는 것인지에 익숙해져야 한다. 따라서 '머드 프러깅'(frogging mud)이라는 것은 반죽을 바른 뒤 표면에 홈을 내면 거기에 진공이 형성되어 그 위에 벽돌을 놓을 때 벽돌이 거의 스스로 반죽에 밀착되는 것을 의미한다. 그러한 언어는 조적공이 되기 위해 있어도 되고 없어도 되는 것이 아니라, 그 일의 본질적인 한 부분이다. '제대로' 말하는 법을 배우지 않고는 벽돌쌓기를 배울 수 없다.

언어는 조적업의 역사를 구현한다. 따라서 누군가 조적공이 되기를 배울 때, 그 사람은 그 기술을 처음부터 새롭게 배우는 것이 아니다. 그는 역사 안으로 들어가고 있다. 예를 들면, 벽돌 중에는 클링커(klinker)처럼 쌓는 방식을 달리해야 할 독특한 특성을 반영하는 이름들이 있다.[9] 견습생들은 종종 새로운 문제에 부딪히거나 실수를 함으로써 그 차이를 발견하고, 그 다음에 보다 숙련된 조적공에게서 각 경우에 어떻게 해야 하는지 배운다.

이 모든 것은, 누군가 조적 일을 하기 위해서는 선임(master) 기술자가 그를 조적 기술의 세계로 입문시켜 주어야 함을 가리킨다. 이런 점과 관련하여 조적 기술의 개념을 현대 민주주의의 전제와 비교해 보면 흥미롭다. 앞에서 쓴 것처럼, 민주주의가 옹호하는 윤리 해석은 스승의 필요성을 부정하고 싶어 한다. 도덕적이기 위해 필요한 모든 것을 우리 각자가 스스로 가지고 있다고 추정하는 것이다. 도덕적이기 위해 스승은 필요하지 않은데, 도덕적이라는 것은 입문이나 훈련을 필요로 하지 않는 어떤 상태이기 때문이다. 바로 이것이, 내가 우리 사회에서 대부분의 사람들에게 가장 확실한 도덕적 형성은 농구, 야구, 수 놓기, 요리, 또는 벽돌쌓기를 배울 때 일어난다고 자주 말하는 이유다. 그러한 스포츠나 기예는, 성취의 역사에 기초하여 권위를 인정하도록 요구한다는 점에서 여전히 윤리적으로 반민주적이다.[10]

물론, 우리가 그러한 도덕적 형성을 위해 기예의 존재에 얼마나 오래 의존할 수 있을지는 아무도 모른다. 예를 들면, 이제 훌륭한 기술을 가진 조적공은 많이 남아 있지 않다. 남은 이들은 비싼 돈을 받고 일한다. 게다가 조적에 필요한 재료비도 점점 오르는 추세다. 때문에 건축업자들은 건물을 지을 때 가능하면 꼭 벽돌을 쓰지 않도록 설계하려고 한다. 그 결과로 흉측한 유리 건물들이 우리를 둘러싼다.

어디서나 볼 수 있게 된 고도로 기능적인 유리 건물들은, 윤리에 대한 우리의 이해를 건축으로 그대로 옮겨 놓은 것과 같다. 그러한 건물들은 싸고, 쉽게 지을 수 있으며, 효율적이다. 그 건물들은 기능적이어야 하는데, 이는 건물의 다목적 사용을 제한하는 다른 어떠한 목적도 있어서는 안 된다는 의미다. 더 많은 유리 건물을 지을수록, 더 많은 장인이 줄어든다. 그 결과는 자기 충족적 예언이다. 즉, 기예 그리고/혹은 윤리에서 스승의 필요성을 제거해 버린 건물 그리고/혹은 윤리를 더 많이 생산할수록, 대안이 가능함을 자각하는 우리의 능력은 더욱 줄어들 것이다.

알래스데어 매킨타이어는 그의 기포드 강연 "도덕적 탐구의 세 가지 경쟁 이론: 백과사전, 계보, 전통"에서, 기예와 비슷한 도덕성에 대한 해석을 폭넓게 발전시킨다. 매킨타이어는 현대성에 반대하여, 어떤 관점을 가졌든 상관없이 똑똑한 사람에게 도덕적 선이 주어지는 것이 아니라고 주장한다. 오히려 도덕적이기 위해서는 특정한 종류의 사람이 되어야 한다. 무엇이 참되고 선한지에 대한 지식을 얻고자 한다면 말이다. 따라서 도덕적이게 되고자 한다면, 변화가 필요하다. 간단히 말해, 회심의 이야기를 포함하지 않은 도덕적 삶에 관한 해석은 알려질 수 없다. 우리의 문맥에서 이것은 특히 사실인데, 이 점을 인정하기 위해 우리는 자유주의 신념으로부터 돌아서는 회심이 필요하기 때문이다.

이러한 변화는 스스로 선임 기능공 밑으로 들어가 배우는 견습생이 되는 것과 같다.[11] 그러한 견습 과정을 통해 우리는 숙련된 전문가가 되는 데 필요한 지능과 덕을 습득하려 힘쓴다. 정말로, 그러한 지능과 덕이 서로 꼭 필요하고 따라서 분리될 수 없다는 사실을 이해하는 것은 아주 중요하다. 고전적으로 이는, 현명함이라는 덕이 용기와 절제라는 덕 없이는 얻을 수 없고, 용기와 절제 역시 현명함을 요구한다는 점을 강조한 데서 구체화되었다. 현명함과 용기의 관계가 보여 주는 순환적 혹은 의존적 성격은, 스승 없이는 훌륭해지는 것이 왜 불가능한지 알려 준다. 어떻게 용감해질 수 있는지, 따라서 우리가 무엇을 해야 하는지 판단하는 법은 오직 누군가를 따라함으로써만 배울 수 있기 때문이다.[12]

견습생은 다른 어떤 것보다 두 가지 구분을 먼저 배워야 한다.

첫 번째는 특정 상황에서 정말로 좋은 행동과, 이 특정 견습생에게는 좋은 것처럼 보이지만 사실은 그렇지 않은 행동을 구분하는 것이다. 다시 말하면, 견습생은 공인된 기준, 즉 그 특정 기예의 역사에서 그때까지 나온 것 중 가장 훌륭하다고 인식되는 기준을 적용하면서 자신들이 범하는 실수를 인식하는 법을 배우기 위해, 일단 그들의 스승에게 먼저 배운 다음 스스로 학습을 계속해 가야 한다. 두 번째로, 견습생은 이런저런 특정 상황에서 자신이 받은 특정 훈련과 배움의 단계상 그들에게 좋거나 최선인 것과, 특정 조건과 상관없이 좋거나 최선인 것 간의 차이를 배워야 한다. 다시 말해, 견습생은 다른 사람이나 그 자신이 이런저런 일에서 스스로 기대할 수 있는 종류의 탁월함과, 견습생과 선임 기능공 모두가 궁극적 목표로 삼아야 할 절대적 탁월함을 구분하는 법을 배워야 한다.[13]

스승과 견습생이 기예의 궁극적 목표를 달성하고자 애쓰면서 특정 개인의 결점과 한계를 인식할 수 있으려면, 이러한 구분은 절대적으로 중요하다. 부적절하고 타락한 욕망, 취향, 습관, 판단에 뿌리를 두고 있는 비판과 평가의 습관들은 기예에 입문함을 통해 변화되어야 한다. 견습생은 오직 스승만 할 수 있는 것이 있음을 배워야 한다. 물론 견습생도 운으로 스승이 한 것을 해낼 수도 있다. 그러나 운이나 타고난 재능만으로는 기예를 지속할 수 없으며, 따라서 견습생은 훌륭함을 성취하는 데 필요한 판단의 기술과 기량을 쌓는 데 시간을 들여야만 한다.

따라서 모든 기예에 종사하는 사람들은 그들이 처음 추정했던 것과 별개로 존재하도록 구상된 일련의 목표가 있음을 받아들이고자 애쓰고 거기에 자신을 맞추어야 한다. 결과적으로, 기예에 내재하는 현실상의 인식론적 편향성이 있기는 하지만, 이는 계몽주의에서 기인하는 일종의 대응론(correspondence theory)과는 다르다. 계몽주의는 훈련 없이도 우리의 정신이 실제 세계에 즉각적으로 적합하다는 것을 보여주고자 했다. 이와 대조적으로, 우리의 정신은 오직 전통의 기술과 관습에 의해 형성됨으로써만 알게 되는 것에 적합하다. 물론, 그러한 훈련은 우리를 변화시킬 뿐 아니라 우리가 알아야 한다고 생각하는 것이 무엇인지를 변화시키기도 한다. 바로 그것이 적합한 권위 없이는 지식이 존재할 수 없는 이유다.[14]

기예의 비유를 통해 도덕적 삶을 살펴볼 때, 우리는 우리의 잠재력을 실현하기 위해 왜 스승이 필요한지 알게 된다. 기예의 공동체는 그 기예의 효율적이고 창조적인 참여자가 되려면 습득하고 배양해야 할 지적이고 도덕적인 습관을 구현하는데, 스승의 권위는 바로 그러한 기예의 공동체라는 토대 위에서 받아들여진다. 그러한 기준들은 이전의 기준에 대한 비판을 통해 나타나기에, 오직 역사적으로만 타당성을 얻는다. 흙손을 이런 식으로 잡는 것이나, 타일을 붙일 때와 벽돌을 쌓을 때 반죽을 다른 방식으로 바르는 것은 우리의 선행자들을 넘어서거나 그들의 한계를 딛고 더 나아지려는 노력에서 그 타당성을 얻는다.

물론, 스승의 권위는 그 기예의 궁극적 목표 역할을 하는 완벽한 작업의 개념에서 나온다. 따라서 대개 기예에서 가장 좋은 스승이란 반드시 가장 훌륭한 작업을 내놓는 사람이 아니라, 어떤 종류의 작업이 가장 훌륭한지 이해할 수 있도록 돕는 사람이다. 기예에서 실제로 행해진 어떤 판단이나 행위나 작품이 가장 훌륭하다고 여겨지는 것은, 그러한 판단과 행위와 작품이 그 기예가 무엇에 관한 것인지와 결정적 관계 안에 놓여 있기 때문이다. 그리고 그 기예가 무엇에 관한 것인지는 특정 공동체의 문맥 안에서 역사적으로 결정된다.

매킨타이어는 이렇게 시간에 예속되는 기예의 특성이, 현대성이 도덕성과 진리를 이해하는 방식과 뚜렷한 긴장 관계에 있다고 지적한다. 현대성은 모든 도덕적 신념이나 진리가 시간을 초월해야 한다고 전제하기 때문이다. 대조적으로, 기예에서 합리성의 특정한 움직임은 그때까지 내려온 그 기예의 역사를 통해 타당성을 인정받는다. "어떤 기예의 합리성을 공유하기 위해서는, 그 기예의 역사의 조건부적 성질을 공유하고 그 기예의 이야기를 자신의 이야기로 이해하며 시현되는 극적 서사, 즉 그 시점까지 펼쳐진 그 기예의 이야기 안에서 등장인물로서 자신의 자리를 발견하는 것이 필요하다."[15]

기예는 결코 정적이지 않다. 따라서 스승은, 그 시점까지 나온 것

중 가장 훌륭한 기준을 자신의 작업을 통해 예증한다는 조건하에 그 권위를 인정받는다. 스승을 스승으로 만드는 것은, 과거로부터 주어진 전통에서 배울 수 있는 것을 사용하여 어떻게 하면 자신이 더 멀리 나아갈 수 있는지 아는 것, 특별히 다른 이들을 더욱 멀리 나아갈 수 있게 하려면 어떻게 지도해야 하는지 아는 것, 그럼으로써 완전하게 완성된 작품이라는 궁극적 목표를 향해 나아갈 수 있는 것이다. 스승은 과거와 미래를 어떻게 연결시켜야 하는지 알고, 그럼으로써 그 기예의 궁극적 목표를 새롭고 예상하지 못한 방식으로 분명하게 드러낸다. 따라서 그 기예 공동체 안에서 스승이 지닌 힘은, 바로 이러한 기술을 이런 방식으로 아는 것을 어떻게 다른 이들도 습득할 수 있을지 가르치는 능력을 통해 합리적 권위로서 타당성을 인정받게 된다.

기예가 훌륭한 상태에 있으려면, 훌륭한 질서를 갖춘 전통 안에 존재해야 한다. 기예에 입문하는 것은 그 전통에 입문하는 것이다. 그러나 매킨타이어가 지적하듯, 그러한 입문에는 언제나 적어도 두 가지, 혹은 그 이상의 역사가 관련된다. 나는 가족의 일원으로서, 공동체 정체성으로서, 다른 기예들을 훈련하는 것으로서 기예로 나아온다. 이 기예에 대한 나의 헌신이 알려질 수 있는 것이 되려면, 훌륭한 공동체 안에 존재하는 기예들의 위계질서와 연관해 이해해야 한다.[16]

나는 도덕적인 사람이 되는 것을, 조적공이나 도공이나 선생이 되는 법을 배우는 것과 유비 관계로 생각해야 한다고 말하는 것이 아니다. 오히려 벽돌쌓기나 야구를 배우는 것 자체가 우리가 가장 결정적으로 도덕적 훈련을 받을 수 있는 문맥을 구성한다고 말하고 있다. 2장에서 주장한 것처럼, 벽돌쌓기나 퀼트나 정원 가꾸기 같은 결정력 있는 실천으로부터, 추상화한 도덕성의 영역을 만들겠다고 하는 것은 오직 현대성의 편견일 뿐이다.

더 나아가, 우리가 훈련을 통한 돌봄에 대해 바르게 생각하기 어려운 것도 바로 그러한 추상화 때문이다. 스승이 우리를 기예에 입문시키기 위해서는 훈련이 필수적이지만, 그런 훈련 자체의 성질상 그렇게 잘 인식되지 않는다. 그렇다고 때로는 아무짝에 쓸모없는 것처럼 보이는 것을 배워야 할 경우가 없다는 말은 아니지만, 우리는 그것을 함으로써 왜 그것이 필요한지 알게 된다. 기예와 공동체가 질서 있게 작동할 때, 훈련은 말 그대로 기쁨이 된다. 훈련 없이는 얻지 못하는 힘, 특히 섬김의 힘을 길러 주기 때문이다.

제자 되기를 배우는 것에 대하여

그러나 이 모든 것이 교회와 무슨 상관인가? 첫째, 이는 기독교가 하나님을 믿는 믿음 더하기 행동이 아니라는 것을 일깨워 준다. 우리가 그리스도인인 것은 우리가 믿는 것 때문이 아니라, 예수님의 제자가 되도록 부름받은 것 때문이다. 제자가 된다는 것은 새로운 혹은 변화된 자기 이해에 대한 문제가 아니라, 일련의 다른 관습을 가진 다른 공동체의 일부가 된다는 의미다.

예를 들면, 나는 때로 그리스도인은 아니지만 기독교에 대해 알고 싶다고 말하는 사람들을 만난다. 이런 일은 대학 주변의 신학자들이 겪는 특정한 산업재해인데, 사람들은 우리가 똑똑하거나 적어도 박사학위가 있다고, 그러니 분명 기독교에 대해 뭔가를 정말로 알 것이라고 추정하기 때문이다. 나는 삼위일체 하나님을 '설명'하려는 헛된 시도를 수년간 한 뒤 이제는 그냥 이렇게 말한다. "글쎄요. 무엇보다 먼저 우리 그리스도인들은 '하늘에 계신 우리 아버지…'라고 기도하도록 배웁니다." 그런 뒤, 우리 그리스도인이 어떤 존재인지 이해하기 위한 좋은 출발점은 바로 이 기도를 함께해 보는 것이라고 제안한다.

기도는 배우기 쉽지 않고, 벽돌쌓기처럼 많은 훈련을 필요로 한다. 기도를 배우지 않았다면, 하나님을 믿는 것은 아무런 소용이 없다. 적어도 나사렛 예수 안에서 우리가 발견하는 하나님이라면 말이다. 기도를 배운다는 것은, 우리가 겸손하기를 한번 시도해 보는 것이 아니라, 기도라는 실천에 비례하여 겸손을 얻게 된다는 의미다. 짧게 말하면, 우리는 하나님을 믿고, 겸손하게 되고, 그런 다음에 기도하기를 배우는 것이 아니다. 기도하기를 배우는 가운데, 우리는 우리가 할 수 있는 것이라고는 오직 하나님을 믿는 것밖에 없음을 겸손하게 발견한다.

그러나 기도를 배우기 위해서는 물론 반드시 다른 그리스도인들과 함께 기도하기를 배워야 한다. 이는 하나님을 예배하는 데 필요한 여러 규율을 배워야 한다는 의미다. 예배는, 적어도 그리스도인들에게는 우리의 모든 기술이 동원되어야 하는 활동이다. 바로 그것이 그리스도인의 도덕성이 기독교 예배와 분리될 수 없는 이유다. 그리스도인으로서 드리는 우리의 예배가 곧 우리의 도덕성인데, 예배 안에서 우리는 우리가 하나님의 이야기에 접붙여졌음을 발견하기 때문이다. 예배 안에서 우리는 우리가 누구인지를, 곧 죄인임을 인식하는 기술을 습득한다.

나는 우리가 죄인이 되는 것을 훈련해야 함을 일깨우려는 것이다.

죄를 고백하는 것은 결국 신학적이고 윤리적인 성취다. 아마도 내가 발전시키고자 하는 그리스도인의 삶에 대한 해석과 대부분의 현대 신학 간의 차이를 이 사안보다 더 분명하게 보여 주는 지점도 없을 것이다. 자유주의 진영이든 보수 진영이든, 현대성 안에서 신학자들은 이상한 방식으로, 죄를 누구나 사용할 수 있는 보편적 범주로 상정해 왔다.[17] 사람들이 하나님을 믿지 않을 수는 있지만, 자신의 죄는 고백할 것이라고 보는 것이다. 그 결과, 죄는 인간의 조건을 이루는 피할 수 없는 한 측면이 된다. 이것은, 예수님의 제자가 되는 것을 가로막는 우리 삶의 그러한 측면들을 어떻게 불러야 하는지 배운 공동체를 통해 훈련됨으로써, 우리의 죄를 고백해야 한다고 배운 사람들에게는 이상한 일이다.

예를 들어, 그리스도인으로서 용서받지 않고서는 죄의 고백을 배우지 못한다. 종종 강조되는 것처럼, 참으로 우리는 용서받기 전에는 죄인임을 알 수 없다. 우리의 성향은 용서를 베푸는 사람이기를 원하고, 그럼으로써 우리가 용서를 베푼 이들과의 관계에서 기본적으로 계속 권력을 쥐고 싶어 하기 때문이다. 그러나 복음의 위대한 메시지는, 우리가 용서받았음을 받아들일 수 있을 때에만 예수님의 삶 안에서 우리의 삶을 발견할 수 있다고 말한다. 그러나 용서를 받아들이는 것은 쉬운 일이 아닌데, 우리가 문자 그대로 통제 밖에 놓이기 때문이다.

비슷한 방식으로, 우리는 피조물이기를 배워야 한다. 우리의 유한함을 고백하는 것과 우리가 피조물임을 인식하는 것은 같지 않다. 피조물은 창조주 하나님에 관한 확정적인 서사에 의존하며, 그 서사는 단순히 우리가 유한하다는 것보다 우리의 인간성에 대해 더 중요한 지식을 요하기 때문이다. 피조물과 죄인이라는 개념 둘 다, 우리 자신이 우리 스스로 창조하지 않은 서사로 이루어졌음을 발견하게 만든다.

앞에서 지적한 것처럼, 이는 우리를 현대성과 심오한 부조화를 이루게 만든다. 우리 스스로 창조한 것이 아니라 우리에게 주어진, 보다 결정력 있는 서사에 의해 우리 자신이 구성되었음을 발견할 때에만 우리의 삶을 삶으로 인식할 수 있다는 개념 자체는 현대성의 정신 자체와 정반대이기 때문이다. 그러나 그것은 오직, 이 서사가 세상의 서사들과 비판적 거리를 유지하는 기술을 가진 사람들의 집단에 의해 전해지는 것이 왜 필요한지 보여 주는 표지다.

어떤 면에서 이 모든 것은 아주 추상적인 데서 그치는데, 죄인과 피조물이란 개념은 여전히 기예의 특징이라기보다 자기 이해에 가깝게 들리기 때문이다. 바로 그것이 우리가 고백이라는 구체적 행위와 떨어져서는 죄인이기를 배울 수 없는 이유다. 그런 이유로 야고보서에는 다음과 같은 구절이 나온다. "너희 중에 병든 자가 있느냐. 그는 교회의 장로들을 청할 것이요, 그들은 주의 이름으로 기름을 바르며 그를 위하여 기도할지니라. 믿음의 기도는 병든 자를 구원하리니, 주께서 그를 일으키시리라. 혹시 죄를 범하였을지라도 사하심을 받으리라. 그러므로 너희 죄를 서로 고백하며, 병이 낫기를 위하여 서로 기도하라. 의인의 간구는 역사하는 힘이 큼이니라"(약 5:14-16). 그러한 실천은 당시만큼이나 지금도 중요한 듯하다. 교회가 우리에게 우리의 죄를 다른 사람들에게 고백하도록 가르치지 않는다면, 우리는 우리가 죄인임을 배울 수 없다. 정말로, 고백과 화해 없이는 죄인이 되는 것을 배울 수 없다. 보편적 죄 고백과, 교회 안에서 우리가 잘못을 행하고 화해를 청해야 할 누군가에게 우리의 죄를 고백하는 행위는 상당히 다른 일이기 때문이다. 그러나 나는 그러한 고백들이 없다면 우리가 아예 교회일 수 없다고 생각한다.[18]

예를 들어, 빌 모이어스(Bill Moyers)가 미국 공영방송에서 종교 시리즈를 진행할 때, 근본주의에 관한 녹화 내용은 상당히 충격적이었다. 그는 보스턴의 한 근본주의 목사가 교인과 목회적 문제를 논하는 것을 보여 주었다. 그 교인의 아내는 불륜을 저질렀고 이에 대해 교회에 고백했다. 많은 조사와 논의를 거친 뒤, 교회는 합당한 징계 절차 후 그녀를 다시 받아들였다. 그러나 그녀의 남편은 아직 아내를 용서할 준비가 되지 않았고, 그녀를 다시 받아들이고 싶어 하지 않았다. 근본주의 목사는 말했다. "당신은 그녀를 거부할 권리가 없습니다. 우리 교회의 일원으로서 당신 역시, 하나의 교회로서 우리가 내민 동일한 용서의 손길을 내밀어야 하기 때문입니다. 따라서 나는 그녀를 다시 받아들이라고 부탁하는 게 아닙니다. 그녀를 다시 받아들이라고 말하는 겁니다."

나는 이러한 예가 자유주의자의 심장을 지닌 우리 대부분에게 끔찍한 우려를 일으킬 거라 예상하지만, 이것은 내가 생각하는 용서란 무엇에 관한 것인지 보여 주는 모범적 형식이기도 하다. 즉, 보스턴에서, 권위를 가진 누군가가 다른 사람에게, 복음을 통해서만 알려질 수 있는 교회의 핵심 기술을 변호하여 말했다. 거기서 우리는 회중에 대한 돌봄과 훈련이 기독교 공동체를 세우기 위해 함께 어우러지는 예를 본다.

물론, 교회 안에 용서받는 훈련을 경험한 스승들이 부족하다면, 정말로 우리는 그러한 훈련이 알려질 수 있을 것이라고 기대할 수 없다. 그러나 나는 우리가 아직은 그런 스승들이 부족한 단계에 이르렀다고 믿지 않는다. 그들은 우리가 과거로부터 교훈을 얻을 수 있게 하고 그럼으로써 우리의 미래가 용서받지 못한 삶을, 따라서 능숙하지 못한 삶을 살고자 하는 유혹에 의해 결정되지 않도록 돕기 위해 역사를 품고 전달하는 이들이다.

5장

성의 정치학

결혼은 어떻게 전복적 행위인가

성과 정치

—

우리의 삶에서 개념적으로든 실천적으로든, 성과 관련된 사안보다 더 혼란으로 가득 찬 영역도 없다. 단순히 얼마 전까지만 해도 생각할 수 없고 언급하기조차 힘들었던 것들이 이제는 보편화된 경우를 말하는 것이 아니다. 문제는 우리가 기독교 공동체를 위해 이러한 변화를 어떻게 평가하고 그 중요성을 결정해야 하는지에 대해서 확신이 없다는 것이다. 그리스도인들은 그들의 과거 '성 윤리'에 대해 약간 난처해하면서도, 사실 우리가 지지하는 것은 이것이라고 딱히 말하지도 못하고 있는 것처럼 보인다.

이러한 궁색한 입장을 보여 주는 것 가운데 내가 가장 선호하는 예는 미국가톨릭신학협회(Catholic Theological Society of America)의 후원으로 출간된 보고서인 『인간의 성: 미국 가톨릭 사상의 새로운 지침』(*Human Sexuality: New Directions in American Catholic Thought*)이다.[1] 이 보고서는, "결혼의 일차적 목적은 자녀의 출산과 양육이며, 그 이차적 목적은 상호 지지와 성욕 해소다"라는 성에 관한 전통적 공식 진술이 너무 부정적이고 율법적이며 행동 지향적이라고 비판했다(p. 85). 그러한 '기준'은 확대될 필요가 있으며, 그럼으로써 성의 목적을 "창조적이고 통합적인" 것으로서 보다 적절하게 이해해야 한다는 것이다. 따라서 "건강한 인간의 성은 통합을 향한 창조적 성장을 촉진한다. 파괴적인 성은 개인의 좌절과 대인 관계에서 소외를 야기한다. 인간의 성이 지닌 의미에 대한 이러한 더 심오한 통찰에 비추어 볼 때, 우리는 창조성과 통합, 혹은 보다 정확하게는 통합을 향한 창조적 성장이 '성의 기본적 목적성을 더 잘 표현한다'고 확신한다"(p. 86).

이러한 새로운 기준이 이전의 것과 동일한 함의를 갖도록 개정되어야 한다는 것인지 혹은 갖지 않도록 개정되어야 한다는 것인지는 분명하지 않다. 적어도, 과거의 일부 금지 사항들은 재고될 필요가 있는 것으로 보인다. 이 보고서의 작성자들이 그렇게 생각하는 것은 아마도 결혼과 성을 연결시키는 전통적 가톨릭의 주장을 재고해야 할 것으로 보기 때문일 것이다. 그들은 이렇게 쓴다. "지난 수십 년 동안, 가톨릭 신학은 성관계를 사랑의 경험이자 표현으로 인식하면서 성교에 대해 보다 긍정적인 평가를 점차 발전시켰다. 더 이상 성교는 출산을 전제할 때만 용납될 수 있는 것으로 여겨지지 않는다. 동시에 현대의 피임법은 혼외 출산의 위험을 낮추는 데 도움이 된다. 그 결과, 혼전 성교를 금지하는 전통적 주장에는 더 이상 과거와 같은 설득력이 없다"(pp. 157-158). 혹여 간음도 그렇다고 덧붙여야 할지 모르겠다(pp. 148-149).

이 보고서는 혼전 성관계나 간음이 부적절한지 여부는 오직 더 많은 연구를 통해서만 결정될 수 있다고 주장한다. 중요한 것은 다음과 같은 질문이기 때문이다. "성의 표현이 언제나 그리고 어디서나 인간 개성의 온전한 발달에 해를 끼친다는 주장을 뒷받침할 수 있는 경험적 데이터가 있는가? 문화적 영향과는 상관없이, 성의 사용이 진정한 인간 실존의 구조에 절대적 해악을 끼치는 것을 보여 주는 경험적 증거가 있는가? 다른 말로 하면, 어떤 문화에도 영향을 받지 않은 성과 관련된 금지 조항이 존재하는가?"(pp. 55-56). 따라서 보고서는, 경험적 연구들은 미국의 상황이 결혼 생활에서 '불륜'이 아주 빈번하게 발생하는 것을 보여 주기는 하지만, 그러한 행동이 당사자들과 그들의 결혼 생활에 끼치는 영향에 대해 이 증거만으로는 아직 결론을 내릴 수 없다고 말한다.

그러나 그러한 데이터가 없는 상황에서, 보고서는 조심스러운 태도를 취한다. 따라서 "경험과학에서 나올 더 많은 증거에 열린 태도를 견지하는 반면, 그것이 모든 인간의 행동에 필수적 성장과 통합을 위태롭게 하지 않도록 최대한 신중을 기할 것을 권고한다"(p. 149). "더 많은 증거"라는 것이 도대체 무엇이며, 어떻게 구해야 하는 것인지 궁금하다. 그리스도인은 성적 실험을 해 볼 의무가 있고, 그렇게 하면 간음의 "창조적이고 통합적인" 잠재력에 관한 더 나은 데이터를 구할 수 있기라도 하다는 말인가?

내가 말할 수 있는 한에서는 '통합을 향한 창조적 성장'이라는 기준을 고려할 때, 그리고 그러한 기준에 더욱 근접한 성의 형태에 관한 훌륭한 데이터의 결핍을 고려할 때 확실하게 금지되어야 하는 경우는 오직 하나, 수간밖에 없다. 보고서에는 이렇게 나온다. "이성애적 발산 수단이 있는데 동물과 성교하기를 선호할 때, 그 상태는 병적인 것으로 간주된다.…이러한 실천이 인간의 성이 갖는 인격적 의미의 실현을 불가능하게 한다는 것에는 의문의 여지가 없다. 그러한 행위에 연루된 사람들을 인간의 성이 갖는 온전한 의미와 중요성을 더 깊이 이해하고 공감하도록 부드럽게 이끌어 줄 필요가 있다"(p. 23). 이 보고서는 분명 농촌 생활에 대해서는 거의 모르는 도시 거주자들이 쓴 것이 틀림없다.

이 보고서에 관심을 기울인 이유는, 단지 내가 성적 행동에 대해 그리스도인과 비그리스도인 모두가 폭넓게 동의하는 것이라고 생각하는 바를 아주 명확하게 말해 주기 때문이다. 즉, 사람들은 성을 윤리와 관련지어 생각해야 하는 경우 그 일차적 사안이 성의 표현이 '건강한 대인 관계'에 도움이 되는가라고 추정한다. 가장 보편적인 방식으로 표현하자면, 유일한 문제는 우리의 성적 표현이 사랑의 표현인가다.

이제, 사안을 이런 식으로 표현하는 것과 최근 성에 관한 페미니즘의 우려를 병치해 보자. 예를 들어, 캐서린 매키넌(Catherine MacKinnon)은 자신의 강력한 에세이 시리즈에서 성이 권력임을 우리에게 일깨워 준다. 특별히, 남성은 여성이 성적 존재로 살아가는 세상을 창조하는 권력을 가졌다. 따라서 "여성성은 여성다움을 의미하며, 이는 남성에게 매력적임을 의미하며, 다시 이는 성적으로 매력적임을 의미하며, 다시 이는 남성의 기준에서 성적으로 이용 가능함을 의미한다. 일반적으로 여성을 여성적이라고 규정하는 것은 남성을 성적으로 흥분시킨다는 것이다. 좋은 여자는 '매력적'이고, 나쁜 여자는 '도발적'이다. 성별 사회화는 여성이 자신을 성적 존재로, 남자를 위해 존재하는 존재로 인식하게 되는 과정이다. 그것은 여성이 여성에 대한 남성의 성적 이미지를 여성으로서 자신의 정체성으로 내면화하는(그들 자신의 것으로 만드는) 과정이다. 그것은 단순한 환상이 아니다."[2]

매키넌은 남성의 관점에서 성적인 것으로 보이는 얼마나 많은 사안들이 정치를 규정하는 것으로 바르게 인식되지 못했는지 지적한다.

예를 들어, 근친상간은 가족에 대한 범죄를 여자아이에게 성적으로 끌리는 것 또는 판타지와 구별하는 것으로 인식된다. 성추행은 처음에 문제시되지도 않다가, 그 다음 개인적 관계를 구별하는 문제가 되었다. 외설물은 음란하거나 폭력적인 것과는 다른, 에로틱한 것을 말하고 묘사할 자유에 관한 문제로 다루어져 왔다. 강간은 성교가 도발된 것인지, 상호 간 원한 것인지, 아니면 강제되었는지, 즉 그것이 성행위였는가 아니면 폭력이었는가 하는 문제다. 매키넌은 쟁점을 표현하는 이런 방식들이 각각 남성에게 특권을 부여하며, 정치적 위압을 인식하는 데 실패하고, 그렇기에 그 위압을 합법화한다고 주장한다. 예를 들어,

> 여성들은 성별 불평등의 조건 아래에서 성추행이 평범한 이성애적 접근처럼 보이기가 아주 쉽다는 것을 지각한다. 원치 않는 성적 접근을 거부할 수 있는 위치에 있는 여성은 거의 없다. 비상호성보다 동의가 강간과 성교를 구분하는 기준이 되는 것은 사회의 정상적 기대 안에 존재하는 불평등을 더욱 드러낸다. 성행위가 남자가 여자에게 행하는 것이라고 일상적으로 받아들여진다면, 더 나은 질문은 동의가 과연 의미 있는 개념인가 하는 것이다. (또한 남성 성기에 의한) 삽입 역시, 본질적으로 여성의 성적 범죄나 성적 쾌감보다는 주로 강간의 법적 정의와 성교에 대한 남성의 정의에 무게가 있다. 부부 사이의 강간은, 남성에겐 자신에게 부속된 여성에게 접근할 권리가 당연히 있다는 남성의 인식을 표현한다. 그리고 근친상간은 그것의 확장이다. 대부분의 여성은 아는 남성에게 강간을 당하지만, 그 관계가 가까울수록 그것을 강간으

로 주장할 수 있는 가능성은 줄어든다. 여성이 경험하는 것은 일탈성과 정상 사이의 선을 흐릿하게 만들기 때문에, 여성 학대와 여성이란 무엇인가에 대한 사회적 정의 간의 구분을 지운다.[3]

매키넌이 제기하는 것 같은 도전에 부딪힐 때 우리 대부분이 보이는 첫 번째 반응은—**우리 대부분**이라는 것은 남성을 의미하므로—방어적 자세를 취하는 것이리라고 나는 추측한다. 그러나 누군가 그녀의 일부 표현에 동의하지 않을지라도, 나는 성 윤리가 처음부터 끝까지 권력과 지배권의 문제, 따라서 정치의 문제라고 본 것은 그녀가 옳다고 생각한다. 성이 분명 대인 관계—혹은 내가 선호하는 대로 쓰자면 친밀감—와 관련된다는 것을 부정한다는 의미가 아니다. 나는 성과 친밀감이 상호 연결되어 있다는 가정 자체가 공동체의 정치를 통해 결정된 특정 구조를 요구할 뿐 아니라 반영한다고 말하는 것이다.

가톨릭신학협회의 보고서에 반영된, 성 윤리가 인간의 성을 증진하는 행동 패턴을 분별함으로써 결정될 수 있다는 생각 자체는 정치를 반영한다. 특정 공동체의 지향점이나 목적과 별개로 논의될 수 있는 '인간의 성'이라 불리는 어떤 분리된 현상이 있다는 가정은 도대체 어디에서 오는가? 그러한 가정은, 성이 근본적으로 사적이며 개인적인 문제라고 추정하는, 그리하여 근본 문제는 성적 행위가 성취감을 주는지 그리고 비강제적인지 여부라고 추정하는 정치적 자유주의의 전제에서 기인한다. 따라서 이러한 문제는 독신이나 결혼과 같은 관습과 관련해서만 생각하기 시작할 수 있다는 기독교 전통의 추정은, 자유주의 정치 그리고 그것과 상관관계에 있는 국가권력에 대해 전복적일 수밖에 없다. 정말로, 모든 인간관계가 계약적이라고 배우는 세계에서, 평생의 헌신을 믿는 사람들보다 더 위협적인 것이 무엇이 있겠는가?

결혼과 윤리

—

성 윤리의 정치적 성격을 발전시키기 위해, 나는 버트런드 러셀(Burtrand Russell)의 유명한 책 『결혼과 도덕』(Marriage and Morals)을 분석하고자 한다.[4] 러셀은 성적 행동의 대인 관계적 문맥에 관해 이후의 사람들이 말하는 거의 모든 것을 앞서서 말했다. 예를 들어, 러셀의 관점과 『인간의 성』(Human Sexuality) 간의 유사성은 매우 놀랍다. 그러나 『인간의 성』을 쓴 저자들과 달리, 러셀은 그의 입장이 지닌 정치적 함의를 솔직하고 훌륭한 태도로 대면했다.

대중의 인상과는 달리, 러셀은 난봉꾼도 아니었고 난봉꾼 윤리를 변호하지도 않았다. 예의바른 영국인으로서 러셀은 단순히 성이 대체로 좋은 것이지만, 바르게 다루어지는 것이 중요하다고 말했을 뿐이다. 정말로, 그는 성교에 대해 어떤 경우에도 도덕적 제한을 전혀 느끼지 않는 이들에게 반대했는데, 그러한 관점은 "진지한 감정이나 애정을 느끼는 것과 성을" 분리시킴으로써 하찮은 것으로 만든다고 생각했기 때문이다(p. 127). 성은 먹고 마시는 것처럼 자연스러운 필요지만 분명히 배고픔 이상의 것을 포함하는데, 문명인이든 미개인이든 "단순히 성행위로 만족하는" 사람은 없기 때문이다(p. 195). 정말로, 성은 금욕에 의해 엄청나게 향상되며, "순수하게 육체적일 때보다, 중요한 정신적 요소를" 포함할 때 항상 더 낫다(p. 7).

따라서 나의 논지를 뒷받침하기 위해 러셀에게 호소하는 것이 이상해 보일 수 있는데, 성행위는 일차적으로 낭만적 사랑에 의해 결정되어야 한다는 것이 그의 주된 주장이기 때문이다. 그것이야말로 "삶이 우리에게 줄 수 있는 가장 강렬한 기쁨의 원천이다. 열정과 상상력과 부드러움을 가지고 서로를 사랑하는 남자와 여자의 관계에는, 누구든 그것에 대해 알지 못하는 것이 엄청난 불행일 만큼 더없는 가치가 있는 무언가가 있다"(p.74). 더욱이, 그런 사랑은 결혼에만 국한될 수 없다. 낭만적 사랑은 "의무라는 생각이 드는 순간 사라져 버리는 경향이 있어서" 오직 자유롭고 자발적일 때만 번성할 수 있기 때문이다(p.140).

러셀은 합법적 성행위가 결혼에만 제한될 수는 없을지라도, 특정 조건 아래 결혼이 "두 인간 사이에 존재할 수 있는 최선이며 가장 중요한 관계"일 수 있다고 생각한다(p.143). 러셀이 이해하는 결혼이란 자녀를 둔 남자와 여자의 관계다(p.156). 성교보다 자녀가 "결혼의 진정한 목적이며, 따라서 출산이 예상될 때까지 그 결혼은 완성되었다고 여겨서는 안 된다"(p.166). 자녀가 등장하자마자, 사랑은 더 이상 자율적이지 않으며 "종의 생물학적 목적을 위해 사용되고," 따라서 열정적 사랑에 대한 필요는 적어도 잠시 동안은 부분적으로 중단되어야 할 수도 있다. 자녀에 대한 관심과 양립될 수 있는 한에서 사랑을 방해하지 않으려고 노력하는 것이 중요한데, 부모가 서로 사랑하는 것은 자녀에게도 좋기 때문이다(pp.128-129).

그러나 어떤 조건들이 전체적으로 결혼 생활에서의 행복에 기여하는 것 같으냐고 물을 때, 러셀에 따르면 더 "문명화된 사람일수록 배우자와 평생 행복을 누리지 못하는 것 같다"는 기이한 결론에 이른다(p.

135). 결혼 생활이 원만하기 위해서는 "양쪽이 완벽하게 평등하다는 느낌이 있어야 하고, 서로의 자유를 가로막는 것이 없어야 하고, 육체적이고 정신적으로 가장 완전한 친밀함이 있어야 하고, 가치에 대한 기준이 어느 정도 유사해야 한다"(p. 143). 러셀은 얼마 동안은 그러한 상호성이 지속될 수 있지만, 그러한 관계는 사랑의 '무법적' 본성에 의해 결국 깨질 수밖에 없는 운명이라고 생각한다. 정말 그렇다면, 사회적으로 적절한 유일한 반응은 이혼과 혼외 성교 합법화뿐이다.

필요한 사회적 변화

러셀을 칭찬할 점은, 자신의 관점이 광범위한 사회적·도덕적 변화를 요구한다는 것을 분명하게 보았다는 것이다. 그는 결혼이 모든 사회의 근간이 되는 사안들을 포함하며, 그렇기에 그것의 변화는 전체 사회질서의 변화를 의미함을 이해했다. 적어도 러셀은 자신의 관점이 여성을 이중적 성 윤리에서 해방시키도록 요구한다고 생각했다(p. 88). 그러나 보다 중요한 것은, 그가 이러한 새로운 성 윤리는 우리의 언어 및 열정의 변화 역시 요구한다는 것을 깨달았다는 점이다. 우리가 **간음**과 **간통**이라는 비과학적 언어를 사용하기를 고집하는 한, 이전의 성 윤리는 계속 강화될 것이기 때문이다. 그러한 사안을 논의할 때 감정에 휩쓸려가지 않으려면, '혼외 성관계' 같은 무미건조한 중립적 표현을 사용해야 한다. **간음**과 같은 용어를 계속 사용하는 것은, 기독교와 연계된 미신적 도덕성에 여전히 사로잡혀 있을 것이라는 의미다.

러셀이 훈련과 자기 억제의 중요성을 무시하는 윤리를 권장한 것은 결코 아니다. 그에게 그러한 범주가 갖는 문제는, 잘못된 대상에 적용되어 왔다는 것이다. 억제되어야 하는 것은 성의 표현이 아니라, 서로의 관계를 망치는 질투라는 "본능적 감정"이다(p. 143). "자기 절제 없이 훌륭한 삶을 살 수는 없지만, 사랑과 같은 관대하고 포괄적인 감정보다는 질투 같은 제한적이고 적대적인 감정을 통제하는 것이 더 좋다"(p. 239). 따라서 러셀은 『인간의 성』의 저자들과는 달리, 경험적 데이터가 특정 형태의 성적 행동이 인간성 발전에 좋은지 나쁜지 보여줄 수 있다고 추정하지 않는다. 이것은 기술적(記述的) 사안이 아니라 규범적 사안—즉 우리는 어떤 존재가 됨으로써 특정 종류의 성행위를 통해 도덕적으로 증진될 수 있는가—이기 때문이다. 러셀과 교황은, 문제는 성 윤리가 그 자체로 사람들을 증진시키는지 아닌지 여부가 아니라는 데 동의한다. 오히려 문제는 인간의 번영에 대한 책무를 성취할 수 있기 위해서는 우리가 어떤 종류의 인간이 되어야 하는가다. 러셀에게는 이것이 우리가 질투를 제거하도록 교육받은 사람들이 되어야 한다는 의미이고, 교황에게는 평생 정절을 지킬 수 있는 사람이 되어야 한다는 의미다.

러셀은 만약 우리가 그의 "새로운 도덕성을 내버려둔다면, 그것은 이미 이룬 것보다 더 멀리 갈 수밖에 없고 따라서 아직까지 거의 인식되지 않은 어려움을 일으킬 수밖에 없을 것"이라고 솔직하게 인정한다(p. 91). 특히, 그는 새로운 도덕성이 가부장적 가정과 부성의 부패—그에게 이것은 아버지의 책임을 국가가 맡는 것을 의미했다—를 함축한다는 사실에 불편해했다(p. 89). 그는 현대 문명이 아버지의 역할을 국가가 대신하게 함으로써 의심할 수 없는 부성에 대한 필요를 감소시키고 있다고 믿었다(p. 9). 경제적으로 지원하고 보호하고 교육하는 가족의 역할을 국가가 점차 대신하기 때문에, 가족은 그 존재의 지속을 위해 보다 감정적인 기능에 의존하고 있다. 그러나 러셀은 감정적 기능만으로는 가족이 생명력 있는 제도로 유지되기에 충분치 않다고 지적한다.

이런 면에서 그의 주장은 보수적 사회학자 로버트 니스벳(Robert Nisbet)의 입장과 상당히 유사하다. 니스벳은 그의 책 『공동체를 찾아서』(The Quest for Community)에서, 설교와 강연에서는 여전히 가족이 경제와 국가에 필수적이라고 치켜세워지지만, 사실은 그렇지 않다고 말한다. 사람들이 함께 사는 것은, 단지 함께 있기 위해서가 아니라 함께 뭔가를 하기 위한 것임을 지적하면서, 니스벳은 구체적으로 지각되는 기능이 없는 가족은 강력한 심리적 영향력을 계속 행사하기 어렵다고 주장한다.[5] 대안적으로, 기능의 부재 속에서 가족은 심리적으로 지나치게 격렬해지는데, 가족 구성원 간에 심리적 거리를 유지할 수 없기 때문이다. 그럴 수 없다면 가족이 존재할 이유가 없어진다.

부모로서의 국가

러셀은 사회의 중추 제도로서 가족이 사라지는 것이 문제를 드러낸다고 믿지만, 그것은 가족의 가장 중요한 기능이 자녀를 갖는 관습을 보존하는 것이기 때문이다(p. 187). 그러나 아버지들은 불필요한 존재가 되기 때문에, 여성들은 자녀를 국가와 공유해야 할 것이다. 러셀은 이것이 "남성의 심리와 활동"에 문제를 일으킬 것이라고 생각하는데, 이는 그들에게서 성적 사랑과 유일하게 동일한 중요도를 지닌 감정적 기능을 제거하는 것이기 때문이다. 그 결과 성적 사랑 자체도 하찮은 것이 될 수 있는데, 그러나 보다 중요한 것은 남성의 역사와 전통 의식이 약해진다는 것이다. 그러나 동시에 남성은 덜 호전적이게 되고 소유욕도 덜하게 될 수 있는데, 더 이상 지키고 지탱해야 할 '그들의' 가족이 없기 때문이다.

그러나 여성의 태도와 실천 역시 심오하게 변화할 텐데, 성 평등이 증진된다고 해서 여성들이 '자연스럽게' 어머니가 되고 싶어 할 거라고 추정할 수 있는 근거는 없기 때문이다. 그 결과, 고도의 문명을 유지하기 위해서는 점점 여성에게 "자녀 출산이 돈을 버는 직업만큼 가치가 있다고 느낄 수 있을 정도의 총액"을 지불할 필요가 있게 된다(p. 216). 모든 여성이 '자녀 출산이라는 직업'에 뛰어들 필요는 없겠지만, 일부 여성이 기꺼이 자녀를 낳고, 일부는 기꺼이 그들을 기르고자 하는 마음을 갖도록 보장하기 위해서는 적어도 어떤 형태의 보상이 꼭 필요할 것이다.

러셀은 국가가 아버지가 되는 데는 몇 가지 뚜렷한 이점이 있다고 생각하는데, 그러한 구조는 일반 교육과 의료의 수준을 향상시키기 때문이다. 그러나 그는 '대단한 국가 숭배자'가 아니었기에, 국가가 아버지를 대신하는 데는 몇 가지 뚜렷한 위험 역시 따른다고 말한다. 부모는 예외 없이 그들의 자녀를 사랑하고, 그들을 정치적 책략을 위한 재료로 여기지 않기 때문이다. 그러나 국가가 이러한 태도를 공유할 것이라고 기대할 수는 없다.

그 결과에 대해, 여기서 러셀의 글을 길게 인용할 만한 가치가 있다.

세상이 경쟁적인 군국주의 국가들로 분열되어 있는 한, 교육에 대한 부모의 역할을 공적 기관이 대체하는 것은 애국심이라 불리는 것이 극대화함을 의미한다. 즉, 정부가 그렇게 하는 것이 좋다고 생각할 때면 언제든 한순간의 망설임도 없이 기꺼이 서로를 죽일 수 있는 태도가 극대화하는 것이다. 의심의 여지 없이, 소위 애국심이라는 것은 인류 문명이 현재 노출되어 있는 가장 심각한 위험이며, 그 독성을 증가시키는 것은 무엇이든 전염병과 기근보다 더 치명적이다. 현재 젊은 사람들은 한편으로는 부모에게, 다른 한편으로는 국가에게 충성심을 나누어 갖는다. 만약 그들이 오직 국가에만 충성을 바치는 일이 발생한다면, 세상이 지금보다 훨씬 피비린내 나는 곳이 될 수 있음을 두려워해야 할 엄중한 이유가 있다. 따라서 나는 국제주의의 문제가 해결되지 않은 한, 자녀의 교육과 돌봄에 대한 역할을 점점 국가와 공유하는 것은 의심할 수 없는 그 이점을 능가하는 더욱 중대한 위험 요소를 가지고 있다고 생각한다. (pp. 218-219)

이러한 관점은 러셀을 독특한 입장에 놓는다. 그는 대인 관계적 근거에 기초한 성 윤리를 주장했고, 그는 이것이 가부장적 가족의 존재가 지속되는 것을 문제로 보이게 만들 수밖에 없다고 추측하기 때문이다. 그러나 그러한 가족의 소멸은 국가, 즉 러셀이 기독교와 연계된 이전의 성 도덕보다 훨씬 도덕적으로 문제가 되는 것으로 여기는 기관의 권력이 증대되는 결과를 가져온다. 결과적으로 그는 자신이 주장하는 성 윤리를 완전히 도입하려면, 전쟁을 일으키는 민족국가의 권력을 제한할, 보다 완성된 국제주의의 제도화를 기다려야 한다고 결론짓는다.

따라서 그는 자신의 성 윤리를 가르치는 곳에서는 언제나 그에 상응하는 '국제적 초국가'에 대한 충성심을 심어 주어야 한다고 제안한다. 그러나 문제는 "가족은 빠르게 변질되고, 국제주의는 느리게 성장한다"는 것이다. 따라서 이러한 상황을 심각하게 인식하는 것은 정당하다. 그럼에도 불구하고 절망적이지만은 않은 것은, 미래에는 국제주의가 과거보다 더 빨리 성장할 가능성이 있기 때문이다(pp. 219-220).

따라서 러셀은 성 윤리의 대인 관계적 분석으로부터 출발하지만, 이는 그를 국가와 제국의 구조에 관한 문제로 나아가게 만든다. 정말로, 그는 자신의 결론에 약간 놀란 것 같다는 인상을 주는데, 사실상 그의 결론은 그가 책을 다시 쓸 필요가 있다고 암시하기 때문이다. 제도화된 국제주의 체제가 존재하지 않는 한 그의 성 윤리가 가족에 대한 헌신과 절충되어야 한다고 말하는 것은, 부분 임신을 권하는 것과 약간 비슷하기 때문이다. 그의 논지는, 그가 두 가지 모두를 붙잡을 수 없으며, 그럼에도 그렇게 하려고 한다는 것을 적절히 보여 준다.

물론 그의 분석 자체에 오류가 있기 때문에 그의 논지는 정치적 문제가 일차적이라는 것을 입증하지 못한다고 주장할 수도 있다. 예를 들어, 그의 '새로운 성 윤리'가 반드시 가족의 해체와 국가 권력의 신장으로 이어지는지는 분명치 않다. 러셀이 '가부장적 가족'만 쟁점으로 상정한 것도 분명 실수인데, 가족을 조직하는 다른 방법도 분명 생각할 수 있기 때문이다. 그러나 다른 형태의 가족 구조를 상정한다고 해도, 여전히 러셀이 제시하는 문제는 유효하다. 성적으로 우리의 삶이 파괴적인 힘을 위해 사용되기보다 생명을 가져올 수 있으려면, 우리의 삶은 어떤 방식으로 형성되어야 하는가?

기독교 전통 속의 결혼

―

다르게 표현하자면, 러셀의 관점은 그 반대임에도 불구하고, 그의 논지가 함축하는 바는 이것이다. 성에 대해 지각 있게 말하기 위해서는, 그러한 논의가 목적이 분명한 틀 안에서 일어날 수 있게 해 주는 결정력 있는 유효한 관습이 존재해야 한다. 역설적이게도, 이는 『인간의 성』 저자들이 보수적이고 생명을 부정한다는 이유로 단호하게 거부한 논점이다. 나의 의도는 로마가톨릭의 회칙 전통이 성과 결혼에 관해 말하는 것 전부를 변호하려는 게 아니며 다만 그러한 전통, 특히 『그리스도교 혼인에 관하여』(Arcanum Divinae Sapientiae, 1880)가 그 논지를 적어도 옳은 틀 안에서 다루었음을 지적하려는 것이다. 즉, 누군가가 성에 대해 말하는 것은, 그 사람이 가진 가족의 본질에 대한 이해, 그리고 왜 국가가 아닌 교회가 결혼에 대한 일차적 관할권을 주장하는지에 대한 이해와 관련되어 있다는 것이다. 그런 까닭에, 레오 13세(Leo XIII)는 "결혼은 그 자체의 권위로 그 자체의 본질에서 그 자체로 거룩하며, 세속 통치자의 뜻에 의해서가 아니라 성스러운 문제에서 유일하게 가르침의 권위를 갖는 교회의 신성한 권위에 의해 규제되고 관장되어야 한다"고 주장했다.[6]

그러나 내가 가족과 결혼의 개념을 소개하는 것은 사실 대인 관계적 범주를 겉모양만 바꾸어서 논의에 다시 끼워 넣는 것처럼 느껴질 수 있다. 우리의 문화에서 대인 관계적 범주는 분명 결혼에 대한 지배적 이해를 반영하지만, 나는 그러한 결혼의 의미를 나의 것으로 받아들이지 않는다. 그러한 이해가 개인적으로나 정치적으로나 재앙과 같음을 보여 주는 많은 증거가 있다. 그리스도인의 임무는 결혼에 대한 그러한 관점을 타당하게 만드는 것이라고 추정할 때, 그들은 완수할 수 없는 임무를 스스로 떠맡는 셈이다.

우리는 그리스도인과 비그리스도인이 결혼에 대해 다르게 생각한다면, 그 차이가 결혼 관계에 들어가거나 그것을 지속하기 위해 필요한 대인 관계의 질을 이해하는 방식이 아니라, 결혼의 본질 및 기독교 공동체와 국가 공동체에서 결혼이 차지하는 위치를 생각하는 방식에 있음을 이해해야 한다. 무엇보다 그리스도인들은 결혼이 결혼으로 성립하기 위해 쌍방 간에 사랑이 존재해야 한다고 요구하는 개념적이고 제도적인 근거가 없다는 사실에 주목해야 한다. 적어도 사랑이 서로 좋은 감정을 느끼는 심리 상태로 이해되는 경우에는 그렇다.

결혼에서 사랑이라는 요건은 결혼의 내재적 본질과 관련된 것이 아니라, 그리스도인은 서로 사랑해야 한다는 권면에 기초한다. 우리는 결혼했기 때문에 사랑하는 것이 아니라, 그리스도인이기 때문에 사랑한다. 그러나 우리는 결혼이라는 문맥 안에서 그러한 사랑이 어떤 것인지 배울 수 있다. 기독교 전통은 결혼이 서로에 대한 신실함의 본에 기반을 둠으로써 포용적 사랑의 공동체를 뒷받침하도록 돕는다고 주장하기 때문이다. 결혼에서 요구되는 사랑은, 자녀들을 환영하고 맞아들여 훈련시키는 기독교 사회질서의 본질을 정의함으로써 정치적으로 기능한다.

따라서 그리스도인은 결혼과 가정이 그 자체를 위해 존재하는 것이 아니라, 교회라 불리는 보다 결정력 있는 공동체의 목표를 위해 사용된다고 믿는다. 그 자체가 목적인 가정은 가정과 결혼을 개인에게 보다 파괴적이게 만들 뿐이다. 존재하기 위해 존재하는 것 외에는 다른 존재 이유가 없을 때 가정은 유사 교회가 되며, 부당한 이유로 너무 많은 희생을 요구하게 된다. 우리가 서로 사랑할 것을 요구하는 가정들의 위험을 무릅쓰는 것은, 오직 가정의 지위를 형성하고 제한하는 방법을 제공할 수 있을 만큼 충분한 신념을 가진 공동체의 뒷받침이 있을 때에만 가능하다. 가정이 국가 억제에 필수적 위치를 감당한다면, 이는 일차적으로 보다 결정력 있게 국가에 대항하는 기관, 즉 교회 안에 자리 잡고 있기 때문이다.

결혼과 가정에 대한 기독교의 양면성

가정의 첫 번째 적은 교회다. 러셀조차 가정에 대한 기독교의 양면적 태도를 인식했는데, 그는 이것이 기독교가 개인에 대한 강조를 발전시킨 탓이라고 잘못 생각했다.[7] 사실 결혼과 가정에 대한 교회의 양면성은 우리가 마지막 시대에 살고 있다는 종말론적 신념에서 기인한다. 마지막 시대를 살아가는 공동체로서 교회는 결혼의 필요로부터 자유롭다. 다른 말로 하면, 그리스도인은 결혼을 선택하는 만큼이나 독신으로 지내는 것도 좋다.[8]

독신에 대한 이러한 강조는 때로 성에 대한 부정적 태도의 결과로 잘못 해석되어 왔지만, 그러한 해석에는 합리적 근거가 없다. 그러나 독신을 바르게 이해할 수 있게 해 주는 종말론적 문맥을 상실할 때, 종종 변질된 대안적 설명을 거부하기 힘들다는 것은 부인할 수 없다. 그러나 그리스도인이 독신에 열려 있는 것은 성을 위협하지 않는다. 오히려 독신은 우리가 생물학적 작용이 아닌 소망으로 살아가는 사람들임을 기억하게 해 주는 교회의 본질적 실천이다. 간단히 말하면, 독신은 우리가 생물학적 귀속을 통해서가 아니라 이방인—종종 우리의 생물학적 자녀로 판명되는—에 대한 증언과 환대를 통해 자란다는 것을 교회에게 상기시켜 준다. 그리스도인으로서 우리는 설령 한 세대의 모든 그리스도인이 독신으로 부름받는다고 해도 하나님이 교회를 새롭게 창조하실 것이라 믿는다.

가정과 관련해, 교회와 자유주의 사이에는 이상한 방식으로 심오한 공통점이 존재한다. 특히, 우리가 자본주의라 부르는 경제 형태로서의 자유주의의 경우는 더욱 그렇다. 가족의 유대감이 우리의 삶을 경제적 필요에 따라 형성하는 능력, 다시 말해 기꺼이 다른 경제적 기능으로 이동하려는 태도를 한정하는 한, 자유주의 역시 가정과 충돌하기 때문이다.[9] 교회도 우리의 진정한 고향은 생물학적 가족이 아닌 교회임을 상기시킴으로써 가족에 대한 충성을 공격한다. 따라서 그리스도인은 가정에서 서로를 사랑하라고 배우지만, 동시에 우리와 우리의 자녀들이 신앙을 위해 죽을 준비가 되어 있을 때에만 서로를 잘 사랑할 수 있음을 알아야 한다고 배운다. 우리는 그리스도인들이 자신과 함께 자녀들을 순교당하게 했던 것을 잊어서는 안 된다. 이는 이교도로 자라는 것보다 죽는 것이 낫다고 생각했기 때문이다.

가정에 대한 비판적 시각과 관련해 교회와 자유주의 사회질서 사이의 차이는, 그러한 시각을 형성하는 서사다. 자유주의자는 가정을 가능한 자발적 제도로 만드는 것이 자신의 임무라고 추정한다. 즉, 누구와 언제 결혼할지뿐 아니라 결혼 생활을 계속 할지 말지 자신이 결정한다는 것이다. 이는 자유가 진보하는 서사의 일부로 읽힌다. 유일한 난점은 내가 선택하지 않은 부모에 대해, 그리고 심지어 내가 원하지 않은 것이 분명한 자녀에 대해서도 책임감을 느낀다는 것, 혹은 느껴야 한다는 것을 어떻게 설명할 것인가다.

대조적으로, 가정에 대한 교회의 태도를 형성하는 이야기는 우리가 우리 자신의 소유가 아니라는 것이다. 우리는 우리의 삶을 다른 이들에게 줄 선물로 빚지고 있다. 우리는 자유롭게 살도록 부름받은 것이 아니라 섬기도록 부름받았고, 그 섬김은 독신의 형태를 띨 수도 있고 결혼의 형태를 띨 수도 있다. 우리가 우리의 생물학적 부모일 수도 있고 아닐 수도 있는, 우리 스스로 선택하지 않은 사람들과 묶여 있다는 사실은, 오직 우리의 삶이 우리가 만든 것이 아닌 창조와 구속의 서사로 구성되어 있음을 일깨워 준다.[10]

독신에 대한 이러한 강조는 많은 이들에게 충격적으로 들릴 것이다. 독신을 결혼이나 가정과 동등하게 보는 위험을 감수할 수 있는 것은 기이한 공동체임에 틀림없기 때문이다. 이것은 오직 교회가, 부활하신 그리스도가 베푸시는 세례와 동떨어진 세상은 결코 알 수 없는 역사의 일부라는 사실에 근거할 때에만 설명할 수 있다. 독신이야말로 그리스도인으로 사는 방법이라 할 수 있는데, 우리는 우리가 교회를 통한 하나님의 선한 통치 안에서 소망으로 살아가는 존재임을 알기 때문이다. 그러한 소망을 뺀 독신은, 타자의 실재로부터 자신을 보호하는 방법이 될 수밖에 없다. 우리의 문화에서 독신은 외로움을 독립과 자유라고 부르는 것을 배우는 방법이 되기 쉽다. 반대로, 교회에서 독신은 우정을 위한 기회가 되어야 하는데, 우리는 성찬으로 서로 연결되어 있으며 바로 이것이 우리들의 차이가 타자를 타자로 인식하는 계기가 되도록 해 준다는 것을 알기 때문이다. 독신이 내가 방금 말한 것과 같은 역할을 해야 하는 게 맞다면, 그리스도인들은 분명 우정에 천부적 재능을 지닌 사람들임에 틀림없다.[11]

성적으로 우리가 어떻게 사는가의 문제를 단순히 결혼과 가정의 역할이 무엇인가에만 국한시켜서는 안 된다. 오히려 그리스도인들은 공동체의 일원으로서 우리의 성생활에 대해 생각하는 법을 배워야 한다. 우리는 독신자로서 그리고 기혼자로서 서로를 섬기도록 부름받았다. 이것은 단순히 해야 할 것과 하지 말아야 할 것의 문제가 아니라, 이 세대의 권력에 맞설 수 있는 능력을 지닌 공동체가 어떻게 살아가도록 부름받았는지에 대해 힘겹게 얻은 지혜의 문제다. 우리의 성 윤리는 오직 이러한 보다 결정력 있는 정치와 관련된 것으로서만 존재할 수 있다.

기독교 성 윤리란 어떤 것이어야 하는가

—

그러나 당신은 마땅히 이렇게 물을 수 있다. "그렇지만 그것이 무슨 의미인가요? 끝까지 말해 주셔야 하는 경우도 있어요. '혼전' 성교에 관해, '의미 있는 관계' 안의 성교에 관해, 동성애에 관해 어떻게 말하시겠습니까?" 기쁜 마음으로 이러한 사안에 대한 내 입장을 분명하게 밝힐 수 있지만, 불행히도 그렇게 하는 것은 나의 논지를 약화시키곤 한다. 그것은, 우리가 단지 옳고 그른 것에 대해 보다 분명히 할 수만 있다면, 우리 자신뿐 아니라 우리 자녀들이 성적으로 무질서하게 살지 않을 것처럼 보이게 만들기 때문이다.

더욱이, 나는 특히 캐서린 매키넌이 한 것과 같은 종류의 분석을 대면할 때는 약간의 도덕 원칙이 도움이 되겠다는 생각이 든다고 인정해야겠다. 우리 모두가 그런 것처럼 지배적 패턴에 사로잡혀 있는 젊은이들에게, 그들이 말해야 하는 첫 단어는 '아니오'라고 가르치는 것이 좋을 것 같다. 그러나 성행위가 유일한 홍밋거리인 문화에서는 그러한 '아니오'도 큰 힘을 발휘하지 못할 수 있다. 다른 사람에 대해 알아가기 위해 그들이 가진 방법이 성행위밖에 없을 때, 어떻게 우리의 자녀들에게 다른 방식으로 다른 이들과 관계 맺기를 기대할 수 있는가? 분명히 욕정이 문제일 수 있고 특히 젊은이들의 경우에는 더욱 그렇겠지만, 외로움 및 지배하고 싶어 하는 마음 역시 다른 사람에 대한 우리의 욕망에서 최소한 동일한 중요성을 지닌다고 생각한다. 나이가 어리든 많든, 정말로 진실하고 매력적이며 자신의 필요에 대한 감각을 버릴 것을 요구하는 모험에 마음이 사로잡히지 않는다면, 어떤 '윤리'라도 우리에게 할 수 있는 것이 그다지 많지 않을 것이라고 생각한다.

그러나 물론 바로 그러한 서사, 그러한 모험이, 교회란 바로 이런 것들에 관한 것이라고 내가 말하고 싶었던 것이다. 그리스도인으로서 우리는, 하나님 나라라고 부르는 그 특별한 모험의 일부가 되도록 우리가 부름받았다고 믿기 때문이다. 그 나라는 우리 모두가 '관계'라는 이름으로 기꺼이 받아들이는 다른 사람들에 대한 지배의 형태에 도전한다. 그러한 도전이 제기될 수 있는 것은, 우리가 모든 유익한 것을— 성의 유익도 포함하여—하나님께 종속시키도록 배웠기 때문이다.

독신이 그리스도인으로서 우리의 소망을 구현한다면, 결혼과 가정은 우리의 인내를 형성한다. 소망이 반드시 독신자에게만 해당하는 덕목이 아니듯, 소망은 가정에 제한되지 않는다. 특히, 일단 기독교 공동체 안의 모든 사람이 상당히 다른 방식으로 부모의 역할을 하도록 부름받았음을 인식하게 되면, 더욱 그렇다. 그러나 그럼에도 불구하고, 선하신 창조주에게 반역을 일으킨 이런 세상에서, 그리스도인들에게 국가의 필요를 위해서가 아니라 하나님이 그러한 삶을 기뻐하심을 알기 때문에 자녀를 낳고 환영할 수 있는 시간이 주어졌다는 것은 중요하다. 우리의 사회에서는 자녀 출산과 양육이 사적 영역으로 후퇴해 버렸지만, 자녀를 낳고 기를 수 있는 능력이 있는 공동체가 되는 것은, 그리스도인들에게 가장 결정적인 정치적 실천임이 드러난다.

6장

증언의 정치학

자유주의 사회에서 그리스도인을 어떻게 교육할 것인가

'톤토' 법칙에 대하여

—

이런 이야기가 있다. 외로운 보안관과 그의 충실한 인디언 조수 톤토가 수천 명의 수족(Sioux)에게 둘러싸이게 되었다. 외로운 보안관은 톤토를 향해 몸을 돌리며 묻는다. "우리 이제 어떻게 해야 하지, 톤토?" 톤토는 대답한다. "'우리'라는 게 무슨 의미죠, 백인 아저씨?" 재밌는 이야기지만, 그 함의는 계몽주의 전제를 학습받은 우리가 이해하기에 쉽지 않다. 그에 따라 행동하는 것은 말할 것도 없다. '톤토'(Tonto) 법칙은 알래스데어 매킨타이어의 질문인 "누구의 정의? 어떤 합리성?"을 묻는 것을 피할 수 없음을 의미하기 때문이다.

예를 들어, 현대성의 범세계적 관점을 통해 형성된 문화를 대표하는 사람들인 우리는 다른 언어를 쓰는 공동체와 소통하는 것이 언제나 가능하다고 간단히 추정해 버린다.[1] 그러한 소통상의 어떤 어려움이든 교육을 통해 해결될 수 있다고 보는 것이다. 따라서 한 언어는 원칙적으로 언제나 다른 언어로 번역될 수 있다고 가정된다. 누군가의 말을 번역할 수 있는 가능성에는 의심할 여지가 없지만, 번역에 대한 이러한 이해는 일반적으로 말하는 영어, 혹은 일반적으로 말하는 히브리어, 혹은 일반적으로 말하는 라틴어 같은 무언가가 존재하며, 하나는 다른 하나로 번역될 수 있다고 가정한다. 그러나 매킨타이어가 주장하듯, 그런 언어는 존재하지 않으며, 오직 "키케로 시대에 로마에서 읽고 말하던 라틴어' 혹은 '16세기 얼스터에서 읽고 말하던 아일랜드어'만 있을 뿐이다. 한 언어의 경계는, 사회적 공동체이기도 한 언어 공동체의 경계다."[2] 따라서 사람과 장소의 이름조차 식별용**으로서**뿐 아니라 합법적 권위에 관한 동일한 믿음과 전제를 공유하는 사람들을 **위하여** 사용된다는 것을 일단 인식하고 나면, 아일랜드어의 "데레 콜름실"(Doire Columcille)은 영어 "런던데리"(Londonderry)로 절대로 번역될 수 없다.[3] 사실 "데레 콜름실"은 "런던데리"와는 다른 서사적 전통 안에 속해 있다.

매킨타이어는 공통된 기준 있음(commensurability) 및 공통된 기준 없음(incommensurability)과 관련된 주장이 일반적으로 말하는 언어와 실제로 사용되는 언어 간 차이에 주의를 기울이지 못했음을 상기시킨다.[4] 실제 사용되는 언어를 아는 것은, 시적인 방식으로 어떻게 계속 말을 이어갈 수 있는지 알게 해 주는 관습과 습관의 일부가 되는 것이다. 따라서 매킨타이어에 따르면, 어린아이들은 시적 표현을 통해 그러한 언어를 처음 배운다. "우리가 다루는 유형의 사회에서 어린이들은 구어와 문어로 된 시적 본문을 듣고 배우고 이후에는 읽는 것에서, 핵심 표현의 표준 사용법과 함께 덕의 예시가 되는 모델, 공동체의 합법적 계보, 그리고 그것의 핵심적 규정을 동시에 그리고 분리할 수 없이 배운다."[5]

그러나 현대성의 특징은 어느 공동체에 속해 있더라도 혹은 어떤 공동체에도 속하지 않더라도 누구든 잠재적으로 사용 가능하도록 발전된 국제화 언어인 20세기 후반 영어의 발전이다.[6] 이것은 현대성을 규정하는 믿음 중 하나, 즉 우리는 아무리 생소하다 해도 인간의 문화와 역사에서 온 무엇이든 이해할 수 있다는 믿음을 강화한다. 다른 이들과 공통 이해에 도달할 수 없다는 것은 생각할 수 없다. 우리에게는 소통의 문제밖에 없으며, 이는 다른 이들이 우리의 언어를 배우면 분명 해결될 것이다.

이러한 종류의 소통을 기록으로 보관하기 위해 우리가 사용하는 기관이 학교다. 물론, 교육은 학교에서 일어나는 일보다 훨씬 보편적인 활동이다. 정말로, 나는 현대사회에서 우리가 받는 가장 결정적인 교육은, 공적이든 사적이든, 세속적인 것이든 교회와 관련된 것이든, 학교 밖에서 일어나는 교육이라고 생각한다. 그러나 학교는 우리가 기본적으로 동일한 언어를 공유하며, 이는 서로 다른 다양한 사람들 사이에 소통을 가능하게 만든다는 가정을 정당화하는 장소다. 우리는 이것이 다원주의 사회를 가능하게 만든다고 생각한다.

그러나 수족은 사라지지 않을 것이다. 그리고 싸움은 초등학교부터 대학에 이르는 학교들 안에서 계속되고 있다. 흑인, 아메리카 원주민, 그리고 여성은 공립학교와 사립학교 모두에서 교육과정 안에 추정적으로 존재하는 편견에 도전해 왔다. 도전의 깊이는 도전하는 이들을 묘사하는 용어들—**흑인**, **인디언**, **여성**—로 판단할 수 있다. 흑인은 그들의 피부 색깔만으로 알려지기를 바라지 않는다. 아메리카 원주민들은 인디언이라 불리는 사람들이 존재하지 않음을, 그들은 수족과 블랙풋족(Blackfoot)과 이로쿼이족(Iroquois)임을 우리에게 상기시킨다. 그리고 여성은 종종 **여성**이라는 호칭에 따라오는, 성별에 기반한 추정들을 받아들이고 싶어 하지 않는다.

더욱이, 그러한 호칭에는 한 그룹을 어떻게 부르느냐보다 훨씬 많은 것이 달려 있기 때문에 그들이 그 문제에 관심을 갖는 것은 매우 옳다. 그 문제를 그런 방식으로 표현하는 것마저 여전히 충분히 강력하지 못한데, 이는 한 집단이 어떻게 불리느냐보다 중요한 것은 없기 때문이다. 매킨타이어가 옳다면, 이름은 당신이 누구이며 무엇을 중요하게 여기는지에 대한 이야기를 축약해서 말해 준다. 이름은 기억을 결정하고, 그리하여 그 이야기가 어떤 식으로 계속 들려질지 결정하는 힘이다. 더 나아가 이름은 그 이야기를 들려줄 권위를 누가 가지고 있는지 암시하는 방식이다. **흑인**, **인디언**, **여성**이라는 이름은 그들이 그들 자신의 이야기를 어떻게 전할 것인가보다, 너무 빈번히 타자의 입으로 말해지는 이야기처럼 들린다.

이런 주장들이 때로 과장된 것처럼 보인다는 것을 알지만, 그렇다고 그것을 무시하는 것은 잘못이라고 생각한다. 예를 들어, 학교에서 우리가 하는 가장 결정적인 도덕적 훈련은 역사이며, 이는 단지 특별히 역사 과목에서뿐 아니라 교육과정 전체를 통해 전해지고 전제된다. 우리는 종종 바로 그 역사를 통해 부패한 전통을 우리 자신과 학생들에게 주입하거나 강화한다. 그러나 이 모든 일은 객관성과 합리성의 이름으로 일어난다.

예를 들어, '콜럼버스가 아메리카를 발견했다'는 인식보다 우리의 교육적 관습의 상상력을 더 결정적으로 장악하고 있는 이야기도 없다. 물론, 과연 콜럼버스가 '신세계'를 처음 발견한 사람인지, 혹은 그가 우리가 현재 '아메리카'라고 부르는 것을 정말로 발견했는지에 대해서는 논쟁이 있을 수 있지만, 그 이야기의 핵심 줄거리 자체에는 의문이 제기되지 않는다. 우리의 교육체계를 형성하는 것은 바로 이 이야기인데, 그렇게 하면서 우리가 유럽, 신성로마제국, 로마제국, 그리스, 과학의 역할, 위대한 철학자들 등으로 부르는 그 필수적 배경에 특권을 부여한다.

그러나 마이클 샤피로(Michael Shapiro)는 츠베탄 토도로프(Tzvetan Todorov)의 『아메리카 정복』(The Conquest of America)에 근거해, 이제 객관성의 언어라는 신전에 모셔진 이 이야기가 우리의 목소리를 효과적으로 잠재운다고 말한다. 우리는 콜럼버스에서 시작하여, 스페인 사람들을 '우리'의 서사에 필수적인 등장인물로 만듦으로써 스페인의 정복 이야기를 들려주는 데까지 나아간다. 그러나 "스페인 사람을 '신세계'의 발견자로(또한 서사에서 '학살자' 대신 다른 역할을 암시하는 호칭인 '정복자'로) 수사학적으로 자리매김시킬 때, 우리는 스페인 사람이 아니라 원래 주민인 인디언을 타자로 재생산한다. 우리의 기원이 유럽의 '신세계' 발견이라고 부르는 것에 있기 때문이다. 토도로프가 말한 것처럼, '우리 모두는 콜럼버스의 직계 후손이고, **시작**이라는 단어에 어떤 의미라도 있다면, 우리의 계보는 그와 함께 시작한다.'"[7]

나는 토도로프와 같은 해석의 중요성에 샤피로가 주의를 기울인 것이 옳다고 생각하는데, '우리' 역사의 '객관적' 해석이 타자의 목소리를 얼마나 은폐할 수 있는지 조명하기 때문이다. '인디언' 발견을 통해, 스페인 사람들은 사실 그들 자신을 발견했다. 마치 백인이 흑인과 원주민을 '발견'하고, 남성이 여성을 '발견'하는 것과 같다. 그러나 바로 그러한 '발견'이, 계속되는 서술―우리의 현재의 이해와 행동을 위해 필요한 서술―에서 한 번도 사라진 적 없는 폭력과 공포의 역사를 감출 수 있다.

예를 들어, 샤피로는 스페인의 '발견'의 시대부터 아메리카 원주민의 목소리는 신세계 국가가 시작한 관행에 도전할 수 없었음에 주목한다. 이는 우리가 '국제적 시스템'이라고 부르는 것을 만들어 낸 바로 그 관행이다. 그는 코르테스(Cortez)를 위해 일했던 악명 높은 선장 페드로 데 알바라도(Pedro de Alvarado)가 국제 연설에서 과테말라라는 단어를 처음 쓴 것을 언급한다. 알바라도는 자신이 정복시킨 과테말라를 다음과 같은 표현들로 묘사한다.

> 이 나라에 나의 전령을 보내어 국왕 폐하에게 지배받기를 달가워하지 않을 지역을 내가 어떻게 정복하고 그곳에 평화를 가져올 것인지 알린 후, 나는 그들에게 폐하의 속국인(이미 그들은 폐하의 은혜에 자신들을 의탁했기에) 그들의 나라를 내가 통과할 수 있도록 호의를 베풀고 그 길을 안내해 줄 것을 요청했습니다. 또한, 그렇게 함으로써 그들은 국왕 폐하의 훌륭하고 충성된 속국으로 행동하게 될 것이며, 나뿐만 아니라 나와 동행하는 스페인 사람들에게 합당하게 큰 호의와 지원을 받게 될 것이라고 했습니다. 그리고 그렇게 하지 않는다면, 나는 우리의 주 황제를 섬기지 않고 반역을 일으킨 반역자들에게 하듯 그들을 상대로 전쟁을 일으킬 것이며 그들은 반역자로 다루어질 것이라고, 또한 이에 덧붙여 전쟁에서 살아남은 자들은 모두 노예로 만들 것이라고 위협하였습니다.[8]

우리는 ─ 말하자면, 페드로 데 알바라도들을 통해 가능하게 된 '문명화된 사회질서'의 상속자들인 우리는—아메리카 원주민에게 행해진 그러한 잔혹함에 경악한다. 그러나 우리는 페드로 데 알바라도들이 자신들을 잔혹한 게 아니라, 오히려 기독교의 보편적 승리를 향한 동력을 대표하는 사람들로 이해했음을 기억해야 한다. 샤피로는 이렇게 기록한다.

기독교는 스페인 및 스페인의 가톨릭교와 연관된 모든 것이 자연스럽고 진실하며 옳다고 보는 사회적 자기중심성을 스페인 문화에 심어 놓았다. 이러한 기독교와 민족중심주의 간의 관계는 굳이 더 자세한 분석을 굳이 하지 않아도 스페인의 "레케리미엔토"(Requerimiento)의 예만으로도 충분히 알 수 있는데, 이는 스페인 사람이 점유지에 처음 발을 내딛을 때마다 인디언들에게 읽어 주도록 스페인 법으로 규정된 명령이었다. 그 내용은 예수 그리스도의 출현이 중심이 된 인류의 역사에 대해 말한다. 그리스도는 "인간 혈통의 주인"이시고, 그 힘을 성 베드로에게, 그리고 결과적으로 스페인의 아메리카 대륙 소유를 인정한 것으로 보이는 교황에게 부여하셨다. 이것을 들려주는 것에 덧붙여, 인디언들에게는 선택권이 주어진다. 그리스도인이 되고 속국이 되던지, 아니면 "우리는 너희 나라에 위력을 사용해 들어가서…우리가 할 수 있는 모든 방법과 방식으로 너희와 전쟁을 벌일 것이며, 그리하여 너희를 교회에 순종하고 따르도록 종속시켜야 할 것이다." 이렇듯, 이 글에서는 영적 확장과 군주의 권력이 조합된다. 보다 중요한 것은, 기독교의 보편주의 개념이 스페인 식민지 개척자들의 허세와 통합되었고, 이질적이라고 규정된 것들을 향한 문화적 편협성을 생산한다는 것이다.[9]

샤피로는 "레케리미엔토" 사용에 대해 분명 스페인 안에서도 비판하는 사람들이 있었다고 말한다. 예를 들어, 바르톨로메 데 라스카사스(Bartolome de las Casas)는 알바라도가 "위에서 언급한 명분[레케리미엔토]하에 그가 가는 모든 나라마다 죽이고 살육하고 태우고 빼앗고 파괴했으나, 그 명분은 아메리카 원주민들은 한 번도 들어보지 못했고 그의 대리자들보다 훨씬 더 부당하고 잔인하다고 여겼을 스페인의 이름 모를 왕의 이름으로, 그들에게 그토록 비인간적이고 부당하고 잔인한 사람들에게 굴복하라고 명령하는 것"이었다고 강력하게 비판했다.[10] 분명히 라스카사스의 입장은 알바라도의 것보다 더 인간적이지만, 토도로프는 이런 식으로 아메리카 원주민을 타자로 규정하는 것조차 종속적 효과를 갖는다고 주장한다. 토도로프가 지적하듯, "라스카사스는 인디언을 사랑한다. 그리고 그리스도인이다. 그에게 이러한 두 특성은 서로 연결되어 있다. 그는 자신이 그리스도인이라는 정확하게 바로 그 이유 **때문에** 아메리카 원주민을 사랑하며, 그의 사랑은 그의 신앙을 **예증한다**." 그러나 토도로프의 이어지는 논평처럼, 인디언에 대한 라스카사스의 인식은 그가 그리스도인이라는 바로 그 이유 때문에 빈약하다. 라스카사스는 폭력을 거부하지만, 그에게는 오직 한 가지 참된 종교만 존재한다. "그리고 이 '진리'는 개인적일 뿐 아니라[라스카사스는 종교가 **그에게만** 참되다고 여기지 않는다] 보편적이다. 즉, 모든 사람에게 유효하며, 바로 그것이 그가 전도 계획을 단념하지 않았던 이유다. 그러나 자신은 진리를 소유한 반면 다른 사람들은 그렇지 않으며, 더 나아가 그 진리를 다른 사람들도 받아들이게 해야 한다는 신념 안에는 이미 폭력이 존재하지 않는가?"[11]

우리는 이러한 생각에 움찔한다. 만약 이것이 사실이라면, 우리는 그저 침묵해야 하는 것처럼 보인다. 더 나아가, 우리는 그 함의가 두렵다. 즉, 그것은 우리가 그리스도인으로서 우리의 자녀들에게 가르치는 역사―공적으로 인정받고, 또한 인정받지 못한 서사들―이자 우리가 거하고 전하는 바로 그 역사가 기독교 이야기의 강압적 강요를 계속해서 정당화하는 서사라고 함축하는 것처럼 보인다. 그들에 대한 묘사, 즉 흑인과 인디언과 여성이라는 호칭이 우리의 객관성에 도전이 되는 사람들을 우리가 침묵시키고 싶어 하는 것은 놀랍지 않다. 일단 인정하게 된 '톤토' 법칙은 정말로 길들이기 어렵다.

톤토 법칙과 교육

―

이미 말한 것처럼, 교육기관보다 이러한 사안이 더 긴급하고 문제가 되는 곳도 없다. 물론 우리를 형성하고 우리가 거하는 이야기들은 교육 자체보다는 문화의 실천에서 보다 결정력 있다. 그러나 그러한 이야기들이 '객관적'이고 참된 것으로 구체화되는 곳은 교육기관이다. 그 이야기들은, 누구라도 그에 관해 단순히 생각해 보거나 더 잘 '교육받는다면' 믿게 될 무언가가 된다.

예를 들면, '미합중국'이라는 개념이 우리가 학교에서 가르치는 역사들 안에서 어떻게 구체화되는지 생각해 보라. 우리는 그 역사들이 정당화할 필요 없는 일련의 순수한 대상이라고 추정한다. 단순히 이야기의 일부라는 것이다. 그러나 마이클 샤피로가 주시하는 것처럼,

예를 들어, '미국'[이라는 개념을 떠올릴 때], 우리는 연방 정부에 의해 통제되는 행정조직이 아니라, 백인 유럽인들이 여러 토착('인디언') 국가와의 전쟁을 통해 (지금은 미국으로 인식되는) 대륙의 영토에 대한 지배권을 굳혀 간 과정을 지칭할 수 있다. 이렇듯 우리가 '미국'에 대해 다른 의미로—정적이고 자연주의적인 실재보다는 폭력적 과정으로—말할 수 있는 이러한 문법은, 이제 무장 전투는 완전히 그쳤지만 아메리카 원주민을 지속적으로 소멸시키는 효과를 지닌 경제적 배제 시스템이 여전히 지속되고 있음을 지각할 수 있도록 우리를 이끌 수 있다. 전쟁은 다른 방식으로 계속되고 있으며, 이것이 일방적 전투라는 것은 여전히 분명해 보인다. 예를 들면, 유타주에서 원주민의 기대 수명은 유럽계 후손의 절반밖에 되지 않는다.[12]

그러나 공립학교에서, 특히 공립학교에서는 미국의 이야기를 일치의 이야기로 들려준다. 이는 '역사'로서가 아니라 도덕적 함양을 위해 들려주는 이야기이겠지만, 그것이 추정하는 '객관성' 때문에 도덕적으로 훨씬 강력해진다. 그것이 얼마나 강력한지는, 아메리카 원주민 같은 사람들이 그들 자신의 이야기를 미국이라는 더 큰 이야기에 들어맞는 방식 이외의 다른 어떤 방식으로도 말하지 못한다는 사실보다 더 잘 보여 주는 예도 없다. 자신의 이야기를 '들어맞게' 만들지 못한다는 것은, 교육받지 못했다는 말을 들어야 할 위험을 감수해야 한다는 의미다. 때로 지배에 저항하기 위해 택할 수 있는 유일한 길은, 술 취한 인디언이나 게으른 흑인 또는 화난 여자가 되는 것밖에 없는 것처럼 보인다.

그러나 샤피로가 지적하는 것처럼, 우리가 '미국'이라 부르는 이야기에 저항하려는 시도가 거의 없는 것은, 그 이야기가 우리가 일을 해나가기 위해 필요한 언어를 담고 있기 때문이다. 만약 미국에 대한 대안적 이해-즉, 폭력적 과정으로서-를 선택한다면, 일상을 위한 타협을 할 수 없을 것이다. 그 대신, 미국에 대한 지배적 담론들을 받아들이면, 우리는 좋은 시민이자 정치 참여자, 그리고/또는 사회문제에 관심을 갖는 사람이 되고자 하는 이들로서 '외교 정책' 문제에 관심을 가질 수 있다. 예를 들면, 샤피로는 인도 보팔(Bhopal) 지역의 유니언 카바이드(Union Carbide) 공장에서 발생한 노동자 수천 명의 죽음에 관한 「타임」(Time)지 기사에 주의를 돌린다. 사고는 "환경"이라는 커다란 제목과 함께 희생자들의 사진으로 보도되었다. 명백한 함의는 보팔을 오염 사고로 이해해야 한다는 것이다. 그 사건이 그런 식으로 다루어진 것은 「타임」지와 환경부의 기관 간 적대 관계와 상관있을 수 있다는 점은 오랫동안 특종으로 다루어지지 못했을 것이다.

이러한 지배적 전제는 심지어 우리가 학교에서 사용하는 지도에서도 이어진다. 아메리카 대륙에서 미국은 언제나 지구 북반구에 있는데, 우리는 북쪽이 위라고 확신하기 때문이다. 똑같이, 우리는 호주가 아래에 있고 북미보다 훨씬 작다고 확신한다. 더 나아가 우리가 사용하는 지도의 성격 자체는 객관성에 대한 우리의 전제를 나타내는데, 지도는 우리에게 '세계'에 대한 완전한 그림을 제공해야 하기 때문이다. 지도는 세부적인 것에 대한 세밀한 관심을 통해 깊은 인상을 주도록 의도된다. 지도, 모든 1학년 교실에 비치되어 있는 그 순수한 대상은 우리, 즉 우리 미국인들이 세계를 합당하게 통제하고 있다는 계몽

주의의 이야기를 수용한다. 우리가 '가장 좋은' 지도를 만들 수 있기 때문이다.[13]

그리스도인들은 역설적이게도 객관성, 보편적인 것의 탐구, 그리고 무엇보다 사회적 평화의 이름으로 이러한 거대한 교육 프로젝트에 합류했다. 공공 교육이든 종교 교육이든, 대부분의 자유주의 사회에서 교육은 역설적이게도 소통을 촉진하기 위해 소수자의 목소리를 억제하는 것을 목적으로 삼아 왔다. 과거에 확고한 기독교 사회질서가 반대편의 목소리를 억제한 것은 사실이지만, 오늘날 인간 본성이나 운명에 대한 어떠한 비전의 안내도 따르지 않는다고 공언하는, 현재 추정적으로 다원주의인 국가들이 실제로는 뉴비긴이 주장하는 것처럼 계몽주의라는 아주 특정적인 이념의 안내를 따르고 있다는 것은 더더욱 사실이다.[14]

자유주의 국가의 정치를 위해 봉사하는 객관성의 이름으로, 우리는 국가가 종교 문제에 중립적일 수 있다는 인식을 수용했다. 그러나 뉴비긴이 주시하는 것처럼, 계몽주의의 든든한 후원을 받는 학교와 대학을 거친 학생들은 특정 방향으로 형성되는 것을 피할 수 없다. 허구적 중립성의 이름으로 학교 교육과정에서 종교를 제외시킨 것 자체가 사회가 무엇을 믿으며 그들의 자녀가 무엇을 믿기를 바라는지 소리 높여 말한다. 정말로 뉴비긴은, 종교를 물리와 역사와 문학과 함께 나열할 수 있는 과목 중 하나로 다룬다는 생각 자체가 이제 영국 인구의 6퍼센트, 도심 지역의 어떤 학교에서는 80퍼센트 이상을 차지하는 무슬림에게는 그들의 신앙의 토대에 대한 공격이 된다고 말한다.[15] 종교적 중립성은 평화의 이름으로 충돌을 억제하려는 시도였지만, 그 결과는 모든 실체적 신념을 의견의 문제라고 생각하는 사람들을 만들어 낸 것이다. 그들은 오직 무슬림처럼 중요한 문제들을 그저 의견일 뿐이라고 치부하기를 거부하는 이들에게만 폭력적이다.

그러한 문맥에서 기독교 교육 전략은 세속 과목에 신학 과정을 보충하거나 종교적 차원을 '전인적 학생'에 대한 관심으로 인식하는 것이었고, 이는 분명히 실패했다. 종교적인 것을 지식의 '가치' 차원으로 인식하는 것으로는 충분하지 않다. 그것은 오직 '사실적인' 것에 특권을 부여할 뿐이기 때문이다.[16] 다시금, 뉴비긴이 말하는 것처럼, 대부분의 세상에 대한 현대적 해석은 목적을 사물의 궁극적 구성 요소에서 배제한다. "개인의 발전이 유전자 안에 입력된 프로그램에 의해 지배된다는 것은 모든 교육받은 사람이 알고 받아들이도록 기대되는 사실이다. 그것은 공교육 시스템에서 교육과정의 일부가 될 것이다. 모든 인간이 하나님께 영광을 돌리고 영원히 그분을 즐거워하도록 지어진 것은 일부 사람들이 내세우는 의견이지 공적 진리의 일부가 아니다. 그러나 만약 그것이 진리라면, 젊은이들이 인생의 여정을 위해 준비하는 과정에서 다른 어떤 것보다 중요성을 가질 것이다."[17] 나아가, 덧붙여 말하자면, (유전자에 관한 지식을 포함하여) 어떤 지식이든 그것이 참되다면, 하나님의 영광을 드러내야만 한다는 것은 배제될 수 없고, 사실 필수적인 것이 되어야 한다.

따라서 우리는 소위 '공립학교'의 교육과정에 이의를 제기해 온 것이 왜 흑인, 원주민, 여성이었고 그리스도인은 아니었는지 물어야 한다. 어째서 우리는, 피조물로서의 우주의 위치를 철저하게 배제하더라도 세상을 납득 가능하게 만들 수 있다는 지배적 가정에 도전하는 일을 모두 근본주의자들에게 넘겨주었는가?[18] 나는 그 답이, 근본주의적이지 않은 그리스도인들이 세상의 눈에 어리석어 보이는 것을 두려워했기 때문이라고, 혹은 보다 혹독하게 말하자면, 그들 자신의 눈이 사실은 이제 세상의 눈이 되어 버렸기 때문이라고 생각한다. 그 결과, 우리는 우리를 지배하는 권세를 정당화하는 이야기에 도전할 수 있는 능력을 상실했다.

나는 우리가 이런 방향으로 유혹을 받아온 것은, 하나님 나라의 보편성이 이제 계몽주의가 뒷받침하는 지식의 형태로 전해진다고 가정했기 때문이라고 생각한다. 우리는 자신이 알바라도 같은 스페인 사람들과 다르다고 생각하는데, 우리는 죽이지 않고 단지 교육하기 때문이다. 결국, 객관성은 바르게 사고하는 모든 사람들의 필수 기준이 아닌가. 물론 흑인과 여성 그리고 어쩌면 심지어 제3세계 저자들의 몇몇 작품을 이미 확립된 정본 목록(canons)에 소개함으로써 그들의 목소리를 듣는 것은 중요하지만, 그러한 작품들은 인식 가능한 학문적 유익함이라는 기준을 만족시켜야 한다. 짧게 말해, 대화의 일부가 되기 위해서는 계몽주의의 "레케리미엔토"에 따라 행동하는 것에 동의해야 한다.

그러한 "레케리미엔토"를 최근 「뉴욕리뷰오브북스」(*New York Review of Books*, March 1, 1990)에 전미학자협회(National Association of Scholars)라는 기관의 후원으로 실린 광고가 잘 구현했다. 광고의 제목은 "교육과정에 편견이 존재하는가?"였다. 광고는 고등교육의 교육과정이 '유럽 중심적'이고 가부장적이라는 비난 및 흑인과 여성 그리고 다른 소수자들의 작품을 더 많이 추가해야 한다는 요구를 요약하는 것으로 시작했다.

전미학자협회는 이러한 주장들과 요구들에 반박하면서 이렇게 주장했다.

첫째, 이전에 경시되었든 널리 알려졌든, 모든 작품은 보편적으로 적용 가능한 지적·미학적 기준의 부합성에 준거하여 교육과정에 추가, 유지 또는 삭제되어야 한다. 훌륭한 교육과정은 그러한 기준을 인종적이거나 생물학적이거나 지정학적인 비례에 따른 저자 선정 원칙으로 대체함으로써 수립되지 않는다.

둘째, 학생들이 그들 자신의 인종, 성별, 민족에 속한 사람들의 작품을 더 많이 접하지 못함으로써 좌절감을 느낄 것이라는 생각은 열등한 작품을 추가하는 것을 정당화하지 못한다. 그러한 온정주의는 바람직한 것과 정반대의 메시지를 전달한다.

셋째, 타문화와 소수자 하위문화와 사회문제는 역사, 문학, 비교종교학, 경제학, 정치 과학, 인류학, 사회학 같은 기존에 확립된 학문 분과 내 인문학 교육과정에서 오랫동안 다루어져 왔다. 그러나 더욱 중요한 것은, 단지 차이를 접해 보는 것이 서구에서 기원한 이상이자 우리 모두에게 보편적인 것에 대한 지식이 촉진하는 관용을 보장하지 않는다는 것이다.

넷째, 전통적 교육과정이 유럽계 남성 이외의 다른 모든 공헌을 '배제'한다는 생각은 명백하게 잘못되었다. 시작부터 서구 예술과 과학은 비서구권 사회들이 성취한 업적에 의존했고, 그 이래 세계 전역의 사람들에 의해 받아들여졌고 더 풍성해졌다. 인문학이 소수자와 여성을 억압한다는 것은 더욱 터무니없다. 설사 교육과정이 엄격하게 유럽에 기원을 둔 사상에 제한되어 있을지라도, 대립하는 생각들의 풍성한 다양성을 여전히 부여해 줄 것이며, 이는 교육과정을 재조정할 사람들이 불러올 억압으로부터의 평등과 자유라는 개념을 포함한다.

다섯째, 배경의 다양성은 그러한 차이와 밀접한 관련이 있는 사안을 논할 때에는 귀중한 반면 다른 성과 인종과 민족적 배경을 가진 사람들이 반드시 모든 것을 다르게 볼 것이라는 생각은, 일반적으로 객관성을 향상시키기보다는 와해시킨다. 속한 그룹에 따라 인지력이 결정된다는 확신 자체는 진정한 담론의 공동체의 가능성을 약화시키는 전형적 사고의 한 예다.

여섯째, 다른 민족이나 인종적 하위문화의 전통과 업적에 대한 연구는 중요하고 고무되어야 한다. 그러나 이는 지적으로 정직한 태도로 이루어져야 하며, 교육과정에 논쟁을 불러일으키기 위한 구실로 사용되어서는 안 된다. 더 나아가, '다문화적 교육'을 위해 문화적 차이를 초월하는 연구가 희생되어서는 안 된다. 즉 수학, 과학, 역사 등의 진리는 다른 인종, 성, 문화의 사람들에게도 다르지 않고, 바로 그런 이유로 그런 학문을 연구하는 것은 해방을 가져온다. 우리는 서구 전통에 대한 연구를 더 이상 약화시켜서도 안 된다. 그러한 전통에 대한 지식은 우리의 제도를 평가하는 데 필수적일 뿐만 아니라, 그것이 구현하는 보편적 가치에 대한 놀랄 만한 증거에 따르면, 서구의 관습을 그들 자신의 상황에 빠르게 적용하고 있는 다른 민족에 대한 이해에서도 점차 적실성을 지닌다.

전미학자협회는 소수민족 연구, 비서구권 문화 연구, 우리 사회에서 여성과 소수자가 겪는 특별한 문제에 대한 연구에 호의적이지만,

인문학과 사회과학 교육과정 전체를 그러한 연구에 종속시키는 것에 반대하며, 그러한 연구가 점점 더 정치화되는 것을 우려한다. '다른 시각'과 '다원주의'를 도입하기 위한 의도적 노력은 종종 사실 편향적으로 규정된 일련의 좁은 사안들에만 관심을 제한하도록 위해 기획된 것처럼 보인다. 많은 여성 연구와 소수자 연구의 과정 및 프로그램을 자세히 조사해 보면, 다른 문화에 대한 연구는 빈약하고, 우리 사회의 여성과 흑인, 그리고 그 밖의 사람들에 대한 추정적 억압에 대한 격렬한 비난이 아주 많다는 것이 드러난다. '문화적 다양성'이라는 선전 문구는 사실은 서구와 그 제도를 공격하는 데 가장 중요한 관심을 두는 일부 사람들이 내건 것임에 틀림없다.[19]

솔직히 처음 이 글을 읽었을 때, 나는 누군가 풍자를 의도해 쓴 글일 것이라고 생각했다. 누군가 관용이 "서구에서 기원한 이상"이며 우리 모두에게 보편적 지식에 의해 정당화된다고 믿을 수 있다는 것이 단순히 믿기지 않았다. '서구에서 기원한' 것이라면 '우리 모두에게 보편적'이라는 것이 문제가 될 수 있음을 보여 준다고 나는 추정했다. 물론 성명서는 대립하는 생각의 중요성을 인정하지만, 평등과 자유라는 개념 자체가 이론의 여지가 있을 뿐 아니라 선으로 인식될 수 없다는 것은 보지 못한다. 더욱이, 문화적 차이를 초월하는 연구가 있다는 주장은 우리의 모든 차이 밑에서 우리 모두가 동일한 이야기를 공유하고 있다는 이야기를 받아들일 수밖에 없다. 말하자면, 교육을 통한 더 많은 계몽을 통해 우리는 우리 모두가 동일한 것을 원하고 있음을 발견할 것이라는 얘기다.[20]

그리스도인은 대체로 이러한 이야기를 우리의 이야기로 받아들였다. 우리는 이 이야기가 우리 시대의 '역사'가 되는 것을 허락했다. 우리는 더 많은 목소리가 '역사'의 일부가 되는 것을 옹호했지만, 복음의 관점에서 그 역사 자체가 도전될 필요가 있다는 것은 생각하지 못했다. 매킨타이어가 백과전서파(encyclopedist)라고 부르는 계몽주의를 대표하는 사람들과, 그가 계보학자(genealogist)라 부르는 합리성과 도덕성 둘 모두를 부정하는 사람들 사이에서 한 쪽을 선택해야 한다면, 대부분의 그리스도인들은 '진리'와 도덕성을 여전히 중요하게 생각하는 사람들 쪽에 서는 한편 모든 대립을 권력 싸움으로 '축소'시키고 '상대주의'를 옹호하며 무정부 상태의 위협을 주는 이들에게 반대해야 한다고 생각한다.[21]

그러나 우리가 질문해야 하는 것은 어떻게 그리스도인인 우리가 그런 선택을 해야만 한다고 믿는 위치에 서게 되었는가 하는 것이다. 결정적 질문은, 어떻게 우리가 믿는 이야기를 우리에게만이 아니라 그러한 불행한 두 이야기 사이에 끼어 있는 세상 전체를 위해 설득력 있게 만들 것인가 하는 것이다. 짧게 말하면, 우리에게 주어진 도전은 그리스도인으로서 어떻게 아브라함, 이삭, 야곱, 그리고 예수님의 하나님을 증언하되 그러한 증언이 권력을 위한 이데올로기가 됨으로써 왜곡되지 않도록 할 것인가다. 나는 우리가 우리의 존재에 대해 진리라고 믿는 이야기가 우리에게 요구하는 바로 그 역할, 곧 증인이 되는 것을 진지하게 여긴다면 그렇게 할 수 있다고 생각한다.

증언과 교육, 혹은 아주 오래된 이야기를 들려주는 것에 관하여

—

나는 "나는 그 이야기를 들려주는 것을 좋아하네"(I Love to Tell the Story)라는 복음성가와 함께 자랐다. 첫 절의 가사는 이렇다.

> 나는 그 이야기를 들려주는 것을 좋아하네.
> 저 위의 보이지 않는 것들,
> 예수님과 그분의 영광,
> 예수님과 그분의 사랑에 대한 이야기.
> 나는 그 이야기를 들려주는 것을 좋아하네.
> 그것이 진짜라는 것을 알기에.
> 그 이야기는 내 갈망을 충족시켜 주지만
> 다른 어떤 것도 그렇게 하지 못하네.
>
> 나는 그 이야기를 들려주는 것을 좋아하네.
> 영광 속에서 나의 노래가 될 것은,
> 아주 오래된 그 이야기를 들려주는 것.
> 예수님과 그분의 사랑에 대한 이야기.

이 오래된 찬송가는 온갖 신학적·시적·음악적 장점을 결핍해 있음에도 불구하고, 문제를 바르게 파악했다고 나는 확신한다. 증인이 되는 것만이 우리의 유일한 대안인 것은, 우리가 하나님의 피조물로서 이야기되기 때문이다. 더욱이, 우리가 교육할 수 있는 유일한 방법은 증언을 통해서다.

우리가 이해해야 하는 것은, 증언이 필수적인 이유가 우리가 바로 그렇게 이야기되기 때문이라는 것이다. 복음이 일반적으로 알려질 수 있는 진리였다면, 증언은 필요하지 않았을 것이다. 필요한 것은 단지 그들이 이미 알고 있는 것을 그들에게 확인해 주는 것밖에 없을 것이다. 복음이 피할 수 없는 인간의 보편적 경험에 관한 것이라면, 그리스도인만큼 기이한 누군가와 마주칠 필요도 없다. 그러나 우리가 하나님에 대해 들려주는 이야기는 나사렛 예수의 삶과 죽음에 관한 이야기이기 때문에, 그 이야기를 알 수 있는 유일한 방법은 증언을 통해서다.

물론, 어려운 점은 이미 그 이야기가 무엇에 관한 것인지 다 안다고 생각하는 세상에서 증언의 기이함을 어떻게 회복할 것인가다. 레슬리 뉴비긴이 최근에 강조한 것처럼, 문제는 그 창조에 적어도 부분적으로는 우리에게도 책임이 있는 현재 세상에서, 우리가 우리 자신을 선교사로 생각하는 법을 어떻게 배울 수 있는가 하는 것이다.[22] 문제는, 종종 선한 목적을 위해 봉사할 것이라고 약속하기 때문에 더 강력해지는 파괴적 관습에 대해 계속 눈감지 않으면서도, 우리 자신이 속한 사회의 그러한 측면을 어떻게 비판적으로 전용할 수 있을 것인가다.

신약성경에서는 그러한 파괴적 관습을 권세라고 부른다. 그리스도 안에 충만한 구원은 이러한 권세와 충돌하는 것 그리고 그 권세를 정복하는 것에 대한 것이기 때문이다.

이 점은 우리에게 아주 중요하기에, 좀더 길게 설명할 필요가 있다. 즉, 서신서에서 그리스도가 권세들과 대립하고 그것을 이기신다는 서사는, 전형적으로 골로새서 2장 15절과 같이 요약된 선언의 형태로 표현된다. "통치자들과 권세들을 무력화하여 드러내어 구경거리로 삼으시고, 십자가로 그들을 이기셨느니라." 그러나 복음서에서는 이러한 대립이 이야기의 형태를 띤다. 정말로 그 대립이 바로 **그 이야기**이며, 적들은 더 이상 "통치자들과 권세들"로 불리지 않는다. 오히려 그들은 국가와 성전을 다스리는 인간 권력자, 즉 헤롯과 가야바, 빌라도 혹은 질병, 광기, 유혹을 일으키는 이른바 귀신과 사탄이라 불리는 악령의 세력이다. 이런 이들은 드라마에서 배역을 맡을 수 있지만, '책임자' '권위자' '권세' 같은 추상 개념은 그럴 수 없다. 더 나아가, 예수님이(그리고 그분을 통해 성령이) 이들에 맞서 지니셨던 대조적인 권세는 다름 아닌 선포, 치유, 가르침, 구속적 공동체를 모으심, 십자가의 길을 향해 가신 희생적 순복과 죽음, 그리고 회복의 순간들로 이어진 그분의 순종적 삶의 모든 과정이었음에 주목하라. 그렇기에 누가복음에서 예수님이 "사탄이 하늘에서 번개같이 떨어지는 것을 내가 보았노라"(10:18)라고 말씀하신 것이 바로 **그 이야기**의 결정적 순간이었다.[23]

우리가 그리스도인으로서 교육을 해야 한다면 반드시, 우리의 삶을 결정하는 그러한 권세들을 분명히 명명하도록 도와주는 방식으로 자녀와 서로에게 복음을 소개해야 한다. 그렇게 하는 유일한 길은 일반적으로 받아들여지는 미국의 이야기에 반하는 이야기, 그리고 그것과 상관관계에 있는 우리가 민족국가 체제라 부르는 것의 필연성을 받아들이는 전제의 반대편에 있는 이야기를 들려주는 것이다. 그러한 과제는 아주 큰 윤리적·지적 용기를 필요로 한다. 참으로, 우리는 우리

스스로 그러한 용기가 있는 척해서는 안 되며, 오직 그 이야기 자체에서 예상되듯 그러한 증언을 지탱하도록 도와줄 수 있는 공동체의 일부가 됨으로써 그러한 임무를 달성하기를 바랄 수 있을 뿐이다.

이것은 그리스도인으로서 우리가 학교나 국가에서 갈등 상황에 빠지는 것을 피할 수 없음을 의미한다. 다시금 뉴비긴이 우리에게 상기시켜 주듯,

그리스도인은 그들의 신앙이 모든 사람을 위한 공적 진리로 선포되지 않는 그들만의 특별 구역 안에서 피난처를 찾으려 해서는 결코 안 된다. 그들 자신을 위한 법 하나가 있고 세상을 위해 또 다른 법이 있다는 생각에 동의해서도 안 된다. 그리스도의 칙서가 효력을 갖지 못하는 인간 삶의 영역이 있음을 인정해서도 안 된다. 그리스도를 섬기는 것 외의 목적을 위해 존재하는 창조 질서나 권세나 정세가 있다고 받아들여서도 안 된다. 교회와 국가의 제도적 관계가 어떠하든―그 둘 사이에는 수많은 종류의 관계가 가능하고, 그중 반드시 모든 시대와 장소에 적합한 경우는 없다―교회는 정부에게 그들이 그리스도의 통치 아래 있음과 그분만이 그들이 하는 모든 것의 심판자이심을 끊임없이 상기시켜야 한다. 교회는 공적 생활의 중앙 신전은 비어 있다는 논지를 받아들여서는 안 된다. 다른 말로 하면, 모든 만물과 모든 인간이 창조된 목적인 동시에 또한 모든 정부가 봉사해야 할 목적에 대해 세상 모든 사람에게 주어진 공적 계시는 존재하지 않는다는 논지를 받아들여서는 안 된다. 다원성을 하나의 사실로 인정할지언정, 궁극적 다원주의를 하나의 신조로 받아들여서는 안 된다. 사실, 교회는 20여 년 전 세

속 사회에서 아주 유행한, 원칙상 보편적으로 인정되는 규준은 없다는 생각을 받아들여서는 안 된다. 나는 그러한 이상이 가져오는 유일한 결과는 이교도 사회임을 우리가 이제 안다고 생각한다.[24]

그렇다면 그리스도인으로서 우리는 무엇을 해야 하는가? 학교를 따로 세워야 하는가? 그럴지도 모른다. 그러나 우리가 가르치는 것이 누구나 가질 수 있는 관점에서 온 것처럼 과목들을 계속 가르친다면, 그런 학교들도 별 소용이 없을 것이다. 우리가 가르치는 것의 실천이 우리가 부름받은 그리스도의 이야기에 대한 증언을 반영하지 못한다면 그저 헛수고만 하는 셈이다. 그러한 증언은 기독교 학교만큼 '세속' 학교에서도 쉽게 일어날 수 있다. 중요한 것은, 무엇을 어떻게 가르칠 것인가만큼 무엇을 알아야 하는가를 결정하기 위해서도 기꺼이 우리의 이야기를 진지하게 여기는 자세다.

그러나, 페드로 데 알바라도의 "레케리미엔토" 사용을 비판했음에도 불구하고 '인디언'을 잠재적 그리스도인으로 볼 수 있었던 신부 바톨로메 데 라스카사스의 문제가 남아 있지 않은가? 그리스도가 오게 하신 나라에 반대되는 지배와 폭력의 패턴을 명시적으로든 암묵적으로든 받아들이지 않으면서, 우리는 어떻게 하면 증인들이 될 수 있으며, 어떻게 하면 교육자들이 될 수 있으며, 어떻게 하면 복음을 소통할 수 있는가? 내가 지금까지 한 말들이 부분적으로라도 맞다면, 우리는 복음이 이야기, 즉 예수님의 이야기임을 인식하는 것으로부터 시작할 수 있다. 예배 안에서 그 이야기를 들려주는 것, 더 훌륭하게는 그 이야기를 구현하는 것 가운데 우리를 구원하시기 위한 하나님의 능력이 있다고 우리는 믿는다. 따라서 그리스도인으로서 우리가 그 이야기를 들려주는 것은 우리와 다른 이들에 대한 존중하는 마음이 부족해서가 아니다. 오히려, 뉴비긴이 말하는 것처럼,

> 그리스도인은 단순히 그 이야기를 맡은 무리의 일부가 되도록 하나님께 선택되고 부름받은 사람으로서 그것을 전한다. 다른 사람을 개종시키는 것은 그(녀)의 일이 아니다. 그(녀)는 정말로-그들을 향한 사랑에서-그들도 자신이 아는 기쁨을 함께 나누게 되기를 바랄 것이고, 정말로 그렇게 되기를 기도할 것이다. 그러나 다른 사람들의 마음과 의식을 만지셔서 그들이 그 이야기를 참된 것으로 받아들이고 그리스도를 신뢰하도록 만드실 수 있는 분은 오직 성령이시다. 이것은 언제나 성령의 신비로운 역사일 것이며, 종종 그 방식은 제3자가 결코 이해할 수 없다. 그리스도인은 그것을 위해 기도할 것이며, 기독교 회중의 일부로서 그 이야기를 전하는 동시에 그럼으로써 자신의 삶의 행동이 그 이야기의 진리를 구현하기를 신실하게 구할 것이다. 그러나 그(녀)는 다른 사람을 반드시 설득하는 것이 자신의 책임이라고 생각하지 않을 것이다. 그것은 하나님의 손에 달린 일이다.[25]

부록

다음은 이 책의 마무리로 싣지 않을 수 없었던, 한 대학원생에게서 받은 편지다. 이 편지는 비폭력의 길이 결코 쉽지 않다는 것과 우리의 언어는 우리가 미처 깨닫지 못하는 방식으로 폭력을 구현할 수 있다는 것을 일깨워 준다.

1990년 9월 27일,
친애하는 하우어워스 교수님께.

교수님이 보내 주신 호주 강연 원고에 대해 제 견해를 전해 드리는 것이 좋겠다고 생각했습니다. 무엇보다도, 그동안 제가 이 강연과 비슷한 어조를 띠는 다른 연구들을 보지 못한 것일 수도 있지만, 이 강연에는 낯설게 다가오는 뭔가가 있습니다. 강연의 많은 부분은, 과거 그리고 현재에도 계속되는 수족 같은 사람들에 대한 종족 학살 속 기독교의 공모를 깊이 생각해 보고, 기독교에 내재하는 보편주의가 어찌 그렇게도 쉽게 타자를 지배하거나 혹은 멸절시키려는 시도로 변질되는지 밝히려는 시도로 보입니다. 정확하게 바로 이런 문제들에 대해 수년간 깊이 고민해 온 저로서는, 교수님께서 그토록 치밀하게 이 사안을 정면으로 다루시는 것이 아주 신선합니다.

강연 원고를 읽으면서 몬태나(Montana) 출신의 한 친구가 계속 머리에 떠올랐습니다. 그 친구는 감리교 신자로 자랐고 한동안 근본주의에 속했다가 교회를 떠났습니다. 그 후로 지난 25년간 인디언 전통, 특히 미술라(Missoula) 근처의 종족에 완전히 몰입했고, 백인 남성이 할 수 있는 최대한으로 자신을 이 전통에 통합시켰습니다. 친구는 2년 전 교사직을 휴직한 뒤 1년 동안 애리조나 주의 나바호·호피(Navaho·Hopi) 인디언 보호구역에 있는 국내 최대 규모의 인디언 고등학교에서 가르쳤습니다. 전체 학생 1,200명 중 95퍼센트가 인디언인 학교였습니다.

저는 어느 정도 이 친구가 인디언 전통이 세상과 소통할 수 있는 능력에 대해 다소 순진한 희망을 가지고 있었다고 생각합니다. 애리조나에서 지내기 전까지는 말이죠. 그곳, 인디언 학생과 인디언 학부모와 인디언 행정가가 있는 완전한 인디언 학교 한가운데서 그 친구는 머리가 혼란스러워지는 정치적 상황에 직면하게 되었습니다. 그는 인디언 전통을 교육과정에 통합시키는 프로그램을 도입하기 위해 그곳에 초빙되었습니다. 그러나 친구가 알게 된 것은 학부모와 선생, 행정가 대다수가 이 프로그램을 원하지 않는다는 사실이었죠. 우선, 그들의 자녀가 옛 방식으로 배워야 하며 백인에게 배워서는 안 된다고 믿는 학부모들이 있었습니다. 그다음, 그들의 자녀가 백인들의 세상에서 살아남을 수 있도록 배우는 것이 필요하며, 쓸모없는 전통에 이끌려 길을 헤매게 해서는 안 된다고 생각하는 학부모들이 있었습니다. 다음으로, 그 중간에는 이러한 두 정서가 다양하게 혼합되어 있었습니다. 친구가 이러한 모든 문제에 대해 생각하게 된 계기는 이런 것이었습니다. 그가 일주일에 한 번씩 인디언 저자의 시를 선정해 모든 선생님들에게 배포하면, 그들이 그것을 반에서 읽어 준 뒤 학생들이 그에 관해 토론을 하는 방식으로, 그날 하루 동안 온 학교가 인디언의 형식으로 쓰인 이 작품을 함께 공유하는 프로그램을 막 시작했을 때였습니다. 모든 것이 잘 진행되다가, 어느 날 선생님들은 "콜럼버스의 날"(Columbus Day)이라는 시를 받게 됩니다. 다음과 같은 시였습니다.

학교에서 이런 이름을 배웠지
콜럼버스, 코르테스, 피사로, 그리고
그 밖의 다른 많은 더러운 살인자들.
그 혈통을 물려받은 것은 마일스 장군,
다니엘 분과 아이젠하워 장군.

누구도 말하지 않는 이름
조금도 불리지 않는 희생자들의 이름
그러나 그대는 차스케를, 그 허리가
피사로 씨의 부츠에 너무도 쉽게 으스러진 그를 기억하는가?
흙먼지 속에 그는 무슨 말을 외쳤던가?

익숙한 그 이름은 뭐였나?

너무도 우아하게 춤추던 어린 소녀
모든 마을 사람들도 그녀를 따라 노래했지―
자신의 연인이 화형당하는 것에 항의하던
그녀의 팔을, 코르테스의 칼이 잘라 버리기 전에는.

그 젊은이의 이름은 수많은행동
그는 용사들의 무리를 이끌던 지도자였네
빨간막대기벌새라 불리던 그들은,
코르테스 군대의 행진을 늦추었지
몇 되지 않는 창과 돌멩이는 이제 가만히
산 위에 놓여 있네, 기억해야 한다네.

녹색바위여인이 그 이름이었네
그 늙은 여인은 꼿꼿이 걸어가
콜럼버스의 얼굴에 침을 뱉었지. 우리는
그것을 기억해야 한다네 그리고 기억해야지.
타이노의 웃는수달, 그가 막으려던 건
콜럼버스, 그리고 그는 노예로 끌려갔지,
우리는 그를 다시 보지 못했네.

학교에서 나는 영웅적인 발견에 대해 배웠네
거짓말쟁이들과 사기꾼들이 만들어 낸 이야기.
다정하고 진실한 수백만 사람들의 용기는

기념되지 않았네.

그렇다면 우리가 기념일을 공포하세
우리 자신을 위해. 그리고 행렬을 시작하세. 그 시작은
콜럼버스에게 희생된 사람들, 그로부터
우리의 손주들도 그 이름을 부를
명예롭게 이어질 행렬을.
왜냐하면 여름이 되면 그렇지 않은가,
이 땅에서는 이곳의 잔디조차 그 이름들을 속삭이며
모든 계곡마다 책임을,
그 이름들을 노래할 책임을 다하지 않는가? 그 무엇도 막지 못하네
바람이 그 이름들을 실어
학교의 모퉁이들을 감싸며 울리는 것을.

그밖에 다른 무슨 이유로 새들은
다른 땅보다 이곳에서 그토록 더 구슬프게 노래한단 말인가?

체로키족(Cherokee), 지미 더럼(Jimmie Durham)

곧바로 교사 회의가 소집되었고, 내 친구는 도대체 무슨 생각으로 이런 시를 학생들에게 읽어 주려고 했는지 추궁당해야 했습니다. 열띤 논쟁 후 마침내 문제는 이런 식으로 해결되었습니다.
 이 시가 읽히는 것을 반대한 이들은, 이미 그토록 동요되고 상한 삶

을 살고 있는 학생들에게 그런 불편한 내용을 들려주어서는 안 된다고 주장했습니다. 요약하면, 그들은 학생들의 순수함을 보호하고 이미 오래전 일이 되어 버린 끔찍한 일로부터 그들을 지키고 싶다는 것이었습니다. 내 친구와 그에게 동조한 소수의 사람들은, 만약 학생들의 순수함이 문제라면 그 시를 읽어 줄 것인지 말 것인지는 학생들 스스로 결정하도록 해야 한다고 제안함으로써 그러한 주장에 대응했습니다. 많은 반대 끝에, 교사진은 세 명의 학생을 불러 그 시를 읽어 준 뒤 그들의 생각을 물었습니다. 어느 시점에, 한 16살 여학생이 다음과 같은 취지로 발언했습니다. "저희도 우리의 역사가 고통스럽다는 것을 압니다. 과거의 끔찍한 일들을 모르지 않습니다. 그리고 여러분 선생님들께 바라는 것은, 우리에게 이 과거를 가르쳐 달라는 것입니다. 아무리 고통스럽더라도 그것이 진실이니까요. 우리는 진실을 배우고 싶습니다." 회의실에 있던 누구도 더 이상 다른 말을 하지 못했고, 회의는 중단되었습니다. 그리고 그 시는 1,200명의 학생들의 귀에 전해지게 되었지요. 제 친구의 표현대로 하면, 그 학생이 선생이 된 것입니다. 시를 읽는 것을 승인할 수 없다고 가장 큰 소리로 반대하던 이들조차 순수함의 소리에는 아무런 대꾸도 하지 못했습니다. 그때부터 친구는 시를 배포하기 전에 교사진과 먼저 상의하는 데 동의해야 했습니다.

친구는 인디언 전통의 미래에 깊이 절망하며 이 학교를 떠났습니다. 만약 미국에서 가장 큰 규모의, 전체가 인디언인 학교에서조차 전통에 대한 이런 종류의 반대가 지배적이라면, 어떤 희망이 있겠습니까? 인디언 학교는 오직 계속해서(이제는 교육을 통해) 인디언을 멸종시키려는 바로 그 역사만을 정당화하는 것 같습니다. 얼마나 끔찍한 악

순환입니까.

　이 긴 여담은, 교수님의 강연 원고를 읽으면서 제 머릿속에 이 친구와 그가 한 경험이 계속 떠올랐음을 말씀드리기 위해서입니다. 한편으로, 친구는 기독교의 종족 학살 공모에 대해 기독교 학자가 이토록 주의 깊게 생각하는 것을 보고 기뻐할 것입니다. 인디언과 그리스도인 모두가 어떻게 하면 학교에서 정당화되고 있는 제국주의에 의해 멸종되지 않을 수 있을까 하는 과제에 직면해 있다는 점에서, 교수님의 강연에는 친구에게 도움이 될 만한 많은 것이 있다고 생각합니다. 그렇지만, 아마도 원고의 마지막 몇 페이지에 대해서는 상당한 불만을 느낄 겁니다. 그리고 분명 이유는 다르겠지만, 저 역시 그렇다고 말씀드려야겠습니다.

　결국, 종족주의라는 거스타프슨(Gustafson)의 문제 제기는 어느 정도 진실을 담고 있는 것 같습니다. 제가 느끼기에, 교수님의 발표는 공모를 초월해 그리스도인 역시 제국주의의 희생자이며, 그런 의미에서 수족과 나란히 선 또 다른 종족임을 암시하기 때문입니다. 순교자의 역사를 따르는 한, 이는 분명한 사실입니다. 그렇지만 인디언과 그리스도인이 한 배를 타고 있다는 식으로 말하는 것은 정말로 위험한데, 인디언의 눈으로 볼 때 교수님은 공모자의 자리에서 그렇게 쉽게 빠져나올 수 없기 때문입니다.

　토도로프를 인용하여 교수님은 이렇게 말씀하셨습니다. "자신은 진리를 소유한 반면 다른 사람들은 그렇지 않으며, 더 나아가 그 진리를 다른 사람들도 받아들이게 해야 한다는 신념 안에는 이미 폭력이 존재하지 않는가?" 그런 뒤 이렇게 말씀하셨습니다. "우리는 이러한 생각에 움찔한다. 만약 이것이 사실이라면, 우리는 그저 침묵해야 하는 것처럼 보인다." 이후 교수님은 "그리스도가 오게 하신 나라에 반대되는 지배와 폭력의 패턴을 명시적으로든 암묵적으로든 받아들이지 않으면서, 우리는 어떻게 하면 증인들이 될 수 있으며, 어떻게 하면 교육자들이 될 수 있으며, 어떻게 하면 복음을 소통할 수 있는가?" 교수님이 결정적인 질문들을 파악하셨고, 스무 장이 넘는 분량을 통해 아주 통찰력 있는 방식으로 이러한 질문들을 발전시키셨다는 것에는 의심할 여지가 없습니다. 그런데 그런 다음, 교수님은 그토록 세심하게 발전시키신 이 질문들의 진실에 적절하게 답하지 않으신 것처럼 보입니다.

제 추측으로는 메노나이트의 방식으로 증인이 되라는 교수님의 해결책은, 그 모든 이점에도 불구하고, 교수님 자신이 제기하신 질문들의 무게를 온전히 담아내고 있지 않습니다. 그리고 그 이유는 이것입니다. "자신은 진리를 소유[하고 있다는]…신념 안에는 이미 폭력이 존재하지 않는가?" 제가 보기에 토도로프는 교수님의 증언이라는 해결책에 만족하지 않을 것 같은데, 설령 강제라는 눈에 보이는 문제에는 답했을지라도 그의 질문에서 가장 첫 번째, 그리고 가장 중요한 부분을 다루지 않기 때문입니다. 뉴비긴을 인용하셨던 긴 문단을 다시 읽고 교수님이 수족이라고 상상해 보십시오. "뉴비긴이 우리에게 상기시켜 주듯, 그리스도인은 그들의 신앙이 **모든 사람을 위한** 공적 진리로 선포되지 않는 그들만의 특별 구역 안에서 피난처를 찾으려 해서는 **결코 안 된다**. 그들 자신을 위한 법 하나가 있고 세상을 위해 **또 다른** 법이 있다는 생각에 동의해서도 안 된다. 그리스도의 칙서가 효력을 갖지 못하는 인간 삶의 영역이 있음을 **인정해서도 안 된다**. 그리스도를 섬기는 것 외의 목적을 위해 존재하는 **창조 질서**나 **권세**나 정세가 있다고 **받아들여서도 안 된다**.···교회는···**모든 만물**과 **모든 인간**이 창조된 목적···에 대해 세상 모든 사람에게 주어진 공적 계시는 존재하지 않는다는 논지를 **받아들여서는 안 된다**.···나는 그러한 이상이 가져오는 유일한 결과는 **이교도** 사회임을 우리가 이제 안다고 생각한다."

믿을 수 없을 만큼 폭력적이고 배타적인 이 언어는, 그리스도인은 타자가 **모든 사람**의 일부가 되지 않는 한 **결코 그를 받아들여서는 안 된다**는 메시지를 전달하는 수사학적 힘을 가지고 있습니다. 언제나 그랬던 것처럼 수족에게 **이교도**(경멸적인 의도로 이해된)라는 꼬리표를 붙이고 그들을 배제하고 있습니다.

더 나아가, 마지막에 개종에 관여하지 않는 증언의 개념으로 관심을 돌리셨을 때에도, (역시 뉴비긴의 것인) 그러한 언어 역시 거들먹거리는 것으로밖에 들리지 않습니다. "그(녀)는 정말로—그들을 향한 사랑에서—그들도 자신이 아는 기쁨을 함께 나누게 되기를 바랄 것이고, 정말로 그렇게 되기를 기도할 것이다." 이것은 마치 "글쎄요, 우리는 당신이 잘못되었다는 것을 압니다. 그렇지만 걱정하지 않아요. 왜냐하면 우리가 당신을 위해 기도할 것이고, 하나님의 도우심으로 당신은 괜찮아질 것이니까요"라고 말하는 꼴입니다.

장황한 글을 용서해 주시고, 그 첫 의도를 오해하지 말아 주시길 부탁드립니다. 교수님께서 끝맺으신 지점에 대해 제가 이렇게 비판적인 것은, 교수님이 많은 것에 대해 바르게 지적하셨다고 생각하기 때문입니다. 일종의 메노나이트식 증언을 해결책으로 제시하신 것은 좋았지만, 저는 뉴비긴 인용문의 폭력성이 그 논지를 왜곡시켰다고 생각합니다. 제가 이해하는 메노나이트의 증언에 따르면, 침묵이 정말로 중요한 역할을 할 수 있습니다. 우리는 다른 사람들이 우리가 말하는 것 때문이 아니라 우리가 행하는 것 때문에 우리의 삶에 매력을 느끼게 되는 것에 의존해야 합니다. 그리고 말을 하지 않고도 아주 많은 것을 할 수 있습니다. 다시금, 저는 교수님께서 교수님 스스로 제기하신 질문들을 제대로 다루었다고 생각하지 않습니다.

물론, 저는 교수님이 증언을 해결책으로 제시하신 것이 문제의 종결을 의미하지 않음을 잘 알고, 저 또한 더 나은 해결책을 가지고 있는 것은 아닙니다. 그렇지만 어떻게 증언이 일종의 침묵이 될 수 있는지에 대해 더 말씀하실 수 있다고 생각합니다. 어쩌면 그리스도인들은 입을 다무는 법을 배워야 하는지도 모르겠습니다. 그리스도인으로 하여금 소식을 선포하도록 몰아가는 내부 기제를 고려할 때 이것이 받아들여지기 쉽지 않은 생각이라는 것을 알지만, 그러한 폭력과 함께 내려오는 것이 정확하게 바로 이 선포입니다. 적어도 인용된 뉴비긴의 어조로 전해질 때는 말입니다. 뉴비긴이 특별히, 분명 그리스도인들이 침묵해서는 안 될 부분인 국가와의 관계에 대해 논하고 있다는 것도 잘 알고 있습니다만, 그 구절의 수사법은 수족에게 전혀 매력적이지 않습니다.

교수님께서는 이 강연에서 정확하게 제가 '진리와 긴장 관계에 있는 겸손'이라 불러 온 것과 대면하고 계신 것처럼 보입니다. 니체의 진리 개념을 연구하면서, 질 들뢰즈(Gilles Deleuze)는 이렇게 말합니다. "진정한 세상은 '진실한 사람,' 진리를 원하는 사람을 암시하지만, 그러한 사람에겐 마치 자신 안에 또 다른 사람을 감추고 있는 것처럼 이상한 동기가 있다.…오셀로는 진리를 원하지만, 질투심에 혹은 더 나쁘게는 흑인이라는 사실에 대한 복수심에서…결국 그 진실한 사람은 오직 삶을 심판하기만을 원하게 된다. 그는 자신이 심판할 수 있을 명목으로 우월한 가치, 선을 치켜든다, 그는 심판을 열망한다, 그는 삶에서 악을, 속죄되어야 할 잘못을 본다. 진리의 개념에 대한 도덕적 기원이다. 니체식으로 표현하면, [우리는] 심판의 체제에 저항해 [싸워야 한다.] 즉, 생명보다 우월한 가치는 없으며, 생명은 심판되거나 정당화되어서는 안 된다. 그것은 순수하다…." 이제 이런 식으로 니체를 분석하는 것은 분명히 많은 부분에서 의문이 제기될 필요가 있지만, 저는 아마도 들뢰즈가 여기서 뭔가를 알고 있지 않은가 싶습니다.

"그러한 사람에겐…이상한 동기가 있다…." 즉, 저는 우리가 매킨타이어에게서 발견하는 개인적 정체성에 대한 집착을, 그리고 우리가 우리의 삶을 알려질 수 있는 것으로, 즉 진실한 것으로 제시하기를 애쓰는 수단인 서사적 탐구에 대한 그의 개념 전체를 떠올리게 됩니다. 들뢰즈는 의심스러운 동기를 갖는 것이 정확하게 이러한 서사를 통한 정체성과 진리 탐색이며, 이는 그 사람이 언제나 판단하게 되기 때문이라고 말합니다. 그리고 종국에는, 매킨타이어가 구하는 정체성을 획득하자면 저는 거짓말을 할 수밖에 없는 방식으로 판단하도록 강요당합니다. 니체를 인용하면, "진실한 사람은 결국 자신이 거짓말을 멈춘 적이 없음을 깨닫게 됩니다." 이 말이 맞는 것 같습니다. 정말로 매일 이 자아가 살아가게 하기 위해서는 믿을 수 없을 만큼의 기만이 필요하니까요. 너무 많은 것이 서사의 연속성에서 배제되어 있습니다. 그리고 저는 우리 중 너무 많은 이들로 하여금 정체성을 고집하게 만드는 그

동기에 의문이 듭니다.

들뢰즈는 이어서, 서사와 진리를 버리는 것이 이야기를 버리는 것은 아니라고 말합니다. 분명히, 이것은 문제처럼 보입니다. 도대체 비서사적 이야기라는 것이 무엇이라는 말입니까? 그렇지만 적어도 그것이 무엇일지 생각해 보고자 함으로써, 매킨타이어의 입장에 내재된 폭력성, 계속해서 수족을 죽이는 폭력성을 버릴 수 있지 않을까요.

지금 저는 이런 것들에 대해 충분히 깊이 생각해 보지 않은 채 그냥 생각나는 대로 쓰고 있기는 하지만, 이것이 제가 들뢰즈에게서 발견하는 유익함 중 하나입니다. 어찌되었든, 우리에게 필요한 것은 교수님이 강연에서 그토록 날카롭게 파악하신, 그리고 분명히 서사 및 진리의 개념과 묶여 있는 이러한 긴장에서 벗어나는 (혹은 어쩌면 그 긴장으로 들어가거나 그것을 통과하는) 것일 테니까요. 그리고 교수님에게 주어진 과제는 훨씬 어려운데, 교수님은 평화주의자이시기 때문입니다. 매킨타이어, 피쉬, 그리고 다른 많은 이들은 그들이 멈춘 곳에서 멈출 수 있습니다. 그들은 그러한 학살에 개의치 않으니까요. 그렇지만 교수님은 그럴 수 없고, 저 역시 그렇다고 생각하고 싶습니다.

제 의견이 조금이라도 건설적이었기를 바랍니다.

평화를 기원하며,
데이비드 툴 느림.

주

서론

1) Alasdair MacIntyre, *Three Rival Versions of Moral Inquiry: Encyclopedia, Genealogy and Tradition* (Notre Dame: University of Notre Dame Press, 1990), p. 220. 매킨타이어는 애덤 기포드(Adam Gifford)가 그의 유언장에서 다음과 같이 쓴 것에 주목한다. "나는 강연들의 주제가 엄격하게 자연과학으로 다루어지기를 바란다.…강연 주제가 천문학이나 화학처럼 다루어지기를 바란다"(p. 9).

2) 호주인으로 산다는 것이 무엇을 의미하는지에 대한 아주 흥미로운 두 가지 해석으로, Mal Garvin, *US Aussies: The Fascinating History They Didn't Tell Us at School* (Victoria: Hayzon, 1987) and Willian Lawton, *Being Christian, Being Australian: Contemporary Christianity Down Under* (Homebush West, New South Wales: Lancer Books, 1988)를 보라. 호주 초기 역사의 아주 끔찍한 우화로, Robert Hughes, *Fatal Shore* (New York: Vintage, 1988)를 보라.

3) 나는 자주 제기된 이러한 반론들에 *Christian Existence Today: Essays on Church, World, and Living in Between* (Durham, N.C.: Labyrinth Press, 1988), 그리고 William Willimon과 공저한 *Resident Aliens, Life in a Christian Colony* (Nashville: Abingdon Press, 1989)를 통해 대응하고자 노력했다. 『하나님의 나그네

된 백성』(복있는사람).

4) Michel de Certeau, *The Practice of Everyday Life*, Stephen Rendall 옮김 (Berkeley: University of California Press, 1988), pp. 35-36.

5) '전방위 감시'(panoptic)라는 말에서 드 세르토는 분명히 미셸 푸코(Michel Foucault)의 『감시와 처벌』(*Disipline and Punish: The Birth of the Prison*, Allen Sheridan 역, New York: Vintage Books, 1979)에 호소하고 있다. 많은 사람들이 이 책 전체에서 푸코의 영향을 볼 것이다. 그렇기는 하지만, 아직 나는 푸코에 대해 폭넓게 사유해 보지 않았다. 다만 감시에 대한 그의 해석에 깊은 영향을 받기는 했다. 『감시와 처벌』(나남출판).

6) De Certeau, *The Practice of Everyday Life*, p. 36. 푸코가 말하는 것처럼, "개인을 구성 요소로 삼는 사회 모델은 계약과 교환이라는 추상적 법률 형태에서 금지되었다고들 종종 말한다. 이러한 관점에 따르면 상업 사회는 분리된 사법 주체들의 계약적 제휴로 표상된다. 그럴지도 모른다. 정말로, 17-18세기의 정치 이론은 종종 이러한 윤곽을 따른 것처럼 보인다. 그러나 동일한 시기에 개인을 그와 관련된 권력과 지식의 요소로 구성하는 기술이 존재했음을 잊어서는 안 된다. 개인이 사회의 '이념적' 표상인 허구의 아담인 것은 의심할 여지가 없다. 그러나 그는 또한 내가 '규율'(discipline)이라 부르는 이 특정한 권력의 기술에 의해 조작된 현실이기도 하다. 우리는 권력의 효과를 부정적 방식으로 기술하는 것, 즉 (권력은) '배제한다' '억압한다' '검열한다' '추상화한다' '위장한다' '은폐한다'라고 말하는 것을 완전히 멈추어야 한다. 사실, 권력은 생산한다. 즉, 현실을 생산하고, 대상의 영토와 진리의 의식(ritual)을 생산한다. 개인과 개인이 얻을 수 있는 지식은 바로 이러한 생산에 소속된다"(p. 194). 물론 바로 그것이 푸코가 제시하는, 벤담(Bentham)이 감옥을 판옵티콘(panopticon)으로 해석한 것이 그토록 강력한 이유인데, 곧바로 벤담은 권력이 어떻게 가시적인 동시에 입증 불가능한지를 보여 줄 수 있었기 때문이다. 따라서 이제 우리가 우리 자신을 규율로 훈련시킴에 따라 판옵티콘은 자유주의 사회를 위한 이미지가 된다. 그러한 규율은 종종 생각 없이 과학의 형태를 취한다. 사실, 우리는 우리 자신이 원한 적 없는 이들의 지배를 받고 있다.

7) 같은 책, pp. 36-37.

8) 기독교와 서구 문명 간의 관계에 관한 놀랄 만큼 솔직한 해석은, Wolfhart Pannenberg, Richard John Newuhaus, "The Christian West?" in *First Things*, 7 (November, 1990), pp. 24-31를 보라. 분명히 판넨베르크나 뉴하우스는 기독교와 서

구 문명 간 관계에 대한 무비판적 설명을 내놓지는 않지만, 다른 문화와는 다른 방식으로 이루어진 서구의 성취를 보전하는 일에 그리스도인이 책임이 있다고 추정하고 싶어 하는 것이 명백하다. 물론, 그러한 해석의 문제점 중 하나는 서구라 불리는 무언가가 있다고 추정하는 것이다.

9) John Milbank, *Theology and Social Theory: Beyond Secular Reason* (Cambridge: Basil Blackwell, 1991), pp. 391-392.『신학과 사회이론』(새물결플러스).

1장 ✛ 구원의 정치학

1) 존 하워드 요더(John Howard Yoder)의 작품과 친숙한 이들은 이 장과 책 전체에서 그의 영향, 특히 그의 *The Politics of Jesus* (Grand Rapids: Eerdmans, 1972)로부터 받은 영향을 볼 수 있을 것이다.『예수의 정치학』(IVP).

2) George Lindbeck, *The Nature of Doctrine* (Philadelphia: Westminster Press, 1984), p. 134.

3) 예를 들면, Vaclav Havel, *Living in Truth* (London: Faber and Faber, 1986), 특히 거기에 실린 "The Power of the Powerless", pp. 36-122를 보라. 하벨이 기독교 신념에 호의적이기는 하지만, 이는 그가 자신을 기독교인으로 규정한다는 의미는 아니다. 예를 들면, 그는 이러한 전체주의 사회에서 사람들이 부딪히게 되는 많은 도전이 민주주의 사회에서도 별반 다르지 않음에 주목한다. "서구 민주주의, 즉 전통적 유형의 의회 민주주의가 조금이라도 더 심오한 해결책을 제공할 수 있다는 구체적 증거는 없다. 심지어, 서구 민주주의 안에 삶의 진정한 목적을 위한 여유가 있으면 있을수록(우리의 세계와 비교해서), 위기는 사람들에게 더욱 잘 숨겨질 수 있고 사람들은 그것에 더 깊이 잠길 수 있다고 할 수도 있다. 전통적 의회 민주주의는 기술 문명과 산업 소비사회의 오토마티즘(automatism)에 근본적으로 저항할 수 없는 것처럼 보이는데, 민주주의 역시 무력하게 그와 함께 끌려가고 있기 때문이다. 사람들은 후기 전체주의 사회에서 사용되던 잔인한 방법보다 더 한없이 미묘하고 세련된 방식으로 조종당한다. 그러나 이러한 경직되고, 개념적으로 엉성하며, 정치적으로 실용적인 정적 복합체는 전문기구를 통해 운영되는 정치 정당을 손상시키고 시민들을 모든 형태의 구체적이고 개인적인 책임에서 벗어나게 한다. 그리고 그러한 복합체는 비밀스러운 조종과 팽창에 관여하는 자본 축적에 초점을 둔다. 즉, 어디에나 존재하는 소비, 생산, 광고, 상거래, 소비자 문화의 독재와 그 모

든 정보의 홍수가 바로 그것이다. 그토록 자주 분석되고 기술되듯, 이 모든 것을 인간성의 재발견을 위한 원천이라고 상상하기는 매우 어렵다. 민주주의에서 인간은 우리에게 알려지지 않은 수많은 개인적 자유와 안전을 누릴 수 있지만, 결국에는 그러한 자유와 안전도 쓸모없게 된다. 그들 역시 동일한 오토마티즘의 궁극적 희생자이며, 그들 자신의 정체성에 관한 관심을 변호하지도, 그 피상성을 방지하지도, '폴리스'의 운명을 만들어 가는 데 진정한 공헌을 하면서 그것의 자랑스럽고 책임감 있는 구성원이 되기 위해 그들 자신의 개인적 생존에 대한 관심을 초월하지도 못하기 때문이다"(pp. 115-117).

4) Alasdair MacIntyre, *The Religious Significance of Atheism* (New York: Columbia University Press, 1966), p. 24.

5) 특히, 청과물상이 가게 창문에 "세상의 노동자들이여, 연대하라"라는 슬로건을 걸어야 하는지 말아야 하는지와 관련해, 진리에 대한 하벨의 논의, *Living in Truth*, pp. 50-57를 보라.

6) Charles Taylor, *Sources of the Self: The Making of the Modern Identity* (Cambridge: Harvard University Press, 1989), p. 312. 『자아의 원천들』(새물결).

7) 같은 책, pp. 312-313. 테일러는 빅토리아 시대에 불신앙이 자라게 된 결정적 계기가 '불신앙의 윤리'의 발전이었다고 쓴다. 예를 들어, 증거가 불충분한 것을 믿어서는 안 된다는 것이다. 두 가지 이상이 이러한 원칙에 힘을 실어 주었다. (1) 우리는 권위에 호소하지 않고 증거를 토대로 우리 스스로의 생각을 결정할 의무가 있다는 것. (2) 아무리 암담한 것이라 할지라도 사물의 진리를 대면하게 되었다고 하는, 지식에 근거한 일종의 불신앙의 영웅주의. 명백히 이러한 태도는 어떤 사람들 사이에서 여전히 존재한다. 테일러에 따르면, 불신앙의 문화가 자라는 데 동일하게 중요한 역할을 한 것은 종교에서 과학으로 향한 전환이었다. 이는 "더 위대한 영혼의 순수함과 더 훌륭한 기상을 보여 줄 뿐 아니라, 인간의 진보와 복지에 대한 요구와 결을 같이했다. 정말로, 신성하지 않은 우주를 대면할 용기는 불가지론자들이 인류의 증진을 위해 기꺼이 바친 희생으로 여길 수 있었다. 미국의 한 비신자의 표현에 따르면, 그들의 '위대한 철학'은 우리 자신과 앞으로 계속 나아가는 인류의 행진에 대한 우리의 부담을 더 이상 보지 않도록 가르쳤다. 그리고 정말로, 벤담과 불신앙의 계몽주의가 그런 것처럼, 많은 이들이 신 없는 우주를 대면하는 것이 우리 안에 묶여 있던 박애심을 해방시켰다는 생각을 공유했다. 또 다른 미국인의 말을 빌리자면, '신이나 우주의 불멸에 대한 확신을 잃는 순간' 그 사람은 '자신

을 보다 신뢰하는, 보다 용감한, 오직 인간의 도움만 가능한 곳에서 도움을 주는 일에 더욱 열심인' 사람이 된다"(pp. 404-405). 우리 시대의 역설 중 하나는, 그리스도인들이 고통의 제거와 같이 보다 나은 사회의 이름으로 그들이 받아들인 이상이 암묵적으로 무신론적임을 보지 못하고 이러한 태도를 받아들였다는 것이다. 이것은 내가 Naming the Silence: God, Medicine and the Problem of Suffering (Grand Rapids: Eerdmans, 1990)에서 다룬 부주제다.

8) 오해를 덜 받기 위해 말하자면, 나는 그리스도인들이 지배하던 '황금시대'로 돌아가기를 바라거나 '기독교 문화'에 대한 열망을 품는 것이 아니다. 아마도 모든 근본적 사회 비판에서 필수 단계로서는 향수를 반대하지 않지만, 분명 '기독교'라 불리는 어떤 것이 문화적 패권과 정치적 권력을 잡고 있던 시대를 동경하지는 않는다. 정말로, 그러한 패권이 존재했을 때, 신실한 사람들을 이끌 수 있는 교회의 가능성은 결정적으로 훼손되었다는 것이 나의 생각이다. 동시에 나는 소수자의 입장 자체를 미덕으로 삼고자 하지도 않는다. 권력에서 벗어나 있는 것이나 억압받는 것은 권력을 잡고 있는 것만큼이나 부패의 이유가 될 수 있다. 내가 제안하듯, 그리스도인에게 문제는 통치 여부가 아니라, 그 방법이다. 우리의 문제는 그리스도의 통치가 카이사르가 약속한 지배라는 형태를 취해야 한다고 혼동한 것이었다.

9) Taylor, *Sources of the Self*, p. 411.

10) Jeffrey Stout, *Ethics After Babel: The Languages of Morals and Their Discontents* (Boston: Beacon Press, 1988), p. 161. 스타우트의 미묘한 입장에 대한 보다 충분한 논의는, 나와 Phil Kenneson이 함께 쓴 논문 "Flight From Foundationalism, Or, Things Aren't as Bad as They Seem", *Soundings*, 71, 4 (Winter 1988), pp. 683-699를 보라.

11) George Will, "Scalia Missed Point But Made Right Argument on Separation of Religion", *Durham Morning Herald*, Sunday, April 22, 1990, section F.

12) 라인홀드 니버(Reinhold Niebuhr)는 사랑과 정의를 기독교 윤리에서 일차적 범주로 만드는 데 기여한 결정적 목소리였다. 자유와 평등의 관계에 관한 문제가 정의를 드러내는 것과 관련된 사안이 된 것도 니버의 영향이다. 물론 많은 이들이 니버 식으로 사랑과 정의의 관계를 이해하는 것을 비판했지만, 그러한 비판 역시 여전히 사랑과 정의가 모든 기독교 윤리의 일차적 용어가 되어야 한다고 추정한다. 니버에게서 인정할 점은, 예수님이 우리의 사회윤리에서 이차적으로 여겨지실 때 사랑과 정의에 대한 집중이 필요해진다는 것을 이해했다는 점이다. 이러

한 문제에 대한 니버의 고찰은 그의 *The Nature and Destiny of Man*, vol. 2 (New York: Charles Scribner's Sons, 1949), pp. 244-286를 보라. 『인간의 본성과 운명』(종문화사).

13) Richard Rorty, *Contingency, Irony, and Solidarity* (Cambridge: Cambridge University Press, 1989), p. 8. 『우연성 아이러니 연대성』(민음사).

14) 같은 책, pp. 51-52. 로티를 위한 변호는, Stout, *Ethics After Babel*, pp. 246-255를 보라. 내가 생각하기로 스타우트는, 로티를 허무주의적 퇴폐나 주정주의를 옹호하는 자로 읽을 필요는 없으나 정확하게 그가 무엇을 원하는지는 분명치 않다는 의견을 옳게 제시한다. 로티에 대한 비판은, Ian Shapiro, *Political Criticism* (Berkeley: University of California Press, 1990), pp. 19-54를 보라. 샤피로는 로티가 적실성 있는 기본적 도덕 공동체가 국가 공동체라고 추정하는 것을 지적한다. 나는 이것이 로티에게서 추정되는 허무주의나 상대주의보다 훨씬 더 심각한 문제라고 여긴다.

15) Anthony Giddens, *The Nation-State and Violence* (Berkeley: University of California Press, 1987), pp. 83-121. 『민족국가와 폭력』(삼지원).

16) 같은 책, p. 121.

17) Oliver O'Donovan, "The Loss of a Sense of Place", *Irish Theological Quarterly*, 55 (1989), pp. 40-41. 조지 그랜트(George Grant)는 그의 빛나는 작품 *English Speaking Justice* (Notrre Dame: University of Notre Dame Press, 1985)에서 자유주의에는 경계를 설명하는 능력이 부족하다고 쓴다. 바로 그것이 자유주의가 개념상 필연적으로 제국주의적인 이유다. 그랜트가 말하듯, "보편성을 주장하는 서구의 권리 원칙은 본국과 외국 모두에서 반제국주의를 위한 기초가 된 동시에, 세상의 '뒤처진' 지역에 계몽주의를 전한다는 서구의 팽창정책에 정당성을 부여했다.…딜레마는 점점 명백해졌다. 즉, 현대의 자유주의자들이 상거래와 기술의 발전을 신뢰하는 한, 그들은 불가피하게 자신들을 제국주의 전파와 동일시하고 있었다. 자유주의가 명시적으로 인권의 보편적 신조가 되는 한, 자유주의자들은 자신들의 제국주의에 대한 비판자가 되어야 했다"(pp. 93-94). 또한 Alasdair MacIntyre, "Is Patriotism a Virtue?" (Lawrence: University of Kansas' Department of Phioosophy, 1984), pp. 3-20를 보라. 매킨타이어는 민족국가에 대한 대부분의 자유주의 해석은 애국심을 비합리적으로 만드는데, 공동체의 정당성의 조건 자체가 바로 우리가 누리는 선이 이 땅과 역사에 특정한 것임을 부정해야 하기 때문이

라고 주장한다. 비판적 자유주의 내에서 애국심을 보다 긍정적으로 해석하려는 시도로는, Charles Taylor, "Cross-Purposes: The Liberal-Communitarian Debate", in *Liberalism and the Moral Life*, Nancy Rosenblum 엮음 (Cambridge: Harvard University Press, 1989), pp. 159-182를 보라.

다니엘 케미스(Daniel Kemmis)는 그의 훌륭한 책 *Community and the Politics of Place* (Norman: University of Oklahoma Press, 1990)에서 이러한 사안을 구체적으로 보여 준다. "그렇다면 참으로 공적인 삶을 위한 기초를 형성할 수 있는 종류의 가치는, 적어도 두 가지 면에서 구체적인 한 문맥으로부터 나온다. 먼저, 협동의 실천으로 만들어지는 실제 사물이나 행사—농가와 농가 댄스파티—에서 구체적이다. 그러나 또한 그러한 실천과 협동이 일어나는 실제적이고 특정한 장소에서도 구체적이다. 분명히 개척자 가족의 행동과 성격을 형성한 실천들은 어느 날 하늘에서 내려온 것이 아니다. 즉, 그 실천들은 그 사람들이 가장 근본적으로 공유하는 한 가지에서 자라났다. 곧, 생존을 위한 노력은 헛간 세우기 같은 반복적으로 행해지는 공동의 실천에 의존하게 되고, 그리하여 생존 자체가 변화된다. 거주지가 되는 것이다. 한 장소에 거주한다는 것은 실제적 방식으로, 어떤 일정하고 신뢰받는 행동의 습관에 의존하는 방식으로 그곳에 거하는 것이다"(p. 79).

18) 마사 누스바움(Martha Nussbaum)은 매킨타이어의 *Whose Justice? Which Rationality?*에 대한 논쟁적인 서평에서 흥미로운 주장을 펼친다. 즉, 매킨타이어의 특정 전통에 대한 선호, 따라서 영국이 스코틀랜드의 지역 전통에 영향을 끼치려고 한 것에 대한 그의 비판은 그의 아우구스티누스적 형태의 기독교와 기묘하게 어긋난다고 지적한다. 그녀가 말하듯, "어떤 도덕 시스템도 기독교만큼, 특히 로마 가톨릭 버전의 기독교만큼 지역 전통을 거침없이 또한 성공적으로 소멸하지 않았다. 그런데 매킨타이어는 지역 전통의 온전성과 권위를 계속 변호하면서도, 가톨릭 기독교에 충실함을 지킨다." "Recoiling from Reason", *New York Review of Books* 36 (December 7, 1989), p. 38. 누스바움이 지적하는 바는 매킨타이어뿐 아니라 이 책에서 내가 발전시키고자 하는 입장과 관련해서도 의심할 여지 없이 아주 중요한 사안이다. 결국 중요한 것은, 자유주의 시각이 사안을 제기하는 방식인 보편성 대 지방주의의 문제가 아니라는 점을 짚고 넘어가야 한다. 오히려 문제는 교회의 실천이 어떻게 비판으로 작용할 것인지, 그뿐 아니라 다른 사람들과 접촉하고 역사와 접촉함으로써 어떻게 더욱 풍성해질 수 있는가다. 너무 자주 교회는 그리스도인이 되는 것을 추정적으로 보편적 실천을 받아들이는 것으로, 따라서

'부족에 대한' 충성에 도전하는 실천을 받아들이는 것으로 착각해 왔다. 예수 그리스도의 교회의 일부가 된 후에도 계속 수족 사람으로 살아가는 것은 가능하다. 교회가 반드시 그러한 '부족주의'를 문제시 할 필요는 없다. 물론 교회의 일부가 된다는 것은 더 이상 수족이 아니라는 이유로 더 이상 포니족(Pawnee)을 죽여서는 안 된다는 것을 의미하지만 말이다. 그러나 죽이지 않는 것은 거짓된 보편성에서 오는 것이 아니라, 기독교 성찬의 실천에서 말미암는다.

19) 리처드 니버(H. Richard Niebuhr)의 자아에 대한 사회적 개념에 깊이 영향을 받은 한 사람으로서 나는 때로, 니버의 영향을 받은 이들이 우리의 사회성에 관한 통찰 자체가 복음이 말하고자 하는 것이라고 생각하기 시작한다는 생각이 든다. 우리가 다른 사람들에게 빚지고 있음을 인식하는 것으로 충분하지 않다. 구원하는 것은 공동체에 대한 우리의 필요가 아니라 아주 특정한 종류의 하나님을 통해 가능하게 되는 아주 특정한 종류의 공동체이기 때문이다.

20) Denny Weaver, "Atonement for the Nonconstantinian Church", *Modern Theology* 6 (July, 1990), pp. 307-323.

21) Weaver, p. 5. 위버는 속죄의 만족과 대속 이론이 죄인의 문제를 본질적으로 개인적 조건으로 규정하는 경향이 있다고 주장한다. 죄인은 빚을 지고 있으며, 그 빚이 청산될 때 구원된다는 것이다. 대조적으로, 속죄의 '크리스투스 빅토르'(christus victor) 모드는 본질적으로 사회적이다. 그러나 나는 이 사안이 훨씬 복합적이라고 생각하는데, 속죄의 만족 이론이 어쩔 수 없이 개인주의적이라고 생각하지 않기 때문이다. 문제는 예수님의 신성과 분리된 속죄 개념의 추상화다. 존 밀뱅크의 의견처럼, "우리가 그것에 동화될 수 있는 한 속죄 자체는 오직 계속되는 하나님 나라 선포라는 점을 추가한다면, 안셀무스(Anselm)의 주장은 타당하다고 볼 수 있다." *Theology and Social Theory: Beyond Secular Reason* (Cambridge: Basil Blackwell, 1990), p. 396.

22) John Howard Yoder, *The Priestly Kingdom: Social Ethics as Gospel* (Notre Dame: University of Notre Dame Press, 1988), p. 11. 이 책에서 요더가 주장하는 바의 인식론적이고 목적론적인 세부 사항에 대한 이해를 돕는 데는 John Milbank의 *Theology and Social Theory: Beyond Secular Reason*보다 좋은 자료는 없다. 이 책에서 실제로 밀뱅크는, 특별히 개신교 신학의 중심을 차지해 온 사회 이론이 어떻게 기독교 교회의 존재를 서구의 역사에 종속되도록 만들 수밖에 없는지 보여주려고 힘든 노력을 기울인다.

23) 다시금, 밀뱅크는 다음과 같이 말함으로써 이것을 놀랍도록 분명하게 한다. "우리가 그리스도의 이야기와 관계를 맺을 때, 이는 우리가 무엇을 대면하든 그 경험적 내용에 그 이야기의 범주를 체계적으로 적용하는 방식으로 일어나지 않는다. 대신, 우리는 그 '원본' 이야기와 맺는 서사적 관계 안에 우리를 집어넣는 반응으로 그 서사를 해석한다. 무엇보다 교회는 예수님과 그리고 복음과 서사적 관계에 있으며, 한 이야기 안에서 이것은 양쪽 모두를 포괄한다. 이는 사실일 수밖에 없는데, '완전히 끝난' **역사적** 이야기는 어디에도 없기 때문이다. 더 나아가, 신약성경 자체는 역사성을 부정하거나, 우리 각자의 개성이 그리스도의 단일한 진리 안에서 사라진다고 가르치지 않는다. 이와는 아주 반대로, 예수님의 임무는 하나님 나라의 선포, 그리고 새로운 종류의 공동체, 즉 공동체의 시작과 뗄 수 없는 것처럼 보인다. 구원은 그리스도 이후에 우리에게 가능하게 되었는데, 이는 우리가 그분이 세우신 공동체와 통합될 수 있기 때문이며, 이 공동체가 그리스도에게 반응하는 것은 성령이 아들과 아버지 사이에 흐르는 사랑을 보내 주시는 하나님의 아들께 반응하심을 통해 가능해진다. 교회가 아들을 '쫓아' 나오는, 그러나 온전히 하나님이신 성령의 반응과 연합하는 것은, 새로운 공동체가 처음부터 하나님의 새로운 서사적 발현에 속해 있음을 보여 준다. 그런 까닭에 메타 내러티브는 단순히 예수님의 이야기가 아니며, 진행 중인 교회의 이야기다. 이는 마침내 그리스도에 의해 모범적 방식으로 이미 실현되었을 뿐 아니라, 여전히 그리스도와 조화를 이루는 가운데 우주적으로, 그렇지만 모든 세대의 그리스도인에 의해 **다르게** 실현되어야 할 이야기다." *Theology and Social Theory*, p. 387. 물론, 자유주의 그리스도인들 대부분은 이러한 주장이 취하는 제국주의적 전제 때문에 놀란다. 문제는 그리스도인들의 주장이 제국주의적이냐 아니냐가 아니라, 그것이 어떠한 제도적 형태를 취하느냐다. 나처럼 교회가 비폭력적으로 통치한다고 믿는다면, '제국주의'의 문제들은 아주 다른 문맥에 놓이게 된다고 생각한다.

더욱이, 밀뱅크가 구원이란 동료 인간 및 하나님과의 화해를 의미한다고 강조하는 것은 옳다. 이러한 중재는 교회에서 일어나며, 그렇기에 교회는 일차적으로 구원의 수단이 아니다. 오히려 밀뱅크의 표현대로, 화해한 자들의 공동체인 교회야말로 구원의 목표다. 이는 오직 우리에게 에클레시아(*ecclesia*)와 하나가 되는 것으로서의 구원은 사회적일 뿐 아니라 역사적이라는 것을 일깨워 준다. 그것은 언제나 개인은 기독교의 과거와 관련된 그 사람의 상황에 따른 특정한 방식으로, 또한 기독교의 미래에 대한 전망 안에서 구원받는다는 것을 의미한다. 같은 책, p. 226.

24) Richard Hays, *Echoes of Scripture in the Letters of Paul* (New Haven: Yale University Press, 1989), p. 53. 『바울서신에 나타난 구약의 반향』(여수룬). 나는 이 신칭의에 대한 개신교의 강조가 개신교 안에서 기독교 복음의 '영지주의화'를 초래했다는 데는 의심할 여지가 없다고 생각한다. 내가 의미하는 바는, 그러한 강조가 우리로 하여금 복음을 구체적 사람들의 실천과 분리될 수 있는, 일차적으로 어떤 지식의 형태로 생각하도록 장려했다는 것이다. 그런 문맥에서, 예수님의 삶과 십자가, 부활이 이스라엘과 분리됨에 따라 속죄 이론들이 지나치게 부각되었다. 역설적이게도 '정통 기독론'과 자유주의 개신교는 종종 유대인과의 연결성을 무관한 것으로 만드는 기독교 해석을 내놓고자 노력한다. 기독교의 보편성은 이스라엘을 희생하는 대가로 얻어지며, 그 결과 역설적으로 그리스도인들은 결국 무신론으로 끝나는 고인본주의(high humanism)의 이야기들을 수용하게 된다.

25) 특별히 강력한 해석은, Nicholas Lash, "What Might Martyrdom Mean?", *Theology On the Way to Emmaus* (London: SCM Press, 1986), pp. 75-94를 보라.

26) 라인홀드 니버의 아우구스티누스 사상 해설 전체로는, 그의 책 *Christian Realism and Political Problems* (New York: Charles Scribner's Sons, 1953), pp. 119-146에 실린 "Augustine's Political Realism"을 보라. 이 글의 결론에서 니버는 이렇게 말한다. "아우구스티누스의 접근의 결점이 무엇이든, 우리는 그를 선행하는 이들과 뒤에 따라오는 이들 모두를 넘어서는 그의 엄청난 우월성을 인정해야만 한다. 세속 사상의 경우에는, 냉소주의에 빠지지 않고 아우구스티누스의 현실주의에 접근하거나, 감상주의에 빠지지 않고도 허무주의를 피하기는 어렵다. 홉스(Hobbes)의 현실주의는 그가 아우구스티누스와 공유하는 통찰, 즉 모든 역사적 대면에서 정신은 자아의 주인이 아닌 하인이라는 점에 기초하고 있다. 그는, 그렇기에 정신을 그 도구로 만든 자아는 부패한 자아이며, '정상적' 자아가 아님을 보지 못했다. 현대 현실주의자들은 아우구스티누스가 그랬던 것처럼 집단적 사익의 힘을 안다. 그러나 그 맹목성은 이해하지 못한다. 현대 실용주의자들은 확고하고 세부적인 규범의 적실성을 이해했지만, 이러한 부적합한 규범들을 위한 가장 최종적인 규범으로서 사랑이 와야 한다는 것을 이해하지 못한다. 현대 자유주의 그리스도인들은 사랑이 인간의 최종적 규범이라는 것을 알지만, 자기 사랑의 힘과 집요함을 가늠하는 데 실패하고 감상주의에 빠지고 만다. 정치 현실에 대한 그의 접근의 결점이 무엇이든, 그리고 그의 통찰력을 너무 맹종하는 것의 위험이 무엇이든, 그럼에도 불구하고 아우구스티누스는 자신이 알려진 어떤 사상가보다 더욱 신뢰

할 만한 안내자임을 증명한다." pp. 145-156.

　아우구스티누스를 어떻게 해석해야 할 것인지는 대단히 흥미로운 해석학적 사안이다. 니버는 분명히 아우구스티누스를 자신의 현실주의 관점의 훌륭한 확증으로 읽었다. 결과적으로, 그가 『하나님의 도성』(City of God)을 근본적으로 정치 이론 책자로서 읽을 때, 그의 읽기는 놀랄 만큼 몰역사적이었다. 대조적으로, 대부분의 해석자들은 『하나님의 도성』을 긴 기독교 변증으로 본다. 물론 그런 변증 안에 정치가 내재되어 있기는 하지만 말이다. 예를 들어, Peter Kaufman, *Redeeming Politics* (Princeton: Princeteon University Press, 1990), pp. 130-148를 보라.

27) 밀뱅크는 마르쿠스(R. A. Markus) 같은 많은 아우구스티누스 해설가들이 아우구스티누스가 제도적 교회를 **하나님의 도성** 및 세상에서의 순례와 명시적으로 동일시하는 것을 폄하하려 한다고 말한다. 그러나 그는 이렇게 지적한다. "아우구스티누스는, 세례를 받은 많은 이들이 하나님 도성의 진정한 구성원이 아닌 것과 마찬가지로 하나님 도성의 진정한 구성원 중 많은 이들이 제도적 교회 밖에 있음을 강조하고자 노력하는 것이 분명하기는 하지만, 그렇다고 이것이 그가 제도적 내재성을 부차적이고 우연적인 문제로 여긴다는 의미는 아니다. 예를 들어, 이것이 아우구스티누스가 도나투스파의 재세례를 반대한 것이나, 도나투스파에 반대해 **배교자들**의 참여를 포함하는 성례전 행위가 그것 때문에 오염되거나 무효화되지 않는다고 주장한 것을 해석하는 방식이 되어서는 안 된다. 이러한 반대들은 모두 사실 아우구스티누스가 도나투스파와 비교해 가톨릭의 진리의 공적이고 상징적인 측면에 훨씬 더 큰 무게를 두었다는 것, 그리고 공동체의 기초를 전적으로 의도의 '내적' 순수성에만 두려고 한 도나투스파의 시도와 가톨릭 공동체를 그와 유사한 방식으로 이해하려 한 것에 대해 비판적이었음을 보여 준다.…아우구스티누스에게, 하나의 키비타스(civitas, 도성)으로서 교회는 그 자체로 '정치적' 실재다. 그러나 시간상의 인내와 공간상의 확장으로 더 가늠되는 도시로서, 또한 그것은 이방의 폴리스(polis) 혹은 키비타스(civitas)가 부인하는 경향이 있는 강력한 '부족적' 측면을 지닌다. 중요한 것은 이내 나타났다 사라지기를 반복할, 영웅적 현존 안에서 탁월함을 일구어 내는 것이 아니라, 계속해서 새로워지는 사랑의 신호의 전파와 세례의 모태에서 새로운 구성원을 탄생시키는 것이다." *Theology and Social Theory*, pp. 402-403.

28) Rowan Williams, "Politics and the Soul: A Reading of the *City of God*", *Milltown Studies* 19/20 (1987), p. 58.

29) 같은 책, p. 59.
30) 같은 책, p. 61.
31) 물론 밀뱅크가 지적하듯, 아우구스티누스에게는 교회와 국가 이론이 없었다. 이 세상의 도시는 현대적 주권 개념의 국가가 아니며, 바빌론까지 되돌아가는 모든 이교적 방식의 관행의 잔재다. *Theology and Social Theory*, p. 406.
32) Williams, "Politics and the Soul: A Reading of the *City of God*", p. 63.
33) 같은 책, p. 64. 코프먼(Kaufman)이 말하듯, 아우구스티누스는 "가인 종류의 도시와 완성된 하나님의 도성 사이 어디쯤에 있는 '영적인 세상의 도시'를 만들고 싶어 했다. 그는 정치가들이 더 큰 경건함을 보이도록 고무했을 뿐 아니라, 그리스도인들이 그가 그들에게 바라는 선택을 하는데 가장 좋은 환경을 창출할 영적인 세상의 도시를 위한 정치 문화를 형성하고자 노력했다." *The Redeeming Politics*, p. 147.
34) Williams, p. 67. 밀뱅크는 *Theology and Social Theory*에서 아우구스티누스는 교회에게 평화란 오직 비강제적 설득에 의해서만 얻어지는 것이라고 생각했다고 바르게 주장한다. 그러나 밀뱅크는 또한 아우구스티누스가 교회 밖에서 이루어지는 강제적 조치는 합당하게 보았다고 인정한다. 물론, 그 지점에서 나는 아우구스티누스뿐만 아니라 밀뱅크가 틀렸다고 생각한다. 정말로 나는 어떻게 밀뱅크가 비폭력의 존재론적 우선권을 주장하는 책에서 이러한 예외를 내밀 수 있는지 이해하기 힘들다.

2장 ✢ 정의의 정치학

1) 물론, 운이라는 사안 전체는 도덕적 삶에 관해 진지하게 생각하는 누구에게든 가장 고민이 되는 문제 중 하나다. 예를 들면, 존 밀뱅크는 *Theology and Social Theory: Beyond Secular Reason* (Cambridge: Basil Blackwell, 1990), p. 231에서 이렇게 말한다. "자선(charity) 역시 정확한 정의를 행하는 것, 사물의 존재 방식에 부합하는 것의 시각을 초월한다. 자선의 초자연적 시각은 모든 사회적 상황 안의 모든 유한한 입장으로부터 완성으로 나아가는 것이 여전히 가능함을 드러낸다. 이러한 시각은 단순히, 우리의 도덕적 잠재력이 우리의 사회적 상황과 재산에 의해 제한받는다는 식으로, 아리스토텔레스의 '도덕적 운'에 관한 통찰을 부정하지 않는다. 그 시각은 오직 새로운 사회적 시각으로서만 가능하기 때문이다. 그것은 곧 교회의 시각이다. 교회의 일부가 된다는 것은(그것이 진정한 교회인 경우에 한

해), 도덕적 운을 뛰어넘는 사회에 속하는 도덕적 운을 갖는 것이다." 나는 밀뱅크의 생각에 근본적으로 동의하지만, 어떻게 이를 세부적으로 발전시킬 것인가 하는 것은 쉬운 문제가 아니다. 아리스토텔레스와 운에 관한 유사한 일련의 고찰은, 내가 쓴 "Happiness, the Life of Virtue, and Friendship: Theological Reflections on Aristotelian Themes", *Asbury Theological Quarterly* 45, 1 (Spring 1990), pp. 5-48를 보라.

2) 오늘날 그러한 사안이 제기되는 것은 페미니스트 이론의 많은 고찰들 덕분이다. 예를 들면, Nancy Fraser, *Unruly Practice: Power, Discourse and Gender in Contemporary Social Theory* (Minneapolis: University of Minnesota Press, 1989)를 보라. 그녀는 리처드 로티와 관련해 이렇게 적는다. "로티의 틀 안에는 새로운 어법을 발명하기 위한 정치적 동기를 위한 자리, 강요된 침묵이나 사회적 약자 집단의 잠재워진 목소리를 극복하고자 고안된 어법을 위한 자리는 없다. 유사하게, 비자유주의 담론의 **집단적** 주체들을 위한 자리는 없으며, 그렇기에 지배 담론을 시험할 수 있는 급진적 담론 공동체를 위한 자리도 없다. 마지막으로, 사회적 필요와 집단적 관심에 대한 **비자유주의적** 해석을 위한 자리도 없으며, 그렇기에 말하자면 사회주의 페미니스트 정치학이 있을 자리도 없다. 요컨대, 로티의 틀 안에는 저항적 연대에 뿌리박은 진정으로 급진적인 정치 담론을 위한 자리가 없다"(p. 105).

3) John Rawls, *A Theory of Justice* (Cambridge: Harvard University Press, 1961), p. 63. 『정의론』(이학사).

4) 같은 책, p. 60.

5) 같은 책, p. 61.

6) 보다 실용적인 근거에 입각해 자신의 정의 이론을 변호하는, 좀더 최근의 롤스의 고찰은, "Justice as Fairness: Political Not Metaphysical", *Philosophy and Public Affairs* 14 (1985), "The Domain of Political and Overlapping consensus", *New York University Law Review* 64, 2 (May, 1989), pp. 233-255를 보라.

7) 로티의 롤스 변호는, "The Priority of Democracy to Philosophy", *Virginia Statute for Religious Freedom*, Merrill D. Peterson, Robert C. Vaughan 엮음 (Cambridge: Cambridge University Press, 1988)을 보라.

8) Anthony Giddens, *The Nation-State and Violence* (Berkeley: University of California Press, 1987), p. 150.

9) 같은 책, p. 172.

10) Alasdair MacIntyre, *Whose Justice? Which Rationality?* (Notre Dames: University of Notre Dame Press, 1988), pp. 1-11.

11) 같은 책, p. 112.

12) Gustavo Gutiérrez, *A Theology of Liberation* (Maryknoll, New York: Orbis, 1972). 인용 페이지 번호는 구티에레스의 이 귀중한 책의 초판을 따랐다. 『해방신학』(분도출판사).

13) *A Theology of Liberation*의 초판이 나온 이래 그의 책이 어떻게 수정되었는지에 대한 구티에레스 본인의 설명은 개정판 서론 (Maryknoll, New York: Orbis Books, 1988), pp. xvii-xlvi를 보라.

14) 같은 책, pp. 176-177. 구티에레스는 *A Theology of Liberation* 개정판 서론에서 이 문단에 대해 언급하면서 이렇게 말한다. "이러한 완전한 해방에 대한 생각은 교황 바오로 6세(Paul VI)가 『포풀로룸 프로그레시오』(*Populorum Progressio*, No. 21)에서 쓴 완전한 발전에 대한 생각에서 영감을 얻었다. 교황의 이러한 도움은, 다양한 수준을 헷갈리지 않고도 비인간적인 상태에서 보다 인간적인 상태로 이끄는 과정의 심오한 재결합을 확증하는 것이 어떻게 가능한지 보여 주었다. 교황이 "보다 인간적인" 상태로 열거한 "마지막으로, 그리고 무엇보다 중요하게 것들 가운데는 믿음, 인간의 선한 의지로 받아들인 하나님의 선물, 연합, 모든 인류의 아버지 살아 계신 하나님의 생명을 그분의 자손과 나누도록 우리 모두를 부르시는 그리스도의 관용"이 있다. 교황은 분명히 신앙과 사랑이 값없이 주어짐 (gratuitousness)을 무시하지 않은 채, 광범위한 의미에서 인간의 가능성에 관해 말한 것이다. 완전한 해방에 대한 이러한 접근 안에 내재주의는 조금도 들어 있지 않다. 그러나 내가 사용한 표현 중 어떤 것이 그런 인상을 주었다면, 그러한 방향의 해석은 나의 입장과 결코 양립할 수 없다고 여기서 내가 할 수 있는 한 강력하게 말하고 싶다. 더욱이, 성경적 계시의 처음과 마지막 말인 하나님 사랑의 값없음에 대한 나의 반복적 강조는 이러한 주장을 뒷받침하는, 신뢰해도 좋은 증거다. 구원을 가져오며, 모든 것을 껴안으시는 하나님의 사랑이 나로 하여금 역사에 대해 심오하게 말하도록 이끈다(이것을 말함에 있어, 나는 역사 안에서 발견되는 차이 역시 잊지 않고 있다)"(pp. xxxviii-xxxix). 구티에레스의 강조를 깊이 인정하면서도, 나는 이것이 그의 연구가 취한 신학적 선택에서 계승된 문제들을 반드시 해결한다고는 생각하지 않는다. 유감스럽게도 이러한 문제들에 대한 구티에레스의 고찰은, 존 밀뱅크가 규정하듯 "초자연적인 것을 자연화하는" 철학 자료에서 깊이 영향을

받은 것 같다. 해방신학에 깔린 몇몇 전제에 대해 정곡을 찌르는 밀뱅크의 비판은, 그의 책 *Theology and Social Theory* 8장, pp. 206-255를 보라.

15) Gutiérrez, p. 177.
16) 같은 책, p. 178.
17) 같은 책, p. 146.
18) 같은 책, p. 91.
19) Emmanuel Kant, *Foundations of the Metaphysics of Morals*, L. W. Beck 옮김 (New York: Liberal Arts Press, 1959), p. 85. 『윤리형이상학 정초』(아카넷).
20) 고통의 주제에 대한 고찰을 더 보려면, 나의 책 *Naming the Silences: God, Medicine, and the Problem of Suffering* (Grand Rapids: Wm. B. Eerdmans Publishing Co., 1990)을 보라.
21) Iris Murdoch, *The Sovereignty of Good* (New York: Schocken Books, 1971), p. 80.
22) Wolfhart Pannenberg, *Christian Spirituality* (Philadelphia: Westminster Press, 1983), p. 65.
23) 같은 책, p. 66.
24) 같은 책, p. 70.
25) 같은 책.
26) 이 동일한 문제가 사회적 복음에도 있다. 월터 라우션부시(Walter Rauschen-busch)를 높일 점은, 자신의 관점이 분명히 신정론적이라는 점과, 신정 정치는 민주주의 안에서 완벽하게 제도화되었다고 추정하는 자신의 입장을 상당히 분명하게 밝힌다는 사실이다. 물론, 정확하게 바로 그것이 문제가 되는 사안이다. 그의 책, *Righteousness of the Kingdom*, Max Stackhouse 엮음 (Nashville, Abingdon Press, 1968), pp. 79-98를 보라.
27) Pannenberg, *Christian Spirituality* pp. 89-91.
28) John Langan, S.J., "What Jerusalem Says to Athens", *The Faith That Does Justice*, John Haughey 엮음 (New York: Paulist Press, 1977), pp. 152-153.
29) 예를 들어, Harlan Beckley, "A Christian Affirmation of Rawls' Idea of Justice as Fairness: Part I", *The Journal of Religious Ethics* 13, 2 (Fall 1986), pp. 210-242와 Part II in *The Journal of Religious Ethics* 14, 2 (Fall 1988), pp. 229-246를 보라. 또한, Greg Jones, "Should Christians Affirm Rawls' Justice as Fariness?", *The Journal of Religious Ethics* 16, 2 (Fall 1988), pp. 251-271를 보라.

30) R. H. Tawney, *Equality* (London: Allen & Unwin, 1979), p. 167.

31) Michael Sandel, *Liberalism and the Limits of Justice* (Cambridge: University of Cambridge Press, 1982), p. 172. 『정의의 한계』(멜론).

32) Michael Ignatieff, *The Needs of Strangers* (New York: Viking, 1985). 또한, Nancy Fraser, *Unruly Practices: Struggle Over Needs*, pp. 161-187에 실린 아주 특별한 장을 보라. 크리스토퍼 래시(Christopher Lasch)는 *Harper's Magazine* (February, 1991)에 실린 "The Origins of Duty"에서 이렇게 논평한다. "[미국에서] 시민의 의무로 여겨지는 많은 것이 자산, 특히 농지 소유권의 광범위한 분배라는 제퍼슨의 가정에 기초했다. 자산 관리는 주도성, 사업성, 책임감의 습관을 가져온다는 믿음이 있었고, 이는 시민의 자질에서 본질적이었다. 그러나 산업주의는 영구적인 무산 임금 노동자 계급을 만들어 냈고, 이들이 처한 조건은 그들을 시민적 덕목의 원천으로부터 멀어지게 했다. 제퍼슨의 덕목을 이러한 뜻밖의 발전과 어떻게 조화를 이루게 만들 것인가는 누구도 풀 수 없는 문제로 남아 있다. 소비문화는 이 문제를 더욱 복잡하게 만들었다. 이 세기에 발흥한 소비주의는 개인의 관심이 **오직** 상품에만 있게 하며, 경제가 사람들의 필요를 만족시켜 주고 끝없이 증가하는 욕망과 기대의 수준에 따라 그 필요를 확장할 수 있는 한, 어떤 공적 의견 수렴도 필요치 않는 사회를 만들어 냈다. 끝없는 풍요의 전망에 사로잡혀, 미국인들은 상품만 계속 공급되는 한, 정의와 평등이라는 근본적 사안을 두고 더 이상 씨름할 필요가 없다고 믿게 되었다"(p. 45).

33) Robert Nozick, *Anarchy, State and Utopia* (New York: Basic Books, 1974). 『아나키에서 유토피아로』(문학과지성사).

34) Alasdair MacIntyre, *After Virtue* (Notre Dame: University of Notre Dame Press, 1984), pp. 250-251. 『덕의 상실』(문예출판사).

35) Lesslie Newbigin, *Foolishness to Greeks: The Gospel in Western Culture* (Grand Rapids: Eerdmans, 1986), p. 76. 『헬라인에게는 미련한 것이요』(IVP).

36) 같은 책, p. 19.

37) 같은 책, p 33.

38) MacIntyre, *After Virtue*, p. 106.

39) Giddens, *The Nation-State and Violence*, pp. 180-181. 기든스와 유사한 현대 사회과학 비판은 Milbank, *Theology and Social Theory*, pp. 75-100를 보라. 밀뱅크는 사회학이, 사회학이라 불리는 어떤 것의 필요성을 만들어 낸 바로 그 사회를 정

당화하는 근거가 되었음을 분명하게 보여 준다.
40) Newbigin, *Foolishness to Greeks*, p. 27.
41) Giddens, *The Nation State and Violence*, p. 210.
42) 같은 책, p. 234.
43) 같은 책, p. 113.
44) 같은 책, p. 114.
45) 같은 책, p. 250.
46) 이번 장을 마친 뒤, Duncan B. Forrester가 쓴 "Political Justice and Christian Theology"가 *Studies in Christian Ethics: Political Ethics* 3, 1 (Edinburgh: T & T Clark, 1990), pp. 1-13에 실렸다. 이 글에서 포레스터는 여기서 내가 발전시킨 것과 아주 유사한 주장을 펼친다.

3장 ✢ 자유의 정치학

1) 미국에서의 교회와 국가의 문제를 다룬 두 고전적 연구는, John Bennett, *Christians and the State* (New York: Charles Scribners and Sons, 1958)와 John Courtney Murray, *We Hold These Truths* (Garden City, New York: Image Books, 1964)를 보라. 이 두 책은 모두 훌륭하지만, 둘 다 미국에서 어떻게 교회가 계속 자유로울 수 있는가보다는 미국에서 종교의 자유라는 입장을 어떻게 해석할 것인가라는 문제를 일차적으로 다룬다. 수정 헌법 1조를 어떻게 해석할 것인가의 문제는 법적으로나 사회적으로나 분명 중요하다. 그러나 우리의 관심을 온통 그 사안에만 집중하는 것은, 우리로 하여금 교회가 이미 국가의 이익에 굴복했음을 보지 못하게 만들 수 있다.

2) 수정 헌법 1조에 대한 제퍼슨, 매디슨, 윌리엄스의 시각에 대한 훌륭한 분석은, William Lee Miller, *The First Liberty: Religion and the American Republic* (New York: Alfred Knopf, 1986)을 보라. 밀러는 "제퍼슨은 분리 정책이 국가를 교회로부터 보호한다고 믿었지만, 로저 윌리엄스(Roger Williams)는 그것이 교회를 국가로부터 보호한다고 믿었다"라는 "산뜻한 공식"이 인상적이기는 하지만, 틀린 생각이라는 작은 문제를 안고 있음을 훌륭하게 입증한다. 윌리엄스는 단순히 국가로부터 '분리된' 교회가 실제의 가시적 교회임을 이해하지 못했다. 밀러가 지적한 것처럼, 그는 국가의 권력만큼이나 가시적 교회의 권력에 대해 회의적이었기 때문이다

(pp. 182-183). 물론 이 사안에는 이후 역사의 많은 부분이 달려 있게 되는데, 그러한 교회론이 고무한 개인주의는 그 신락함을 통해 국가의 권력을 한정하는 일에 교회를 무력한 채로 남겨지게 하기 때문이다.

나는 엘륄(Ellul)의 책으로 관심을 돌리고자 하는데, 이 책은 그의 작품 대부분처럼 미칠 만큼 도발적이기 때문이다. 그는 기독교의 전복을, 예수님과 상관없이도 받아들일 수 있는 일종의 '철학'이 된 기독교 개념의 탄생에서 가장 잘 볼 수 있다고 말한다. 역사에서 철학으로의 전환이 일어나고 나면, 그리스도인들은 본질적 핵심, 곧 "하나님은 철학 체계나 도덕률이나 형이상학적 구조를 사용하여 계시하시지 않는다는 사실을 [잊는다.] 그분은 인간 역사에 들어오셔서 그분의 백성과 함께하신다. 히브리 성경은 철학적 구성이나 지식 체계가 아니다. 그것은 객관적이고 추상적인 진리를 가리거나 드러내고자 의도하는 신화와 다른 일련의 이야기다. 이 이야기들은 **하나의 역사**, 하나님의 백성의 역사다." *The Subversion of Christianity*, Geoffrey Bromiley 옮김 (Grand Rapids: William Eerdmans, 1986), p. 23. 『뒤틀려진 기독교』(대장간). 엘륄의 논점이 도움을 주는 지점은, 이스라엘과 예수님 안에서 하나님이 행하신 역사의 역사적 특정성을 고려하지 못하는 것과 기독교가 시민 종교가 된 것 간의 연관성을 보여 준다는 것이다. 나는 이러한 관련성을 설명하는 개념적이고 역사적 연결 고리가 엘륄의 책이 가리키는 것보다 훨씬 더 복합적이라고 생각한다.

3) Christopher Mooney, *Public Virtue: Law and the Social Character of Religion* (Notre Dame: University of Notre Dame, 1986), p. 27. 무니는 이어서 이렇게 논평한다. "교회는 다원주의 세상에서 무엇이 그들의 일차적인 종교적 증언이 되어야 하는지에 대해 헷갈리게 되었다. 제도권 종교는 보통 두 가지 유형의 비적실성 중 하나에 속하기 때문이다. 즉, 그 구성원들을 위한 개인 수준의 의미는 보유하지만 사회 일반을 위한 의미는 잃어버렸거나, 공적 영역에서 역사적 적실성을 보유하는 데는 성공하지만 평범한 사람들의 필요를 위해서는 그다지 중요성을 갖지 못하거나, 둘 중 하나다. 이는 미국의 가치 체계가 언제나 성(聖)과 속(俗)을 혼합하고 있었기 때문이고, 미국의 종교기 일반적으로 동일한 종류의 뒤섞인 가치를 보여 주었기 때문이다. 교회와 회당은 20세기의 세속화에 아주 쉽게 대응할 수 있었는데, 그 이유는 정확하게 그들이 사회의 세속 가치의 많은 부분을 그들 자신의 사고 체계와 관료 구조 안으로 어느 정도 통합시켰기 때문이다"(pp. 17-28). 무니는 수정 헌법 1조와 관련된 최근의 판결들에 대해 훌륭한 논의를 제공한다.

4) Miller, p. vii.
5) John Wilson, "Common Religion in American Society", in *Civil Religion and Political Theology* (Notre Dame: University of Notre Dame Press, 1986), pp. 112-113.
6) Miller, p. 350. 종교의 자유 및 그와 관련된 더 큰 문제들을 다루는 중요한 법정 소송에 대해 밀러의 논의는 극도로 명쾌한데, 정확하게 그 이유는 밀러 스스로 어떤 종교를 지배적으로 확립시키지 않으면서 종교의 자유를 제공하는 딜레마를 어떻게 해결할 수 있을지에 확신이 없는 것처럼 보이기 때문이다. 이러한 문제에 관한 대법원 판결의 역사는, 본질적으로 정치적 문제인 것을 사법 체계를 통해 다루려는 미국의 경향을 보여 주는 좋은 예다. 그 결과, 우리는 사법 기획에 그것이 제공할 수 있는 것보다 더 많은 것을 지속적으로 바란다.
7) Miller, p. 233.
8) 나는 로티의 논문이 아직 미출간 상태일 때 이 장을 썼다. 본문에 인용한 페이지 번호는 그 원고에 따랐다. 원고는 이후 *The Virginia Statute for Religious Freedom*, Merrill Peterson and Robert C. Vaughn 엮음 (Cambridge: Cambridge University Press, 1988)에 실렸다.
9) 로티가 언급한 것은 John Rawls, "Justice as Fairness: Political Not Metaphysical", *Philosophy and Public Affairs* 14 (1985)이다.
10) 유익하게도 로티는 롤스가 *Theory of Justice*에서 로욜라가 하나님의 사랑을 '지배적 선'으로 만들고자 시도한 것에 대해 언급한다고 지적한다. "우리의 모든 목표를 하나의 목적에 종속시키는 것이 엄격하게 말해 합리적 선택의 원칙을 위배하지는 않지만…여전히 우리에게는 비합리적이라는, 혹은 더 적절하게는 광적이라는 인상을 준다"(pp. 553-554). 물론 이것은 롤스가 이전에 주장한 것, 즉 "질서 있는 사회는 불의에 이끌리는 사람들의 성향을 제거하거나 적어도 통제하려고 하며", 그럼으로써 "호전적이고 비관용적인 분파는 존재하기 힘들게 만든다"는 주장과 일관되다(p. 247). 로티와 롤스 같은 사람들이 얼마나 충돌을 두려워하는지 보는 것은 흥미롭다.
11) William Bennett, "Religious Belief and the Constitutional Order", *Religious Beliefs, Human Rights, and the Moral Foundation of Western Democracy*, Carl H. Esbeck 엮음 (Columbia: University of Missouri, 1986). 페이지 번호는 본문에 있다.
12) 이어질 내용에서 내가 베넷의 입장에 거의 동조하지 않는다는 것이 분명해지겠지만, 누구의 종교적 감수성에도 피해를 주지 않기 위해 지금 나는 우리의 공립

학교가 미국의 역사를 가르치는 방식이 내게는 충격적이라는 것을 밝혀야겠다. 이 사안은 마지막 장의 초점이 될 것이다.

13) 나는 베넷이 그들의 나라를 위해 죽을 준비가 되어 있는 사람들을, 죽일 준비 또한 되어 있는 사람들로 생각한다고 추정한다. 그는 기독교 신앙에 내재된 덕목과 그가 미국의 보전을 위해 필요하다고 생각하는 덕목 사이에 어떤 긴장이 존재한다는 생각을 전혀 하지 못하는 것처럼 보인다.

나는 아서 코크런(Arthur Cochrane)이 *The Mystery of Peace* (Elgin, Illinois: Brethren Press, 1986), p. 135에서 인용한 또 다른 연설에 주의를 기울이지 않을 수 없다. 이 연설 역시, 이 세기의 더 이른 시기에 다른 나라에서 행해진 것이기는 하지만, 베넷 전 장관의 연설과 다르지 않다. 취임 중에 이 정치 지도자는 이렇게 말했다. "국가 정부는 두 기독교 신조에서 우리 국가성의 보전을 위해 가장 중요한 요소들을 봅니다. 국가 정부는 그들과 주 정부들 간에 이루어진 합의를 존중할 것입니다. 그들의 권리는 침해되어서는 안 됩니다. 그러나 역으로, 국가의 정부가 그것의 임무라고 추정하는 우리 민족의 국가적이고 도덕적인 갱신을 위한 작업 역시 똑같이 인정되어야 합니다. 국가의 정부는 기독교 신조가 학교와 교육에서 합당한 영향력을 갖도록 보장할 것입니다. 정부는 교회와 국가 간의 진정한 조화에 관심을 갖고 있습니다. 물질주의에 대항하고 민족 안에 진정한 공동체를 세우기 위한 투쟁은 우리의 기독교 신앙만큼이나 민족의 이익을 위해서도 봉사합니다." 1933년 3월 23일, 아돌프 히틀러가 행한 연설이다. 내가 약간 속임수를 썼다. 인용한 원래 연설의 마지막 문장은 이렇다. "물질주의에 대항하고 **독일** 민족 안에 진정한 공동체를 세우기 위한 투쟁은 우리 기독교 신앙만큼이나 민족의 이익을 위해서도 봉사합니다." 베넷 전 장관이 히틀러와 엮일 수 있다고 암시하는 것은 분명 아니지만, 덕이 얼마나 쉽게 파괴적 세력을 위해 봉사할 수 있는지 말하려는 것뿐이다.

14) '유대교-기독교' 도덕성에 대한 베넷의 호소는 그렇게 진지하지만 않다면 거의 코미디에 가깝다. 여기서 하이픈은, 보다 '보편적인' 기독교 종교는 유대교의 가장 좋은 것을 포함한다고 추정하는 계몽주의식 종교 해석의 결과다. 그러한 관점에서 유대교가 아직 존재한다는 사실은 오직 기독교를 이해하기 위해 필요한 배경으로서만 볼 수 있다.

15) John Waide, "Freedom of Religion: A Failure of American philosophy" (미출간 원고).

16) 이는 유대인(그리고 대부분의 그리스도인)이 그들의 자녀가 자유롭게 믿기를

바라는지와 상당히 다른 사안이다. 비강제적 믿음으로 "부름받은 교회"의 헌신은, "사람들이 믿을지 말지 선택하는 것이 가능하도록 만드는 것"과는 같지 않다.

17) 이러한 점에 대해서는, Jean Bethke Elshtain의 주목할 만한 글 "Citizenship and Armed Civic Virtue: Some Critical Questions on the Commitment to Public Life", *Soundings* 69, nos. 1-2 (Spring/Summer 1986), pp. 99-110를 보라.

18) Robert Bellah, "Public Philosophy and Public Theology in America Today", *Civil Religion and Political Theology*, pp. 79-97와 Richard John Neuhaus, "From Civil Religion to Public Philosophy", *Civil Religion and Political Theology*, pp. 98-110. 벨라는 뉴하우스가 *The Naked Public Square*에서 발견시킨 입장에 대해서는 동의를 표현하지만, 뉴하우스의 발의문 "On Balance and considering the alternative, the influence of the United States is a force for good in the world"에는 의구심을 갖는다. 그는 그러한 발의가 그가 필요하다고 생각하는 일종의 비판적 애국심을 제한한다고 말한다. 그러나 벨라 자신의 미국에 대한 헌신을 고려할 때, 그가 당연히 공감해야 할 뉴하우스의 발의를 부정하는 것은 내가 보기에 잘 이해되지 않는다.

뉴하우스의 로티 비판으로는, 그의 "Joshing Richard Rorty", *First Things* 8 (December, 1990), pp. 14-24를 보라.

19) Neuhaus, p. 103. 비판적 애국심에 대한 벨라와 뉴하우스의 요청에 대한 내용은 둘 다 불충분하게 전개했는데, 그들이 염두에 두는 것이 애국심이 아니라는 의심이 들기 때문이다. 알래스데어 매킨타이어가 "Is Patriotism a Virtue?"에서 주장하듯, 누군가의 민족적 대의가 위대한 도덕적 이상이기 때문에 우리가 그것에 충성을 바쳐야 한다고 주장하는 것은 애국심이 아니다. 그렇다면 고려의 대상은 민족이 아닌 이상이기 때문이며, 따라서 그 민족의 구성원이 아닌 누군가가 민족적 대의를 옹호해야 할 이유는 없기 때문이다. 대조적으로, 매킨타이어는 애국심이 "특정 국적을 소유한 사람들만 보일 수 있는 특정 국가에 대한 일종의 충성심과 관련해 정의된다"고 주장한다. "The Lindley Lecture" (University of Kansas, March 26, 1984. 철학과에서 출간), pp. 3-4.

20) 종교와 우리의 사회질서 간 관계에 대한 또 다른 긍정적 해석을 제공하는 좋은 시도로는, Robin Lovin, "Religion and American Public Life: Three Relationships", *Religion and American Public Life*, Robin Lovin 엮음 (New York: Paulist Press, 1986), pp. 7-28를 보라. 러빈은 종교와 사회정의에 대한 진지한 관심은 다원주의

문제를 대면하는 것에서 시작해야 한다는 흥미로운 제안을 한다. 일련의 고유한 신학적 확증에 초점을 맞춘 생각들의 체계가 원래부터 또 다른 체계에 속한 관찰자에 의해 어떻게 이해될 수 있고 심지어 비판될 수 있는지 보여 주기 위한 기초가 발견되어야 하기 때문이다. 만약 종교가 이러한 공적 역할을 맡는다면, 그 종교는 "특정 정체성을 지닌 공동체들과 국가라는 보편적 강제 권력 사이를 중재하는 [사회를 강화할 것이다.] 공적 삶에 강제적이고 배타적인 의미 체계를 부여하는 전체주의보다 오히려 공적 삶에서 의미를 메마르게 하는 실증주의에 의해 내적으로 더 큰 위협을 받고 있는 것처럼 보이는 미국 문화에서, 종교의 가장 중요한 공적 역할은 국가권력에 의해 혹은 특정 공동체의 범위 안에서 해결될 수 없는 문제들의 중요성을 강조하는 토론의 장을 적극적으로 사용함으로써 사회를 강화하는 것이라 할 수 있다"(pp. 25-26). 나는 러빈보다 훨씬 덜 희망적이고, "언어에 대한 최근의 신학적 고찰이 그러한 공적 진리를 가능하게 만드는 조건을 설명한다"는 그의 주장이 과장되었다고 생각하기는 하지만(앞에 나온 로티를 생각해 보라), 원칙적으로 러빈의 기획에 반대할 이유가 없다.

21) James Gustafson의 *The Church as Moral Decision Maker* (Philadelphia: Pilgrim Press, 1970), pp. 109-138에 나오는 "The Voluntary Church: A Moral Appraisal"은 이러한 문제를 영민하게 분석한다.

22) Max Stackhouse, "Piety, Polity, and Policy", in *Religious Beliefs, Human Rights, and the Moral Foundation of Western Democracy*, p. 23.

24) 같은 책, p. 25. 신학에 대한 이러한 이해는 무척 계몽주의 이념처럼 들린다.

24) 같은 책, p. 13.

25) 물론 그들이 말하는 것처럼, 이러한 거대한 주장은 설화—여기서는 발전시킬 수 없는 설화—에 달려 있다. 최선의 경우, 내가 할 수 있는 전부는 예수님의 죽음에 대한 G. B. 케어드(Caird)의 진술에 주목하라고 요청하는 것이다. "그분은, 그분 자신이 무죄였고 그 사건이 입증하듯 그분을 고소하는 자들이 유죄였던 죄목으로 로마 심판관의 손에 의해 죽음을 당하셨다. 그리하여 신학적 진리뿐 아니라 역사적 사실로서, 한 사람이 많은 이들의 죄를 감당했으며, 그분은 오직 더 나은 부활 안에서 다시 살아나시기 위해 자신 안에서 유대 민족 전체가 십자가에 못 박히고 있으며, 옛 이스라엘의 종말을 보게 될 인자의 날에는 또한 새 이스라엘의 신원(vindication)을 보게 될 것임을 확신하셨다." N. T. Wright, "Jesus, Israel, and the Cross", *SBL 1985 Seminar Papers* (Atlanta: Scholars Press, 1985), p. 93에서 재인용.

나는 예수님이 '유대인이심'을 망각하는 '희생적' 속죄 이론이 기독교를 시민 종교로 전환시키는 필연성과 상관있지 않은가 하는 의구심이 든다.

26) 나는 미국에서 '민중'이 실제로 다스릴 수 있다는 사실을 부인하지는 않는다. 그것이 무엇을 의미하며 혹은 의미해야 하는지 우리가 과연 알고 있는가 확신할 수는 없지만 말이다. 그러나 오히려 나는, 보다 참된 사회는 민중이 다스리는 사회라는 가정 자체에 의문을 제기하고 싶다. 우리 사회에서 교회가 직면하고 있는 도전에 대한 나의 이해를 보다 심화한 고찰은, *Christian Existence Today: Essays on Church, World and Living in Between* (Durham, North Carolina: Labyrinth Press, 1988), 특히 9장 "A Christian Critique of Christian America"를 보라.

27) 이 글은 이 사회가 다양한 종교 그룹의 문제를 다룰 수 있는 대안적인 제도적 합의를 제안하는 것을 과제로 삼지 않았다. 우선, 나는 우리에게 '종교적 관용'이 있다는, 혹은 '국가의 종교적 관용'이 있다는 국가정책을 상기함으로써, 국가가 '종교의 자유'를 허락하고 있는 것이 아님을 분명히 하고 싶다.

4장 ✣ 교회의 정치학

1) *The Circuit Rider* 24 (March, 1989). 편지의 서명자는 일리노이(Illinois)주 에번스턴(Evanston)의 데니스 그로(Dennis Groh)다.

2) 나는 Lindbeck의 *The Nature of Doctrine: Religion and Theology in a Post Liberal Age* (Philadelphia: Westminster Press, 1984)에서 경험적 표현주의자[expressivist, 도덕적 언명은 사실의 진술이나 가치와 관련된 것이 아니라 말하는 사람의 감정이나 태도를 표현하는 것이라고 주장하는 도덕철학의 한 입장으로 정의주의(emotivism)라고도 불린다—역주]모델에 대한 그의 해석이 그러한 모델을 강력하게 만들어 줄 물질적 요인에 대한 설명을 적절하게 하지 못했다고 생각한다. 경험적 표현주의는 거의 필수적으로 정치적 자유주의 및 자본주의 경제와 밀접하게 관련된 사람들의 삶을 개인화한다. 따라서 심지어 보다 보수적인 교단조차 그들이 명시적으로 표방하는 바에도 불구하고, 결국 어떤 형태의 경험적 표현주의를 지지하게 된다.

3) "생활양식 소수집단"이라는 표현은 내가 명백하게 Robert Bellah와 그의 공동집필자들이 *Habits of the Heart: Individualism and Commitment in American Life* (Berkeley: University of California Press, 1985)에 쓴 것을 빌려 온 것이다.

4) Robert Wuthnow, *The Restructuring of American Religion: Society and Faith Since World War II* (Princeton: Princeton University Press, 1988).

5) 이러한 기독교의 사회적 행위와 개인주의적 기독교 구원의 독특한 조합을 처음 창안한 것은 물론 라인홀드 니버다. 니버는 정확하게 잘못된 지점에서 기이한 방식으로 사회적 복음에 등을 돌리는데, 이는 본질적으로 루터파의 구원에 대한 이해를 좀더 칼빈주의 계통인 사회적 복음에 넘겨주는 것이다. 사실상 니버는 미국 실용주의의 옷을 입은 루터 식의 율법 복음을 구분한다.

6) 매킨타이어는 18세기 도덕주의자들이 윤리에서 근본적인 것들에 대한 도덕적 합의의 보편성이 존재한다는 가정을 했다고 말한다. 그러나 그들 역시 문화들 간에 종종 차이가 있음을 모르지는 않았지만, 이 차이는 일련의 동일한 도덕 규칙을 다른 상황에서 다르게 적용하는 데서 기인한다고 생각했다. 이는 진보에 대한 믿음, 그리하여 어떤 사회는 모두가 공유하는 기본 규칙을 보다 적절하게 적용하는 것과 관련해 다른 사회보다 명백하게 더 앞서 있다는 믿음과 결합되었다. 그러한 세상에서 도덕 이론의 목적은 단순히 평범한 사람의 판단을 기록하고 보호하는 것이 아니라, "평범한 사람들의 도덕적 믿음을 조직하고 조화롭게 만들되 그 일을, 다른 문제에 대해 상충하는 시각들과는 상관없이 그러한 평범한 사람들의 합리적 인식을 최대한 많은 수로 가장 잘 보장하도록 계산된 방식으로 하는" 건설적 교과서가 되는 것이다. "그렇게 되면 도덕철학자의 목표는 평범한 사람들의 이론 전 단계의 믿음과 판단에서 이끌어 낸 합리적 합의를 명료하게 기술하는 것이 되며, 혹은 그렇게 되어야 한다." *Three Rival Versions of Moral Inquiry: Encyclopedia, Genealogy and Tradition* (Notre Dame: University of Notre Dame Press, 1990), pp. 176-177. 이런 관점에서 현대의 도덕철학은, 도덕적 훈련과 상관없이 사람들을 조직하는 민주적 사회를 발전시키려는 노력과 필연적 상관관계에 있다. 나는 바로 그것이 사람들이 아리스토텔레스주의와 기독교 간의 공통점을 더 많이 보기 시작하는 이유라고 생각하는데, 그 사이의 심오한 차이에도 불구하고, 양쪽 모두 똑같이 반민주적이기 때문이다.

7) 이러한 논지를 한층 더 발전시킨 논문으로, 내가 쓴 "Honor in the University", *First Things* 10 (February, 1991), pp. 26-31를 보라.

8) 이러한 주장이 권위주의적으로 보이는 것을 알지만, 역설적으로 나는 이러한 주장이 권위주의의 정반대라고 생각한다. 학생들에게 나처럼 생각하는 법을 소개한다는 것은 무엇을 의미하는가? 그것은 내가 그들에게 나에 대해 철저하게 생각

할 수 있는 모든 자료를 소개해야 한다는 뜻이고, 그 과정에서 내가 충분히 인식하지 못했던 기술을 그 자료들이 포함하는 다른 목소리들이 그들에게 제공함으로써 그들은 분명히 나처럼 생각하는 법뿐만 아니라 나와 다르게 생각하는 법을 배울 것이라는 의미다.

9) 클링커는 가마의 맨 밑바닥에서 구워지는 벽돌로, 그렇기에 종종 과도한 열을 받는다. 이 벽돌에는 때로 재미있는 돌기들이 나기 때문에 벽을 아주 아름답게 만든다. 클링커의 어려움은, 아주 딱딱하기 때문에 반죽 위에 둥둥 뜬다는 점이다. 이 벽돌을 전체적으로 고르게 쌓는 것이 거의 불가능하기 때문에 경험이 부족한 조적공은 대개 클링커 쌓기를 어려워한다. 조적공은 벽돌의 고르기와 반죽의 고르기 사이 관계를 지속적으로 조절해야 한다. 예를 들어, 하루의 중반쯤 벽돌을 쌓는 것과 아침 일찍 벽돌을 쌓는 것은 방법이 약간 다를 수 있는데, 아침 일찍에는 해가 아주 뜨겁지 않고 따라서 반죽이 그렇게 빠르게 마르지 않기 때문이다. 따라서 아침에는 낮보다는 반죽을 한 번에 더 많이 발라 놓아도 괜찮다.

10) George Will의 *Men at Work: The Craft of Baseball* (New York: Macmillan Publishing Co., 1990)은 도덕철학 분야의 훌륭한 책으로, 나에게 강한 인상을 주었다. 이 책은 정말로 기예에 관한 것이고, 기예를 자기 자신의 것으로 만들기 위해서는 어떤 훈련이 필요한지 다룬다. 나는 이 책을 꼼꼼하게 읽는 가운데, 윌이 그의 자유주의 전제로 야구를 왜곡하는 것을 잡아낼 수 있을 거라고 생각했음을 인정해야겠다. 처음 몇 장은 주로 매니저, 투수, 타자 같은 개인에 관해 다룬다. 그러나 윌은 수비에 관한 장에서 야구의 공산주의적 측면을 분명히 드러낸다. 깊이 생각해 볼 가치가 있는 책이다.

11) 매킨타이어는 이렇게 말한다. "도덕적 탐구는 [특정한] 덕에 관한 이론적이고 실제적인 결론 도출을 향해 나아간다. 그러나 어떻게 그러한 결론을 향해 나아갈 수 있는지 배우기 위해서는, 탐구 중인 동일한 덕들 중 적어도 일부를 먼저 습득함으로써 그것이 어떤 덕인지 그리고 과연 무엇이 이러한 특정 습관을 덕으로 만드는지 적어도 아주 조금은 식별할 수 있어야만 한다. 따라서 우리는 도덕적 탐구를 기예의 유형으로 이해하는 데 따르는 명백한 역설에 위협받는다. 즉, 특정 결론에 이미 이르렀다는 조건하에서만 비로소 우리는 그러한 탐구에 관여할 수 있고 따라서 적절한 결론에 이를 수 있다. 이러한 위협이 상정하는 역설은—쉽게 인지할 수 있듯, 이는 플라톤과 『메논』(*Meno*)이 배움에 대해 일반적으로 처음 제기한 역설의 한 버전이다.—어떤 식으로 피하거나 사라지거나 혹은 만족될 수 있는가? 부

분적으로 그 답은 『메논』이 제시한다. 즉, 적실한 이론적이고 실제적인 결론을 향해 나아가고 그것을 성취할 수 있는 잠재력을 이미 우리 안에 가지고 있지 않는 한, 우리는 배울 수 없을 것이다. 그러나 우리는 또한 우리가 그러한 잠재력을 실현할 수 있도록 해 줄 스승이 필요하다. 그리하여 우리는 그 스승으로부터 배워야 하고, 기예의 공동체 안에서 우리가 그러한 탐구에 실질적으로 스스로 움직이는 참여자가 되고자 한다면 길러야 하고 습득해야 할 지적이고 도덕적 습관이 정확하게 무엇인지 그(녀)의 권위에 기초하여 받아들여야 한다. 그런 이유로 도덕적 탐구라는 기예의 실천 내부에 존재하는 합리적 가르침의 권위라는 개념이 나타난다. 정말로 그러한 개념은, 도덕적 탐구와 마찬가지로 선임 기술자와 견습생의 관계를 부분적으로 정의하는 가구 제작이나 낚시 같은 다른 기예에서도 나타난다." *Three Rival Versions of Moral Inquiry*, p. 63.

12) 이러한 순환적 해석에 대한 나의 고찰로, "Happiness, The Life of Virtue, and Friendship: Theological Reflections on Aristotelian Themes", *Asbury Theological Journal* 45, no. 1 (Spring 1990), pp. 21-35를 보라.

13) MacIntyre, *Three Rival Versions of Moral Inquiry*, pp. 61-62.

14) 매킨타이어의 인식론적 관점은 *Whose Justice? Which Rationality?* (Notre Dame: University of Notre Dame Press, 1988) 후반부 장들에서 더욱 결정력 있게 발전된다. 거기서 매킨타이어는 이렇게 말한다. "진리대응론(correspondence theory of truth)의 최초이자 가장 기본적인 버전은 허위의 대응론 형태에서 소급적으로 적용된 것이다.

이에 대해 제기해야 하는 첫 번째 질문은 이것이다. 무엇에 대응하거나 대응하지 못하는 것은 정확하게 무엇인가? 물론, 말이나 글의 확증이다. 그러나 그 확증은 그 대상, 곧 사회적이고 합리적인 세상의 실재를 다루는 방식이 적절하거나 적절하지 않은 지적 사고의 이차적 표현이다. 바로 이 지점에서, 전제된 정신의 개념은 데카르트적이지 않음을 기억하는 것이 중요하다. 오히려 그것은 행동으로서의 정신 개념, 즉 만지기, 부여잡기, 가리키기, 부수기, 쌓아 올리기, 호출하기, 답하기 등에 의해 이루어지는 식별, 재식별, 수집, 분리, 분류, 명명과 같은 모든 활동 안에서 자연 및 사회적 세상에 관여하는 정신에 대한 개념이다. 정신은, 이러한 활동들에 근거하여 그것이 구성하는 예상이 쉽게 틀리지 않는 한에서, 그리고 그것이 관여하는 기억하기가 그것을 이전에 대면했던 것으로 다시 돌아가게 하고 다시 회복하게 해 주는 한에서 그 대상에 적합하며, 이는 그 대상 자체가 여전히 존재하든 존재하지 않든 마찬가지다. 대상에 관여하는 결과로서 정보를 얻는 정신은, (정신의 목적에) 적절하거나 적절하지 않은 특정 대상 혹은 다양한 대상의 재-제시(re-presentation)인 이미지, 이와 대조적으로 어떤 대상이 이해되고 분류되는지와 관련해 적절하거나 적절하지 못한 형태(form)의 재-제시인 이미지 둘 모두를 통해 정보를 얻는다. 재현(representation)은 일반적 그림 그리기(picturing)가 아니며, 재-제시다. 그림은 단지 재-제시의 한 유형이며, 그와 같은 역할에서 적절함 또는 부적절함은 언제나 정신의 어떤 특정한 목적과 관련된다.

전통으로 구성된 질문들이 발생시키는 훌륭한 통찰 중 하나는 거짓된 믿음과 거짓된 판단은 대상의 실패가 아닌 정신의 실패를 보여 준다는 것이다.…이 거짓은, 보다 초기 단계에 나온 질문의 전통에서 믿음 간의 불일치가 이후의 단계에서 이해하게 된 사물과 사람의 세상과 대조를 이룰 때, 과거의 부적절함으로 소급적으로 인식된다. 따라서 대응 혹은 그 결핍은 발전하는 진리의 복합적 개념의 한 특징이 된다. 정신과 대상 사이에 유지되는 대응 혹은 그 결핍의 관계를 표현하는 것은 판단이지만, 판단 자체가 대상 혹은 정말로 다른 모든 것에 대응하는 것은 아니다"(pp. 356-357).

물론, 매킨타이어의 입장이 지닌 강점은 계몽주의 전통의 인식론의 출발점을 부정하는 것이다. 바로 그것이 전통들을 그가 그토록 극명하게 병치해야 하는 이유인데, 아우구스티누스-아퀴나스 전통은 고찰이 되기 위해 인식론적 출발점을 확보해야 한다고 가정하지 않기 때문이다. 따라서 하나의 반박으로서 숨마(summa)의 구조 자체는 출발 지점이 없음을 바르게 보여 준다. 이는 철학과 신학 연구 스타일에 심오한 함의를 갖는다. 강연 그리고/또는 에세이에서 진리가 제시될 수 있다는 계몽주의 전제를 흔드는 형식을 발견하는 것이 아주 중요해지기 때문이다. 따라서 나는 신학이 조직적일 수 있다는 것을 부정하는 방식으로 신학적인 글을 쓰는 법을 배워야 한다.

15) MacIntyre, *Three Rival Versions of Moral Inquiry*, pp. 64-65.
16) 같은 책, p. 128. 매킨타이어는 우리의 위계 구조가 합리적이기 위해서는 철학이 필연적으로 최상위(master) 기예가 되어야 한다고 주장한다. 바로 이 지점에서, 그가 말하는 철학이 무엇을 의미하느냐에 따라 그와 나의 의견이 갈릴 수 있다. 나는 신학이 궁극적으로 철학을 하인이라고 주장해야 할 공동체를 섬긴다고 주장할 수밖에 없기 때문이다.
17) 다시, 라인홀드 니버는 현대 신학의 이러한 경향의 위대한 대표자다. 더욱이,

기독교 문명의 사라지지 않는 습관을 추정할 수 있는 한, 그것이 강력한 변증적 전략이었음은 의심할 여지가 없다. 그러나 그러한 습관은 이제 완전히, 속 시원하게 사라진 것처럼 보인다. 이 사안은 다시금 매킨타이어 *Whose Justice? Which Rationality?*에 대한 Martha Nussbaum의 서평 "Recoiling from Reason", *New York Review of Books* 36, no. 19 (December 7, 1989), pp. 36-41에서 잘 설명된다. 이 서평에서 누스바움은, 매킨타이어가 죄의 개념을 소개함으로써 권위주의적 정책, 이 경우에는 인간 실존에 대한 어떠한 합리적 설명이라도 공격할 수밖에 없는 교회를 받아들인다고 비판한다. 대조적으로, 누스바움은 우리가 기독교의 시각을 배제한 채 아리스토텔레스를 회복해야 한다고 주장하는데, 오직 그럴 때에만 우리는 현대 자유주의 사회를 지탱하기 위해 필요한 일종의 합리적 합의를 보장할 수 있기 때문이다. 따라서 그녀는 이렇게 말한다. "이것은 공동의 규범을 세우는 문제의 공동의 경험에 대한 인식을 뛰어넘는 일의 어려움을 축소하려는 것이 아니다. 각 단계에서 그러한 탐구는 특정 그룹의 구체적 경험과 모두에게 보편적인 것에 대한 관심 사이에서 균형을 맞추어야 한다. 이것을 어떻게 할 수 있는지는 여전히 엄청나게 어려운 과제로 남아 있지만, 나는 그것이 불가능하다고 추정해야 할 이유를 찾기 못하겠다. 매킨타이어의 해석처럼 원죄의 교리가 사실이라면, 그러한 기획의 실행을 가로막는 장애물들이 어마어마할 것인데, 추정컨대 원죄는 각 사유자의 사유를 가로막을 뿐 아니라 사유된 시각이 받아들여지는 것도 어렵게 만들기 때문이다. 그러나 매킨타이어는 우리가 그 교리를 사실로 믿어야 할 합당한 이유를 제시하지 않는다. 또한 그러한 생각을 받아들이지 않는다면, 그리고 받아들일 때까지 우리는 권위에 따르면서 합당한 이유를 요구하는 것을 쉴 이유가 없다"(p. 41). 나는 누스바움이 죄에 대한 이야기가 권위주의적 정책을 수용하게 한다고 추정하는 것은 틀렸다고 생각하지만, 거대한 자유주의 기획에 헌신된 이들은 어떠한 죄의 개념도 거부해야 한다고 주장하는 것은 그녀가 분명히 옳다. 누스바움에 관한 보다 자세한 논의는, 내가 쓴 "Can Aristotle Be a Liberal? Nussbaum on Luck", *Soundings* 72, no. 4 (Winter 1989), pp. 675-692를 보라.

18) 개신교가 고해를 상실한 뒤 직면한 가장 큰 문제 중 하나는, 죄를 어떻게 죄로 명명할 것인지 아는 능력이었다. 가톨릭 전통의 훌륭한 풍성함 중 하나는 그 전통이 그 안에서 욕심, 탐욕, 욕정, 도둑질, 간음, 살인을 타당하게 죄로 제시할 수 있는 능력이 있다는 것이다. 개신교인으로서 우리는 우리의 죄를 명명할 수 있는 능력을 잃어버렸고, 따라서 우리의 삶이 교회의 서사 안에 자리 잡도록 해 주는, 분별

하는 종류의 실천들을 결핍하고 있다. 이러한 점에 대한 더 많은 고찰로, 내가 쓴 *In Good Company: The Church as Polis* (Notre Dame: University of Notre Dame Press, 1995), 11장 "Casuistry in Context"를 보라.

5장 ✣ 성의 정치학

1) *Human Sexuality: New Directions in American Catholic Thought* (New York: Paulist Press, 1977). 이 연구는 미국가톨릭신학협회(Catholic Theological Society of America, 협회장 Anthony Kosnik)의 후원으로 처리짐. 페이지 번호는 본문에 표기.

2) Catherine MacKinnon, "Feminism, Marxism, Method, and the State: An Agenda for Theory", *The Signs Reader*, Elizabeth Abel, Emile Abel 엮음 (Chicago: University of Chicago Press, 1983), p. 243. 매키넌의 관점을 더 충분히 보려면, *Toward a Feminist Theory of the State* (Cambridge: Harvard University Press, 1989)를 보라.

3) MacKinnon, "Feminism, Marxism, Method, and the State: An Agenda for Theory", p. 244.

4) Bertrand Russell, *Marriage and Morals* (New York: Liverwright, 1957). 모든 페이지 번호는 본문에 표기. 『결혼과 도덕』(사회평론). ·

5) Robert Nisbet, *The Quest for Community* (London: Oxford University Press, 1953), pp. 60-61.

6) *The Church Speaks to the Modern World: The Social Teachings of Leo XIII*, Etienne Gilson 엮음 (New York: Image Books, 1954), p. 97. 물론 레오 13세가 결혼에 대해 그러한 주장을 할 수 있는 것은, 결혼이 무엇인지 교회가 국가보다 더 잘 안다고 추정하기 때문이다.

7) Bertrand Russel, *Marriage and Morals*, p. 176.

8) 이러한 문제들에 대한 보다 폭넓은 고찰로, 나의 *A Community of Character: Toward a Constructive Christian Social Ethics* (Notre Dame: University of Notre Dame Press, 1981), pp. 155-195를 보라. 『교회됨』(북코리아). Janet Fishburn의 *Confronting the Idolatry of Family: A New Vision for the Household of God* (Nashville: Abingdon Press, 1991)은 더 많은 그리스도인들이 가족을 형성하는 데

대한 환영할 만한 대안이다.

9) 신보수주의 가족에 대한 변호가 지닌 역설 중 하나는 그것과 상관관계에 있는 자본주의 옹호다. 신보수주의자들은 자본주의가 시장에 종속되지 않는 사적 영역을 창조한다고 추정한다. 따라서 경제 영역, 정치 영역, 문화 영역을 구별한다. 그들은 가정이 문화 영역의 일부이며, 그렇기에 경제적 관계들과 똑같은 방식으로 이해되어서는 안 된다고 추정한다. 물론, 이러한 입장은 모든 관계를 계약적으로 만드는 자본주의 내부의 추동력을 인식하지 못한다. 자본주의는 모든 인간관계를 비영토화하고 싶어 하는 만큼, 또한 시장에 의해 결정되는 자유의 발현이 아닌 모든 특정적 헌신을 약화시키려고 한다. 따라서 역설적이게도 신보수주의자들은 오직 그들이 추정적으로 가장 걱정하는 제도들을 약화시키기만 하는 경제 질서를 창조하기 위해 노력한다. 자본주의의 본질로서 비영토화의 필연성에 대해서는, John Milbank, *Theology and Social Theory: Beyond Secular Reason* (Cambridge: Basil Blackwell, 1990), pp. 273-274를 보라.

10) 피조물이라는 것이 무엇을 의미하는지에 대한 이러한 이해를 보다 자세히 보려면, 내가 쓴 *The Peaceable Kingdom: A Primer in Christian Ethics* (Notre Dame: University of Notre Dame Press, 1983)를 보라.

11) 그리스도인의 우정의 본질과 중요성에 대한 보다 폭넓은 고찰은, 나의 "Happiness, the Life of Virtue, and Friendship: Theological Reflections on Aristotelian Themes", *The Asbury Theological Journal* 45, no. 1 (Spring, 1990), pp. 35-44를 보라.

6장 ✢ 증언의 정치학

1) 정말로, 매킨타이어가 *Whose Justice? Which Rationality?* (Notre Dame: University of Notre Dame Press, 1988)와 *Three Rival Versions of Moral Inquiry: Encyclopedia, Genealogy and Tradition* (Notre Dame: University of Notre Dame Press, 1990)에서 분명히 하듯, 아마도 현대성의 가장 결정력 있는 특징은 우리가 충분히 열심히 노력만 한다면 이해될 수 없는 '타자성'은 없다는 전제일 것이다. 나는 아도르노(Adorno) 같은 아주 특별한 사상가와 연계된 타자성 강조에 대한 이런 해석에 의구심이 들지만, 타자성의 추상적 범주와 관련해 어려운 점 중 하나는 그것이 어떻게 우리가 어떤 것을 두려워할지 길들이는 경향이 있는가 하는 것

이다. 그러나 계몽주의 합리성의 전제에 대한 도전으로서 타자의 범주가 갖는 중요성은 의심의 여지가 있을 수 없다.

'타자를 이해하는' 능력에 대한 우리의 확신을 아주 자주 구현하는 다원주의의 언어에 대한 비판은, John Milbank, "The End of Dialogue", *Christian Uniqueness Reconsidered: The Myth of a Pluralistic Theology of Religion*, Gavin D'Costa 엮음 (Maryknoll, New York: Orbis Books, 1990), pp. 174-191를 보라. 밀뱅크는 이렇게 주장한다. "다른 종교와의 만남에 적용되는 인기 있는 범주—대화, 다원주의 등—를 다원주의적 수용의 한계로 받아들일 만한 범주—사회정의, 자유, 등—와 함께 제공하는, 더 넓은 서구의 담론 안에 내장된 담론의 조건은 전세계적으로 지배적이게 된다. 그리고 이러한 역설이 함축하는 바는 명백하다. 이 책에서 낙관적으로 기념하는 이 시대의 다른 문화와 종교에 대한 인식의 순간은 그 자체로—기념의 수사법이 명백하게 보여 주는 것처럼—기독교의 영향력이라는 부담과 함께 서구의 규범 및 범주들이 다른 문화들을 완전한 망각하는 순간과 다름없다. 사회주의, 페미니즘, 반인종주의, 생태주의라는 선한 대의에 다원주의에 대한 관심이라는 멍에를 지우는 것은 사실 그러한 대의들을 제한하고 묶어 놓는데, 다원주의 담론은 서구가 고취한 민족국가와 서구가 고취한 자본주의 경제의 적합성을 추정하는 소위 자유주의적 방향으로 이끌어 가는 수사법을 행사하기 때문이다"(p. 175). 이후에 그는 이렇게 묻는다. "상대적으로 종교와 무관한 사회정의에 대한 합의가 어떻게 종교 간 차이를 중재하는 데 도움이 되겠는가?"(p. 182). 동일하게 설득력 있는 도전으로, Ken Surin, "A 'Politics of Speech:' Religious Pluralism in the Age of the McDonald's Hamburger", *Christian Uniqueness Reconsidered: The Myth of a Pluralistic Theology of Religion*, Gavin D'Costa 엮음, pp. 192-212를 보라.

2) MacIntyre, *Whose Justice? Which Rationality?*, p. 373.

3) 같은 책, p. 378.

4) 스티븐 파울(Stephen Fowl)은 매킨타이어가 번역 가능성을 수용 가능성과 헷갈림으로써 번역과 관련된 그의 입장을 과장했다고 주장한다. 그는 도널드 데이비드슨(Donald Davidson)에 의거해 스타우트의 논지에 따라 이렇게 주장한다. "우리가 **언어**라는 용어를 쓸 수 있으려면, 어떤 표현주의 집단이라도 유추가 가능하고 따라서 번역이 시작될 수 있을 만큼 우리 자신의 표현과 겹치는 부분이 충분히 존재해야 한다. 다른 그룹의 표현과 우리의 표현 간에 병행되는 것이 아예 없다면, 그들의 표현에 **언어**라는 용어를 붙일 만한 충분한 근거가 부족하다."

"Could Horace Talk with the Hebrews? Translatability and Moral Disagreement in MacIntyre and Stout", *Journal of Religion Ethic* 19, no. 1 (Fall 1991). 인용한 구절은 원고의 5-6쪽에서 가져왔다. 그러나 파울의 요점은 *Ethics After Babel* (Boston: Beacon Press, 1988)에서 개진한 스타우트의 입장을 두둔하면서 매킨타이어의 전반적 입장을 공격하는 것이 아니며, 오히려 어떤 사안에 대한 완전한 불일치는 불가능함을 보여 주는 것이다. 그러나 나는 공통된 기준 없음(incommensurability)에 관한 데이비드슨의 전반적 논지에 파울(그리고 스타우트)만큼 설득되지 않는다. 마이클 쿼크(Michael Quirk)가 지적하듯, 데이비드슨은 언어를 근본적으로 믿음의 중심지(locus)로 생각하는 경향이 있다. 따라서 언어가 비트겐슈타인(Wittgenstein)이 '합의와 판단'이라 부르는 것에 의존한다는 것을 인지하지 못한다. '합의와 판단'은 오직 기술과 실천을 배경으로만 가능하게 된다. 내가 이해하기로는 바로 그것이 이러한 문제들에 대한 매킨타이어의 입장의 핵심이다. 쿼크의 견해는 그의 논문 "Stout on Relativism, Liberalism, and Communitarianism", *Auslegung* 17, no. 1 (Winter 1991), pp. 1-14를 보라.

밀뱅크는 근본적 불일치가 가능하기 위해서는 일치에 어떤 배경이 분명 있어야 하는 것은 맞지만, 그것이 매킨타이어의 주요 논점을 약화시키지는 않는다는 점에서 파울의 견해와 일치한다. 매킨타이어는 "외부인의 지식이 내부인의 지식과 동등함을 [부정한다.] 즉, 차이는 작지만 치명적이다. 외부인은 모든 규칙을, 심지어 규칙을 수정하기 위한 규칙까지도 알 수 있기에, 많은 상황에서 문화적 이방인의 행동을 예측할 수 있을 것이다. 그러나 '시적' 혁신의 능력이 있거나 이것을 예측할 수는 없을 텐데, 연속성-차이에 대한 감각은, 문제가 되는 상황이 말로는 결코 표현될 수 없는 텔로스(telos)를 향해 박차를 가하며 '어디론가 가고 있다'는 믿음을 필요하게 만드는, 말로는 규정할 수 없는 판단을 포함하기 때문이다. 정의상 이러한 내재적/초월적 방향성을 믿지 않는 사람인 외부인은 오직 그가 신나는 기분에 '매력적'이라고 생각하는 혁신을 만들어 낼 수 있겠지만, 이러한 혁신은 규정하기 힘든 텔로스의 부가적 상세화가 아닌 본질적으로 자의적인 일탈로 볼 수밖에 없다.…따라서, 이방인의 말이 우리에게 이해 가능하다는 것은 우리가 어떤 언어적 등가물을 발견했다는 의미가 아니라, 단지 대면한 그 과정을 통해 우리가 이전의 우리와 이질적 존재가 되기 시작했다는 의미다." John Milbank, *Theology and Social Theory: Beyond Secular Reason* (Cambridge: Basil Blackwell, 1990), pp. 341-342.

5) MacIntyre, *Whose Justice? Which Rationality?*, p. 382. 매킨타이어가 시적인 것에 대해 말한 것은 언어에서 혁신이 오직 시인에 의해서만 일어날 수 있다는 의미가 아니다. 언어에서, 어떻게 지속할 수 있으며 어떻게 더 멀리 갈 수 있는지 아는 것은 잠재적으로 모든 언어 사용자에게 가능한 능력이기 때문이다. 따라서 시인은 그러한 능력이 아주 특출한 이들을 부르는 호칭이다.

6) 같은 책, p. 373.

7) Michael J. Shapiro, *The Politics of Representation* (Madison: University of Wisconsin Press, 1988), p. 107. 인용은 Tzvetan Todorov, *The Conquest of America*, Richard Howard 옮김 (New York: Harper Torchbooks, 1987), p. 5에서 가져옴.

8) Shapiro, p. 108.

9) 같은 책, pp. 109-110. 글렌 올슨(Glen Olsen)은 샤피로가 스페인 사람을 '사회적으로 자기중심적'이라고 묘사한 것에 이의를 제기하면서, 이는 종종 자신들의 사명을 위해 개인적 이익을 희생한 스페인 사람들의 양심을 공평하게 다루지 못했다고 주장한다.

10) 같은 책, p. 109.

11) Todorov, *The Conquest of America*, pp. 168-169.

12) Shapiro, p. 95. 이러한 점과 관련해 샤피로의 증거가 한쪽으로 치우쳤다는 문제가 제기될 수 있는데, 유타 사람들은 일반적으로 대부분의 미국인보다 더 오래 살기 때문이다. 그 이유는 그들이 몰몬교 신자이며, 따라서 종교적 이유로 일반 국민의 건강에 심각한 해를 끼치는 습관들을 멀리하는 데 있다. 그러나 아메리카 원주민이 원주민으로 남고자 하는 만큼 그들이 이 나라에서 결정적 불이익을 당한다는 사실을 누구든 인지하지 못하기가 어려우므로, 샤피로의 요점은 여전히 유효하다.

13) 미셸 드 세르토는 특별히 중세에 지도가 여행 이야기에 근거하여 구성된 방식에 주목한다. "여정과 활동의 이야기들은 그것의 결과이자 그것에 힘을 실어 주는 장소에 대한 '인용'으로 지도에 표시된다. 이러한 각도에서, 우리는 일상의 이야기 안에서 '여행'과 '지도'의 조합을, 지난 다섯 세기를 거치면서 그 둘이 서로 엮이고 그 다음 문학에서와 공간의 과학적 재현에서 서서히 분리된 방식에 따라 비교해 볼 수 있다. 특히, 현재의 지리학적 형태의 '지도'의 경우, 우리는 현대 과학 담론이 탄생한 시기(즉, 15-17세기)를 거치면서 지도가 그것을 가능하게 하는 조건이었던 여행 경로와 서서히 분리되는 것을 볼 수 있다." *The Practice of Everyday Life* (Berkeley: University of California Press, 1984), p. 120. 이야기와 공간의 관계, 그뿐

아니라 시간과 장소의 관계에 관한 드 세르토의 고찰은 현대의 담론에서 매우 지배적인 역사와 자연 간의 강력한 구분을 재고할 수 있는 아주 흥미로운 방법을 제공한다.

내가 이 특별한 책에 주의를 기울이게 된 것은 Phil Kenneson의 덕이다.

14) Lesslie Newbigin, *Foolishness to the Greeks: The Gospel in Western Culture* (Grand Rapids: Eerdmans, 1986), p. 140.

15) 같은 책, p. 140.

16) 매킨타이어는 다음과 같이 말한다. "너무 빈번히 **고유한** 진리대응론으로 여겨지는 것의 현대적 형태에서, 판단에 대응하는 항목으로 가장 흔한 후보는 사실(fact)이다. 그러나 망원경이나 신사들의 가발처럼, 사실도 17세기의 발명품이다. 16세기와 그 이전에는 영국에서 '사실'이란 보통 라틴어 '팍툼'(factum), 즉 행실, 행동, 그리고 때로는 교부철학에서 사건이나 경우를 표현하는 라틴어의 번역어였다. '사실'이 러셀, 비트겐슈타인, 램지(Ramsey) 같은 이후의 철학자들이 사용한 것과 같은 방식으로 처음 사용된 것은 17세기에 이르러서였다. 어떤 판단이 진술하는 것에 '사실'이라는 단어를 철학적으로나 그 밖의 다른 방식으로 사용하는 것은 지금은 물론 언제나 무해했다. 지금이나 과거에나 무해하지 않으며 심각한 오해를 불러오는 것은, 사실의 영역을 판단이나 다른 모든 언어적 표현의 형식과 별개라고 인식하고 그럼으로써 판단이나 진술이나 문장이 사실과 짝을 이룰 수 있게 되는 것, 참이나 거짓이 그러한 짝을 이룬 항목들 사이의 추정적 관계가 되는 것이다." *Whose Justice? Which Rationality?*, pp. 357-358. 그러므로 가치 언어를 계속 사용하는 것은, 그토록 분명하게 틀린 것으로 보이는 사실인 것들(the factual)의 이런 의미를 수용할 뿐이다.

17) Newbigin, *Foolishness to the Greeks: The Gospel in Western Culture*, p. 38.

18) 명백하게 이것은 여기서 적절하게 다룰 수 있는 것보다 훨씬 더 복합적인 문제들이다. 그러나 나 자신의 견해에, 우리가 **자연**이라는 용어를 창조에 대한 기독교적 확증보다는 서술적 능력을 가진 것으로 받아들이는 것은 문제의 일부다. 자연을 일차적으로 하나님이 아닌 인간과 대조되는 것으로 이해할 때 결정적으로 문제가 생긴다. 창조는 모든 존재가 피조물의 지위를 갖는다는 것을 우리에게 바르게 상기시켜 준다.

19) 이 광고는 *The New York Reveiw of Books*, p. 17에 실렸다. 나는 이것이 전미학자협회의 강령임을 나중에 알게 되었다. 이는 많은 대학에 광범위하게 배포되

었다.

20) 이 장의 초고는 1990년 5월에 쓰였다. 전미학자협회의 강령을 골랐을 때, 나는 그것이 단지 폭넓게 받아들여지는 전제의 임의적 예라고 추정했다. 따라서 듀크 대학교의 동료 교수로부터 듀크 내 전미학자협회 창립 회원이 되어 달라는 편지와 함께 이 강령을 받았을 때, 나는 깜짝 놀랐다. 물론 나는 그러한 영예를 사양했고, 객관성에 대한 전제를 구현하고 그럼으로써 결과적으로 기독교 신학이 더 이상 타당한 학문 영역으로 인식되지 못하게 만든 그러한 기관에 참여할 수 없다고 설명했다. 나는 전통과 분리되어 알려질 수 있는 '고전들'이 있다는 생각도 동일하게 문제가 있다고 생각한다. 이러한 논쟁은 *Three Rival Versions of Moral Inquiry*에서 읽은 매킨타이어 분석을 완전히 확실하게 해 준다.

'정본'(canon)이라 불리는 어떤 것을 상실하게 되면 학문적 엄격함이 줄어들 것이라고 두려워하는 이들과 연계된, 내가 가장 기이하다고 보는 일련의 주장들 중 하나는, 소위 '다문화주의자'와 '해체주의자'와 '반토대주의자'가 교육과정의 정치화를 대표한다고 추정하는 것이다. 그러한 주장은 교육과정이 이미 정치화된 것이 아니라고 추정한다. 그런 사람들이 "콜럼버스가 아메리카를 발견했다"는 것을 객관적 역사라고 추정할 수 있다는 것은, 그저 교육과정이 정치적임을 지시할 뿐이다. 그러한 서술이 비정치적으로 보일 수 있게 만드는 것이 바로 패권적 권력이다. 과거에도 그랬고 현재에도 그렇다. 정말로, 이 논쟁의 가장 기이한 점들 중 하나는 보전되어야 할 서구 문학의 정본이라 불리는 어떤 것이 존재한다는 가정이다. 유대인과 그리스도인은 그들에게 정경(canonical scripture)이 있다고 바르게 믿지만, 우리의 신학적 전제를 공유하지 않는 이들이 어떻게 그 동일한 단어를 쓰고 있는지 이해하기 어렵다.

전미학자협회의 것과 같은 강령에 걸려 있는 것은 '지식계급'의 권력이다. 에드워드 사이드(Edward Said)가 논평하듯, "지식계급, 전문가는 언제나 사회의 중심 권력층을 위해 봉사하고 그들에게 팔리기 때문이다. 바로 이것이 쥘리앵 방다(Julien Benda)가 1920년대에 말했던 '필경사들의 배반'(*trahison des clercs*)이다. 예를 들면, 외교에 대한 전문 지식은 언제나 외교 정책의 정통성을 의미했고, 더 중요하게는 외교 분야 전문가들의 역할 재인가에 지속적으로 투자한다는 것을 의미했다. 이는 문학 비평과 전문 인문학자의 경우에도 동일하게 사실이다. 그들의 전문 지식은 비코(Vico)[18세기 정치철학자]가 국가의 세계라고 장엄하게 불렀던, 그러나 평범하게 그저 '세계'라고도 부를 수 있는 것에 개입하지 않는 데 좀더 기초한다는 점만 빼면 말이다. 실제 일들이 발생하는 역사적이고 사회적인 세상에 관해 침묵하는 (아마도 무능한) 우리 자신을 보여 줄 때조차, 우리는 우리의 학생들과 일반 지지자들에게 우리가 고전과 자유주의 교육의 덕, 그리고 문학의 소중한 기쁨을 변호한다고 말한다." *The Word, The Text, and the Critic* (Cambridge: Harvard University Press, 1983), p. 2.

21) 매킨타이어는 애덤 기포드, 토머스 스펜서 베이네스(Thomas Spencer Baynes), 윌리엄 로버트슨 스미스(William Robertson Smith), 헨리 시지윅(Henry Sidgwick), 달랑베르(D'Alembert), 디드로(Diderot), 그리고 물론 칸트를 백과전서파로 파악한다. 위대한 계보학자로는 니체, 그리고 보다 최근 인물로는 푸코가 있다. 많은 면에서 매킨타이어는 명백하게 전자보다는 후자에 더 가깝다. 나는 매킨타이어가 이를 잘 알고 있다고 생각하지만, 그는 반토대주의자와 비교되는 것을 좋아하지 않는데, 그들의 입장이 직접적으로 백과전서파와 상관관계에 있다고 여기기 때문이다. 그는 현대성에서 인식론의 조건인 **철학**이 잘못된 것임을 입증함으로써 현재의 논쟁을 읽어 내는 다른 방법을 제공하고자 노력하고 있다. 즉, 일반적으로 합리성이라 불리는 어떤 것의 정당성을 입증함으로써 회의론자의 도전에 대응하려는 시도는 잘못이었다는 것이다. 백과전서파 기획이 만들어 낸 종류의 회의론자들에게 대응하는 유일한 방법은, 대안적 서사가 있음을 보여 주는 것이다. 물론, 그것이 계보학자에게 그들 스스로를 설명할 수 있는 충분한 자료가 부족하다는 것을 보여 주려는 매킨타이어의 시도를 막지는 못한다. 즉, 그들의 입장을 고려할 때, 그들은 글을 읽는 것 뿐 아니라 쓰는 것에서도 왜 도덕적 전제가 지속될 수 없는지 보여 주지 못한다. 예를 들면, *Three Rival Versions of Moral Inquiry*, pp. 52-57, 196-215에 나오는 그의 논지를 보라. 그러나 매킨타이어는 결국 계보학 기획을 완전히 무너뜨리는 주장을 자신이 내놓을 수 없다는 것을 잘 아는데, 그러한 주장을 제시하는 것이 오직 그들의 입장을 확인해 줄 뿐이기 때문이다. 존 밀뱅크도 그의 *Theology and Social Theory*, pp. 278-325에서 아주 비슷한 전략을 따른다.

내가 볼 때, 계보학자들에게 종종 주어지는 허무주의자 혹은 상대주의자라는 비판은 잘못된 것이다. 일부 계보학자는 그중 하나 혹은 둘 다일 수 있을지라도, 그러한 비판은 사실 정확하게 거기에 달린 사안들을 상정한다. 예를 들면, 반토대주의자들에 대해 종종 나오는 주장, 즉 본문으로부터 우리가 원하는 무엇이든 만들 수 있다고 그들이 가정한다는 것은 사실이 아니다. 예를 들어, 스탠리 피시(Stanley Fish)의 설명을 살펴보라. "해석적 공동체는 일련의 제도적 관습에 지나지 않는다.

그리고 그러한 관습은 그것이 하는 바로 그 작업에 의해 지속적으로 변화하는 반면, 변화된 관습은 살아남아 연속성의 기초를 형성한 보편적 목적과 목표와 관련하여 그 자체를 파악하고 이야기한다. 우리가 가진 대상은 어떤 관습, 어떤 해석적 공동체가 한 작업의 문맥 안에서 우리에게 나타나는 모든 대상이라는 사실은, 그것이 대상이 아니라는 의미도, 우리가 그것을 갖고 있지 않다는 의미도, 그것이 우리에게 압력을 행사하지 않는다는 의미도 아니다. 그것이 의미하는 것은 그 대상들이 해석된 대상이라는 것이며, 해석은 변할 수 있기 때문에 대상의 인지된 형태 역시 변할 수 있다는 것이 전부다." *Doing What Comes Naturally* (Durham: Duke University Press, 1989), p. 153. 피시와 매킨타이어 사이의 아주 흥미로운 비교로는, Allen Jacobs, "The Unnatural Practices of Stanley Fish: A Review Essay", *South Atlantic Review* 55 (1990), pp. 87-97를 보라.

22) Lesslie Newbigin, *The Gospel in a Pluralist Society* (Grand Rapids: William B. Eerdmans Publishing, 1989).『다원주의 사회에서의 복음』(IVP).

23) James McClendon, *Systematic Theology: Ethics I* (Nashville: Abingdon Press, 1986), p. 174.

24) Newbigin, *Foolishness to the Greeks*, p. 115.

25) Newbigin, *The Gospel in a Pluralist Society*, p. 182.

감사의 말

결혼은 삶을 통해 다듬어지는 공유된 판단력으로 이루어진다. 신혼인 폴라(Paula)와 나는 미래에 무엇을 하면 좋을지 상상해 보는 것을 즐겼다. 예를 들면, 우리는 우리가 호주에 가 보고 싶어 한다는 걸 알게 되었다. 그것이 환상임을 알았지만, 환상은 판단력의 일부다. 난데없이 뉴사우스웨일스 대학교로부터 뉴칼리지 강연을 해 달라는 초청장을 받고 환상이 가능성으로 바뀌었을 때, 우리가 얼마나 깜짝 놀랐을지 상상할 수 있을 것이다. 가능성은 우리가 그곳에 감으로써 현실이 되었고, 우리는 호주가 멋진 곳이며 그곳에서 우리가 만난 사람들은 훨씬 더 멋지다는 것을 발견했다. 감사할 분들이 너무 많다.

나에게 뉴칼리지 강연에 연사로 초청받는 명예를 허락해 준 뉴칼리지 강연 이사진에게 감사드린다. 특별히, 호주 교회와 신학계에 대해 많은 것을 가르쳐 주었을 뿐 아니라 든든하게 지원해 준 뉴칼리지의 수장 브루스 카예(Bruce Kaye) 박사에게 빚을 졌다. 그와 그의 아내

루이스 카예(Louice Kaye)는 우리가 시드니에 머무는 동안 훌륭한 접대를 베풀어 주었다. 우리는 브루스, 루이스 부부와 함께 우리의 첫 번째 결혼기념일을 보내면서, 폴라가 코알라(그리고 웜뱃)을 쓰다듬던 것, 블루마운틴으로 가는 길에 멋진 피크닉을 즐겼던 것, 그리고 상상할 수 있는 가장 찬란한 석양과 함께 하루를 마무리했던 것을 결코 잊지 못할 것이다. 마법과 우정의 날이었다.

뉴칼리지 강연의 연사로 내게 주어진 책임 중 일부는 시드니뿐 아니라 캔버라, 멜버른, 퍼스에서도 강연을 하는 것이었다. 웨인 후퍼(Wayne Hooper)는 우리가 캔버라의 세인트마크스에 머물 때 우리를 맞아 주었다. 그는 학자들뿐만 아니라 정치가들도 참여한 훌륭한 세미나를 마련했다. 나는 그 특별한 아침에 우리가 나눈 내용을 잊지 못할 것이다. 전에 미국에서 사귄 존 헨리(John Henley) 박사는 친절하게도 우리를 멜버른까지 태워 주었다. 그는 우리에게 멜버른 동물원을 소개해 주었을 뿐 아니라, 멜버른의 신학 교육에서 일어나고 있는 교회일치를 위한 훌륭한 노력을 알게 해 주었다, 대주교 피터 칸리(Peter Carnley)와 앤 칸리(Anne Carnley)는 우리가 퍼스에서 지내는 시간이 그 아름다운 도시만큼이나 환상적이도록 만들어 주었다. 이제 우리 삶의 일부가 된 호주를 결코 잊지 못할 것은 모두 그들의 덕분이다.

카예는 강연에서 기독교와 현대성 간의 관계를 전반적으로 다루어 달라고 제안했다. 나는 그런 넓은 범위의 주제에 감사했지만, 강연에서 무엇을 말해야 할지 알 수 없었다. 그러한 일련의 주제를 파악하고 발전시키기 위해 노력하면서, 나는 많은 이들의 도움을 받았다. 특히 카예 박사는 호주라는 이름으로 알려진 특정 현대사회와 그곳의 교회가 직면하고 있는 고유한 도전에 대해 그 누구보다 지혜롭게 글을 써 주었다.

보다 일반적인 수준에서, 나는 알래스데어 매킨타이어에게 명백하게 큰 빚을 졌다. 그의 지성과 학식에는 언제나 약간 주눅이 든다. 그의 연구에 그가 못마땅해 할 수 있는 입장을 덧붙이고자 한 나의 노력에 대해 양해를 구하고 싶다. 심오한 당착을 느끼지 않으면서 알래스데어 매킨타이어와 존 하워드 요더에게 동시에 영향을 받을 수 있다는 것은 아마도 우리가 살고 있는 유별난 시대의 표증이 아닐까 한다. 존 밀뱅크 교수 역시 미주에서 분명하게 드러나듯 나에게 많은 것을 가르쳐 주었다. 그는 어떻게 신학을 할 수 있는지에 대한 새로운 감각을 발전시키도록 도와주고 있으며, 나는 앞으로도 이어질 그의 연구를 고대한다.

평소처럼, 나는 토미 랭퍼드(Tommy Langford) 교수와 켄 수린(Ken Surin) 교수에게 많은 빚을 졌다. 토미의 지혜와 신중한 판단력은 종종 좀 과장된 나의 주장을 재고할 수 있게 해 준다. 켄 수린은 내 초안이 인습에 빠지는 것을 한 번도 놓치지 않고 도전해 준다. 그뿐만 아니라, 윌 윌리몬은 여전히 나에게 가장 소중한 대화 상대이자 친구 중 한 명이다. 윌은 교회 사역보다 더 큰 지적 부담을 주는 일은 없음을 나에게 지속적으로 상기시켜 준다.

원고를 읽고 비판해 준 그렉 존스(Greg Jones) 교수에 빚을 졌다. 마이크 카트라이트(Mike Cartwright) 교수 역시 각 장에 대한 귀중한 제안을 해 주었다. 필 케네슨(Phil Kenneson)은 원고 전체를 읽고 너무 귀한 제안을 해 주었다. 사실 "너무 귀한 제안을 해 주었다"는 표현은 너무 약한데, 그는 강력한 주장을 통해 내가 가고 있던 방향 중 일부를 변경하게 만들었기 때문이다. 데이비드 마츠코(David Matzko)는 그가 늘 보여 주는 훌륭한 감각과 유머가 원고에 배어들게 해 주었고, 내가 이전에 썼던 것을 새로운 방식으로 이해할 수 있도록 도와주었다. 캐시 루디(Kathy Rudy)는 내가 캐서린 매키넌의 작품과 그것이 강조한 프리츠 바우어슈미트(Fritz Bauerschmidt)에게 처음으로 주의를 기울이게 해 주었다. 내게 계속 선물로 주어지는, 현재의 그리고 이미 졸업한 많은 대학원생들은 나를 교육시키는 그들의 임무를 결코 그치지 않을 것이다. 그들의 신뢰와 지지에 계속 놀랄 뿐이다.

애빙던 출판의 폴 프랭클린(Paul Franklyn) 박사는 처음부터 이 기획의 훌륭한 후원자였다. 책을 어떻게 더 잘 쓸 수 있는지에 대한 그의 제안을 전부 따르지 못해서 유감이다. 적어도 독자들은, 책이 매끄럽게 읽히는 지점들이 있다면 분명 폴의 손을 거친 덕분임을 알아 주길 바란다.

물론 늘 그렇듯, 게이 트로터(Gay Trotter)의 특별한 도움 없이 이 책은 빛을 볼 수 없었을 것이다. 이 책의 원고를 기꺼이 타이핑하고 재타이핑해 준 그녀의 노력은 나를 겸손하게 만드는 그녀의 정신과 인내를 증언한다. 나는 듀크 대학교 종교학과 대학원 과정의 디렉터로서 6년간의 임기를 곧 마치게 된다. 그 시간 동안, 게이는 내가 계속 글을 쓰는 것을 말 그대로 가능하게 해 주었다. 그녀의 지원과 기술이 그립겠지만, 우리의 우정은 지속될 것을 알기에 기쁘다.

우리의 삶은 우리가 받기에 합당치 않지만, 우리를 보다 우리 자신으로 만들어 주는 은혜인 타인들로 이루어진다. 나의 삶은 내 아내 폴라 길버트(Paula Gilbert)의 사랑으로 명백하게 변화되었다. 그러나 훌륭한 사랑은 우리를 가두는 것이 아니라, 타인을 향해 우리를 열어 놓는다. 폴라가 가져다준 타인 중 한 명이 바로 그녀의 지도 교수이자, 현재는 듀크 신학대학원의 미국교회사 명예교수인 스튜어트 헨리(Stuart C. Henry) 교수다. 지난 5년을 지나면서, 스튜어트는 나에게 아주 좋은 친구이자 상담가가 되어 주었다. 그의 지혜와 달변, 그리고 삶의 기이함에 대한 남다른 감각은 폴라와 내가 함께하는 삶을 비교할 수 없이 풍성하게 해 주었다. 그 때문에, 깊이 감사하는 마음으로 겸허히 이 책을 스튜어트 헨리 박사에게 바친다.

찾아보기

가빈, 맬(Mal Garvin) 213
거스타프슨, 제임스(James Gustafson) 234
구티에레스, 구스타보(Gustavo Gutierrez) 15-16, 17, 73-80
그랜트, 조지(George Grant) 218
기든스, 앤서니(Anthony Giddens) 49, 71
길버트, 폴라(Paula Gilbert) 251, 255

노직, 로버트(Robert Nozick) 87
누스바움, 마사(Martha Nussbaum) 219, 240
뉴비긴, 레슬리(Lesslie Newbigin) 88-90, 188-189, 196, 198-200, 208-210
뉴하우스, 리처드 존(Richard John Neuhaus) 119-121, 214, 233
니버, 라인홀드(Reinhold Niebuhr) 57, 112, 217-218, 222-223, 236, 240
니버, 리처드(H. Richard Niebuhr) 220
니스벳, 로버트(Robert Nisbet) 163
니체, 프리드리히(Frederick Nietzsche) 78, 107-108, 210-211

더글러스, 윌리엄(William Douglass) 103

더럼, 지미(Jimmie Durham) 205
데이비스, 그레이디 스콧(Grady Scott Davis) 19
데이비드슨, 도널드(Donald Davidson) 243
드 세르토, 미셸(Michel de Certeau) 27-29

라우션부시, 월터(Walter Rauschenbush) 227
라이트(N. T. Wright) 234
래시, 니컬러스(Nicholas Lash) 222
래시, 크리스토퍼(Christopher Lasch) 228
랭언, 존(John Langan) 83-85
랭퍼드, 토미(Tommy Langford) 253
러빈, 로빈(Robin Lovin) 233-234
러셀, 버트런드(Bertrand Russel) 159-169
레오 13세(Leo XIII) 167
레이건, 로널드(Ronald Reagan) 112
로욜라, 이그나티우스(Ignatius Loyola) 107-108, 117
로크, 존(John Locke) 25, 45-46
로턴, 윌리엄(William Lawton) 213
로티, 리처드(Ricahrd Rorty) 47-49, 105-109, 114-119, 120, 123-124, 218, 233-234
롤스, 존(John Rawls) 19, 69-71, 85, 86-88, 107, 108, 225, 231
루디, 캐시(Kathy Rudy) 254
린드벡, 조지(George Lindbeck) 37

마츠코, 데이비드(David Matzko) 254
매디슨, 존(John Madison) 112
매클랜던, 제임스(James McClendon) 249
매키넌, 캐서린(Catherine MacKinnon) 156-158, 173, 254
매킨타이어, 알래스데어(Alasdair MacIntyre) 23, 31, 38, 47, 71-73, 87-88, 140-141, 177-178, 180, 194, 211, 253
머독, 아이리스(Iris Murdoch) 227

머리, 존 코트니(John Courtney Murray) 229
모이어스, 빌(Bill Moyers) 149
무니, 크리스토퍼(Christopher Mooney) 230
밀러, 윌리엄 리(William Lee Miller) 102, 229
밀뱅크, 존(John Milbank) 33-34, 220-223, 224-225, 227-229, 243, 244, 248, 253
밀턴, 존(John Milton) 47

바우어슈미트, 프리츠(Fritz Bauerschmidt) 254
베넷, 윌리엄(William Bennett) 105, 110-113, 114-120
베넷, 존(John Bennett) 229
베클리, 할런(Harlan Beckley) 227
벤담, 제러미(Jeremy Bentham) 25
벨라, 로버트(Robert Bellah) 119-120
사이드, 에드워드(Edward Said) 247
샌델, 마이클(Michael Sandel) 86
샤피로, 마이클(Michael Shapiro) 181-187
샤피로, 이안(Ian Shapiro) 218
수린, 켄(Ken Surin) 253
슐라바흐, 제럴드(Gerald Schlabach) 13
스캘리아, 앤터닌(Antonin Scalia) 45-46
스타우트, 제프(Jeff Stout) 43, 48-49
스택하우스, 맥스(Max Stackhouse) 122-123

아리스토텔레스(Aristotle) 72-73
아우구스티누스(Augustine) 30, 56-63
애덤스, 존(John Adams) 111
엘륄, 자크(Jacques Ellul) 102
엘쉬테인, 진 베스키(Jean Bethke Elshtain) 233
오도노번, 올리버(Oliver O'Donovan) 19-20, 218
요더, 존(John Yoder) 53, 253
우스나우, 로버트(Robert Wuthnow) 132

웨이드, 존(John Waide) 232
위버, 데니(Denny Weaver) 52-53, 55
윌, 조지(George Will) 44, 237
윌리몬, 윌리엄(William Wilimon) 10, 213
윌리엄스, 로완(Rowan Williams) 58, 223, 224
윌슨, 존(John Wilson) 231
이그나티에프, 마이클(Michael Ignatieff) 87

제이콥스, 앨런(Allen Jacobs) 249
제퍼슨, 토머스(Thomas Jefferson) 45-46, 105-106, 107, 112-113
존스, 그렉(Greg Jones) 228
카예, 루이스(Louise Kaye) 252
카예, 브루스(Bruce Kaye) 252-253
카트라이트, 마이크(Mike Cartwright) 253
칸리, 피터와 앤(Peter and Anne Carnley) 252
칸트, 이마누엘(Immanuel Kant) 76-79, 133
케네슨, 필(Phil Kenneson) 254
케미스, 다니엘(Daniel Kemmis) 219
케어드(G. B. Caird) 234
코스닉, 앤서니(Anthony Kosnik) 241
코크런, 아서(Arthur Cochrane) 232
코프먼, 피터(Peter Kaufman) 223, 224
쿼크, 마이클(Michael Quirk) 244

테일러, 찰스(Charles Taylor) 39-40, 42
토니(R. H. Tawney) 85-86
토도로프, 츠베탄(Tzvetan Todorov) 181-184, 207
툴, 데이비드(David Toole) 31, 212
트로터, 게이(Gay Trotter) 254

파울, 스티븐(Stephen Fowl) 243-244

판넨베르크, 볼프하르트(Wolfhart Pannenberg) 79-82, 214-215
포레스터, 던컨(Duncan Forrester) 229
푸코, 미셸(Michel Foucault) 214
프랭클린, 폴(Paul Franklyn) 254
프레이저, 낸시(Nancy Fraser) 225, 228
피시, 스탠리(Stanley Fish) 248-249
피시번, 재닛(Janet Fishburn) 241

하벨, 바츨라프(Vaclav Havel) 215
허작, 프레드(Fred Herzog) 16
헤겔, 게오르크(Georg Hegel) 78
헤이스, 리처드(Richard Hays) 54
헨리, 스튜어트(Stuart Henry) 255
헨리, 존(John Henley) 252
홉스, 토머스(Thomas Hobbes) 50, 72
후퍼, 웨인(Wayne Hooper) 252
휴스, 로버트(Robert Hughes) 213
흄, 데이비드(David Hume) 86

옮긴이 **백지윤**은 이화여대 의류직물학과를 졸업하고, 서울대 미술대학원에서 미술이론을, 캐나다 리젠트 칼리지에서 기독교 문화학을 공부했다. 현재 캐나다 밴쿠버에 살면서, 다차원적이고 통합적인 하나님 나라 이해, 종말론적 긴장, 창조와 재창조, 인간의 의미 그리고 이 모든 주제에 대해 문화와 예술이 갖는 관계 등에 관심을 가지고 번역 일을 하고 있다. 옮긴 책으로『손에 잡히는 바울』『알라』『땅에서 부르는 하늘의 노래, 시편』『이것이 복음이다』『모든 사람을 위한 신약의 기도』『오늘이라는 예배』『BST 스가랴』『일과 성령』(이상 IVP) 등이 있다.

교회의 정치학

초판 발행 2019년 12월 26일
초판 2쇄 2025년 6월 30일

지은이 스탠리 하우어워스
옮긴이 백지윤
펴낸이 정모세

편집 이성민 이혜영 심혜인 설요한 박예찬
디자인 한현아 서린나 | 마케팅 오인표 | 영업·제작 정성운 이은주 조수영
경영지원 이혜선 이은희 | 물류 박세율 정용탁 김대훈

펴낸곳 한국기독학생회출판부 | 등록번호 제2001-000198호(1978.6.1)
주소 04031 서울시 마포구 동교로 156-10
대표 전화 (02) 337-2257 | 팩스 (02) 337-2258
영업 전화 (02) 338-2282 | 팩스 080-915-1515
홈페이지 http://www.ivp.co.kr | 이메일 ivp@ivp.co.kr
ISBN 978-89-328-1743-9

ⓒ 한국기독학생회출판부 2019

책값은 뒤표지에 있습니다.
무단 전재와 복제를 금합니다.